God's Timetable

하나님의 시간표

70이레를 밝히다

다니엘 제이

 비이비(Beginning and Ending of the Bible, 약칭 BEB)는
성경의 시작과 끝을 온전히 전하고자 합니다.

God's Timetable

70 Weeks Secrets Revealed

Written by Daniel J.

Korean Edition
Copyright ©2021 by Beginning and Ending of the Bible
Seoul, Korea

추천서 1

성좌산 기도원 원장 겸 오산 주향한교회 담임 박훈식 목사

구약의 요한계시록과 같은 다니엘서를 손에 쥐었을 때 기대감과 설렘을 감출 수 없었습니다. 집필자의 눈 속에서는 이미 그 시대 속으로 들어간 느낌, 그리고 그 시대 속을 살아온 것과 같은 확신을 하고 있었습니다. 비장함을 가지고 있는 저자의 모습 속에는 '나는 다니엘을 보고 왔습니다. 만나고 왔습니다' 라고 할 정도로 자신감이 있었습니다.

저자가 기록한 세 권의 책의 장점은 정확한 연대를 기록한 것이 무엇보다 으뜸이라고 생각하며 또한, 학문적 가치가 있도록 만들어 내었기에 그를 칭찬하고자 합니다. 한 예로 창세기에서부터 요한계시록에 이르는 역사를 숫자로 풀어 하나님의 때를 입증하였고 또한, 다니엘서에 나타난 70이레의 마지막 때를 연대기법으로 날짜를 풀어 성경이 정확무오하다는 것을 증명코자 힘썼습니다. 따라서 독자들이 이를 토대로 읽게 되면 다니엘서뿐만 아니라 예언서를 한없이 쉽고 흥미롭게 느껴질 것으로 생각합니다.

세 권의 책을 집필하기까지 힘든 여정을 밟아 온 저자의 삶과 가정을 옆에서 지켜보았기에 이것은 '전적인 성령의 인도하심만이 해낼 수 있는 작품이었구나' 라고 생각했습니다. 좋은 책을 이렇게 펴낸 집사님 축하하고 축복합니다.

추천서 2

전 전주대학교 교수 겸 전주영생교회 원로 **강희만** 목사

　험하고 높은 고지를 오른다는 것은 극히 모험적이며 두려움도 함께 하는 참으로 어려운 일입니다. 그래서 누구나 쉽게 도전할 수 없고 마음만 가지고 쉽게 접할 수 없는 구약의 말씀을 신학자도 아닌 평신도가 하나님의 말씀 붙들고 무릎으로 어려운 내용을 평신도는 물론이요, 목회자에게까지 쉽게 정확히 접할 수 있도록 해설한 저자의 도전을 극히 높이 치하하며, 오늘을 사는 우리에게 좋은 길잡이요, 더욱이 이 어려운 책을 땀과 기도와 말씀 중심으로 또, 이론과 실제를 겸비한 책을 더더욱 치하하며 감사를 드립니다.

　부디 이 귀한 책이 우리의 심령을 뜨겁게 하며, 우리가 더욱더 하나님을 이해하고, 우리를 하나님께 더 가까이 나갈 수 있는 다리가 되었으면 합니다. 그리고 확신합니다. 이 귀한 역사를 집사님과 함께 이루시는 하나님께 감사와 영광 그리고 이 귀한 저서를 통하여 이루실 하나님의 나라를 기대해 봅니다.

　부디 한 성도님의 진리를 향한 더 굳건한 믿음과 소망, 기쁨과 감사를 얻으실 것을 기도드립니다.

　끝으로, 교단에서 30년, 목회자로 30년 지내 온 저로서 감히 추천의 길을 쓰게 된 감사와 영광을 또, 이 책자가 우리의 신앙생활과 삶에 더 힘 있는 전진 있으실 것을 믿고, 우리가 제2의 하나님의 건설자로 사용 받게 될 내일을 꿈꾸며 기도를 드립니다.

추천서 3

새로운삶의교회 담임, 직장인성경공부모임(BBB) 지구대표 **홍현선** 목사

  본서는 다니엘서에 대한 폭넓은 해석과 관련된 중요한 정보들을 제공함으로써 다니엘서에 대한 체계적 이해는 물론, 구약시대 이스라엘의 역사를 이해하는 데 도움을 주는 종합적인 참고서라고 할 수 있을 것입니다.
  주지하는 바와 같이 다니엘서는 남유다의 바벨론 포로기에 쓰여진 문서로서 남유다와 관련된 바벨론을 비롯한 페르시아, 헬라, 로마 등 이방 여러 나라들의 장래에 대한 예언으로 가득차 있어 다소 이해가 어려운 책으로 알려져 있습니다.
  그러나, 본서는 해석에 있어서 성경 본문을 제시하고, 그 내용을 독자가 쉽게 이해할 수 있도록 매우 치밀한 해석을 달고 있습니다. 이 해석에는 관련 주석들이 광범하게 사용되었으며, 백과사전 등 다양한 관련 자료를 활용하여 매우 심도 있는 해석과 정보를 제공하고 있습니다.
  뿐만 아니라, 이 해석은 단지 내용을 해석한다기보다는 실제 사건이 일어났던 상황으로 들어가 그 주인공들의 의도와 감정을 샅샅이 규명하고, 그것이 성서의 저자인 하나님의 뜻을 바르게 이해하도록 하는 관점에서 접근하고 있습니다.
  그러므로 독자는 성서의 기록을 통해서 인간의 죄로 인한 고난과 그럼에도 불구하고 쉬지 않으시는 하나님의 구원 계획과 그 계획이 이루어지는 과정을 보다 분명하게 이해하는 데 큰 도움을 주게 될 것입니다.

이는 마치 탐정이 사건의 단서 몇 개를 가지고 사건의 전모를 재구성해내면서, 사건 전체를 구상하고 이끌어가는 것 같은 흥미진진하고 신비스러운 방법으로 이끌어가고 있다는 것입니다. 그럼으로써 단지 사건 기록에 머무는 것이 아니라, 과거와 현재의 사건들의 연장선상에서 미래에 도래할 하나님의 역사를 비춰주고 있다고 할 것입니다.

이뿐만 아니라 필자는 이러한 연구를 통해서 다니엘서뿐만 아니라 이스라엘의 역사와 이를 통해서 말씀하고자 하는 하나님의 뜻에 대한 깊은 지식을 선사하고 있습니다.

특히, 부록에서는 연대기 연구에 많은 노력을 집중하고 있는데, 이 연대기 연구는 본문에 나타난 내용뿐 아니라, 관련된 사실들의 연대를 종합적으로 해석함으로써 실제적인 시점을 치열하게 탐구하는 노력을 보여주고 있습니다. 이러한 철저한 연구를 통해서 성서의 사건들의 실제적 의미를 올바로 접근할 수 있도록 도움을 주고 있다는 점에서 성서 연구에도 매우 의미 있는 이슈를 던져주고 있다고 할 것입니다.

추천서 4

참제자교회 담임, 전 직장인성경공부모임(BBB) 지구대표 **권영전 목사**

　예수님 영접하고 믿음 생활 시작할 때 이전과 다른 변화 중 하나가 성경이 읽어지고 이해가 되는 것입니다. 그런데 재미있고 잘 읽히던 성경이 선지서와 역사서 그리고 예언서에 직면하게 되면 무슨 의미인지 모른 채 읽기를 중단하거나 그냥 대충 그 시대가 그랬었구나 하고 넘어가는 때가 있습니다.

　특별히 다니엘서는 구약의 요한계시록이라 할 만큼 종말에 대한 예언이 많이 나오는 성경이라 많은 분이 어려워해서 예언 부분은 일단 넘어가고 다니엘과 세 친구 이야기 부분만 주로 묵상하고 공부하는 경향이 있는 것 같습니다. 성경의 모든 말씀은 다 우리에게 필요해서 주신 것이므로 어느 것 하나 소홀히 하지 말아야 하지만, 종말에 대한 예언은 어렵기도 하고 주로 이단 들이 많이 사용하는 주제이다 보니 혹시 잘못 해석해서 이단처럼 될지 모른다는 두려움 때문에 애써 외면하고 깊이 보면 안 될 말씀으로 제한하고 있는 성도들이 많은 것이 현실입니다.

　사도행전 17:11에 보면 "베뢰아에 있는 사람들은 데살로니가에 있는 사람들보다 더 너그러워서 간절한 마음으로 말씀을 받고 이것이 그러한가 하여 날마다 성경을 상고했다"라고 말씀하고 있습니다. 상고했다는 말은 '조사하고 검토하고 자세하게 골라내고 가려내다'의 의미가 있습니다. 그런 의미에서 다니엘 제이 형제는 직장에서 바쁜 일과 속에서도 수년 동안 다니엘서 말씀을 상고하며 모든 성경과 역사자료에서 놀라울 정도로 수많은 자료를 조사하고 검토하고 문제점들을 가려내어 성경 말씀이 가지고 있는 원래 의미를 가능한 한 근접하게 이해하도록 정리하였고 성경적인 결론을 도출해 내었습니다.

이 책은 목회자인 저에게도 많은 도움을 주었습니다. 마지막 시대를 살면서 말씀을 좀 더 깊이 있게 이해하고자 하며 때를 분별하며 주님 다시 오실 날을 기다리는 믿음의 형제·자매들에게는 정말 유익한 책이라고 생각됩니다. 다니엘서를 좀 더 깊이 있게 공부하고자 하는 분들과 이 시대의 상황을 하나님의 관점에서 바라보기를 원하는 분들에게 이 책을 적극적으로 추천합니다.

추천서 5

RUN Korea Mission 대표 이주만 선교사

이 귀한 책을 처음에 받아들던 감격의 순간이 떠오릅니다. 그런데 책에 대한 추천의 글을 쓰는 이 순간 또다시 마음에 큰 감격이 일어납니다. 제가 이렇게 감격하는 이유는 이 책이 주님께서 저자를 통해 우리에게 주시는 귀한 선물이기 때문입니다.

다니엘서와 관련된 예언적 메시지는 마지막 시대를 살아가는 주의 신부된 교회에 너무나도 귀중한 하나님의 말씀입니다. 그런데 그동안 이를 설명하는 몇몇 부분들에 있어서 다양한 해석들이 있었고 그로 인해 이해하기 힘든 부분들도 있었습니다. 하지만, 이 책에서는 우리가 그동안 힘들게 생각했던 부분들이 누구나 쉽게 이해할 수 있도록 해석되어 있고 그 결과로 하나님께서 우리에게 알려주고 싶은 메시지를 더욱 쉽게 깨닫도록 큰 도움을 줍니다. 그뿐만 아니라 그동안 베일에 감추어져 있었던 하나님께서 아브라함에게 말씀한 400년과 다니엘서의 70이레의 비밀을 벗겼다는 점에서 감탄을 넘어 주님께 감사하지 않을 수 없습니다.

저자가 이전에 출간한 「요한계시록 묵상」은 방대하고도 충실하게 연구된 책이었는데, 이 책은 이전의 책보다 완성도가 더 높아서 놀라울 정도입니다. 저자가 직장인으로서 이렇게 연구를 할 수 있었다는 것은 하나님이 저자에게 지혜와 지식을 더하셔서 이 마지막 시대에 주님의 교회들을 깨우치시기 위해 기름 부으셨다고밖에는 설명할 수 없는 일이라 생각됩니다.

 주님의 몸된 교회를 위해 평신도로서가 아닌 왕 같은 제사장으로 하늘의 부르심인 사명을 따라 수고하고 힘쓴 저자에게 주님의 몸된 교회의 한 지체로서 진심 어린 감사를 드리고 싶습니다.

 마지막으로 다니엘서 12장 3절의 말씀처럼 이 책이 마지막 때에 "많은 사람을 옳은 데로 돌아오게" 하는 주님의 귀한 도구로 쓰이게 될 줄 믿습니다. 그리고, 귀한 수고를 아끼지 않은 저자에게는 그 순종의 삶이 하늘의 별과 같이 빛나는 주의 은총이 있기를 주님의 이름으로 축복합니다.

서 문

다니엘 제이

　다니엘서와 관련된 책을 만들 목적으로 공부를 시작한 것은 아니지만, 성경 공부 하듯이 연구하며, 메모하고, 자료를 찾으며 하나하나 정리하다 보니 「요한계시록 묵상」과 같이 또 하나의 책이 만들어지는 은혜를 얻게 되었습니다. 다니엘서를 공부하면서 어려웠던 점은 구약의 예언서라는 특징도 있었지만, 무엇보다도 다니엘서를 이해하기 위해서는 이스라엘 왕조의 역대서와 선지서 그리고 연대기로 알아야 하는 등 구약 전방위적으로 알아야 하는 상황이었습니다. 이것은 「요한계시록 묵상」을 정리한 것보다 열 배 이상 힘들었던 것 같고, 때론 살이 콕콕 찌르는 듯한 고통도 있었으며, 시간 또한 더 오래 매달려야만 했습니다. 특히, 아래와 같이 성경에서 기록하고 있는 것과 이를 해석하는 것 사이에 차이가 있다는 것을 알게 되면서 어느 것이 진실인지를 규명하기 위해 여러 자료를 찾아봐야만 했습니다.

- 성경은 벨사살 왕에 대하여 느부갓네살 왕의 아들로 다섯 번에 걸쳐 이야기하지만, 해석은 이때를 바벨론 멸망 시기로 마지막 왕인 나보니두스의 아들로 해석하고 있습니다(단 5장).
- 70이레에 대한 해석이 다양하고, 이레의 기간 계산 시 숫자 "7"로 정확히 나뉘지 않습니다(단 9:24-27).

- 모르드개가 여고냐와 함께 2차 포로(에 2:5-7, B.C.598년)로 끌려왔다고 하지만, 아하수에로 왕을 바사(페르시아)의 크세르크세스(약 B.C. 486~464년) 왕으로 해석하고 있습니다. 그 결과로 이 둘 사이에 커다란 시간적 차이가 발생하고 있습니다.
- 여호와께서 아브람에게 너의 후손이 이방에서 400년간 객이 되리라는 말씀과 출애굽 한 백성이 말한 430년 사이에는 30년의 차이가 발생하고 있고, 주석 성경에서는 400년을 어림짐작한 숫자라고 하고 있으며, 430년의 기간 계산 시에는 아브라함의 아들 이삭부터 계산하는 것이 아니라 손자인 야곱부터 계산하고 있습니다(창 15:13-16; 출 12:40-41).

위와 같은 문제점들은 아담부터 연대기를 만드는 과정과 귀납법적 성경공부하는 과정에서 알게 되었고, 이를 극복하기 위하여 성경과 해석 사이에 어떤 것을 우선순위에 올려놓을 것이냐에 문제에 이르게 되었지만, 이 고민은 큰 문제가 되지 않았습니다. 왜냐하면, 성경을 100% 신뢰하고 있고, 그동안 성경공부를 하면서 느꼈던 성경의 기록된 단어 하나하나가 하나님의 섭리 가운데 쓰였다는 것을 경험하며 왔기에 성경을 최우선순위로 정하는데 어려움이 전혀 없었습니다.

이러한 노력에 비해 얻은 결과물은 저자가 감당할 수 없을 정도로 하나님의 큰 선물이 있었습니다. 여러모로 부족한 저자가 다니엘서를 정리하고 또한, 그 안에 숨겨진 수수께끼와 같은 비밀들을 풀 수 있었는지 그저 신기하고 놀라울 따름입니다. 그리고 다니엘서를 공부하듯 정리하면서 알게 된 것은 수수께끼와 같은 비밀을 풀 수 있는 단서들이 성경 여러 곳에 숨겨져 있다는 것이었습니다. 하나님께서는 저자의 눈을 열어 숨어있는 단서들을 발견하게 하셨고, 저자는 단지 흩어져 있던 단서들을 모아 퍼즐을 맞추듯 하나하나 맞추는 과정을 통해 성경의 비밀들이 열리면서 아래와 같이 총 세 권으로 정리할 수 있었습니다. 따라서 이 책을 읽는 독자들도 다니엘서의 비밀을 쉽게 깨닫게 될 것으로 생각합니다.

- 1권, 「하나님의 시간표」 : 가장 중요한 핵심이 담겨있는 부분으로 위와 같은 문제점들을 논리적으로 설명하고 있기에 세 권 중 가장 중요한 책이라고 할 수 있습니다.
- 2권, 「다시 쓰는 다니엘서」 : 다니엘서를 쉽게 이해할 수 있도록 귀납법적으로 정리하였고, 묵상과 심화학습을 통해 시대적 배경과 다니엘의 연대기 그리고 요한계시록과 연결하여 설명하였습니다.
- 3권, 「남유다는 왜 멸망했는가?」 : 2권에 대한 부록으로 다니엘과 동시대에 살았던 사람들의 인물들 특징과 역대서와 선지서 중심으로 남유다가 멸망하게 된 과정을 정리하였습니다.

마지막으로, 부족하고 어리석은 자가 요한계시록에 이어 다니엘서를 정리하게 하신 하나님 아버지께 영광을 돌리며 또한, 성좌산기도원의 영적 어머니로 말미암아 말씀의 은혜가 시작되었기에 (故) 최양자 원장님께 감사와 고마움을 전하는 바입니다.

목 차

추천서 1 　박훈식 목사 성좌산기도원 원장 겸 오산 주향한교회 담임 _ 4
추천서 2 　강희만 목사 전주영생교회 원로 _ 5
추천서 3 　홍현선 목사 새로운삶의교회 담임, BBB 지구대표 _ 6
추천서 4 　권영전 목사 참제자교회 담임, 전 BBB 지구대표 _ 8
추천서 5 　이주만 선교사 RUN Korea Mission 대표 _ 10
서 문 _ 12

[PART 1] 창세기 15장 13절의 "사백 년"과 성경 연대기

1. 배경 _ 23
2. 연구 목적 _ 23
3. 본문 내용 _ 23
4. 전통적인 해석과 문제 제기 _ 24
　　4.1. '400년' 과 '430년' 의 전통적인 해석 _ 24
　　4.2. 문제 제기 _ 25
5. 본문 연구 1 (400년, 창 15:13) _ 25
　　5.1. 본문 분석 _ 25
　　5.2. 본문 연구 _ 27
　　　　5.2.1. 아브람(아브라함) 자손과 관련된 본문 연구 _ 27
　　　　　　5.2.1.1. 이삭 _ 27
　　　　　　5.2.1.2. 야곱 _ 29
　　　　　　5.2.1.3. 요셉 _ 30
　　　　5.2.2. 4대 만에 나오리라 _ 32
　　　　5.2.3. 연대기 분석 _ 32
　　　　　　5.2.3.1. 연대기 분석 방법 _ 32
　　　　　　5.2.3.2. 아담을 창조한 시기부터 계산하는 방법 _ 33
　　　　　　5.2.3.3. 역사적인 연도로 계산하는 방법 _ 35
　　　　5.2.4. 시사점 _ 37
6. 본문 연구 2 (430년, 출 12:40-41) _ 42
　　6.1. 본문 분석 _ 42

    6.2. 본문 연구 _ 44
        6.2.1. 아브라함 자손의 거주 기간 계산(6.1. 본문 분석의 첫째 방법) _ 44
        6.2.2. 관점의 차이로 거주 기간 계산(6.1. 본문 분석의 둘째 방법) _ 45
        6.2.3. 마소라 본문 및 사마리아 오경(6.1. 본문 분석의 셋째 방법) _ 46
7. 결론 _ 47

[PART 2] 벨사살 왕은 누구의 아들인가? 느부갓네살? 나보니두스?

1. 배경 _ 55
2. 연구 목적 _ 55
3. 본문 내용 _ 55
4. 주장 근거(나보니두스의 아들 또는 느부갓네살의 아들) _ 56
    4.1. 벨사살이 나보니두스 왕의 아들이라고 하는 이유 _ 56
    4.2. 벨사살이 느부갓네살 왕의 아들이라고 하는 이유 _ 56
    4.3. 벨사살 왕에 대한 해석이 미치는 영향 _ 57
5. 집중 연구 _ 57
    5.1. 나보니두스의 아들인가? _ 57
        5.1.1. 나보니두스의 아들이라고 하는 이유 _ 57
        5.1.2. 나보니두스의 아들이라고 할 때의 문제점 _ 58
        5.1.3. 의문점에 대한 구체적 이유(벨사살 왕이 나보니두스의 아들인지 알아보기) _ 59
    5.2. 느부갓네살 왕의 아들인가? _ 65
        5.2.1. 느부갓네살 왕의 아들이라고 하는 이유 _ 65
        5.2.2. 성경에 기록된 주요 사건(성경에 기록된 연대기) _ 66
        5.2.3. 성경 분석 _ 67
            5.2.3.1. 본문 연구 1 : 느부갓네살 왕의 광인 기간 _ 69
            5.2.3.2. 본문 연구 2 : 벨사살 왕의 잔치 배경 _ 72
            5.2.3.3. 본문 연구 3 : 다리오 왕이 바벨론제국을 얻게 된 배경 _ 74
            5.2.3.4. 본문 연구 결과 _ 75
6. 느부갓네살 왕의 아들이라고 할 때 미치는 영향 _ 76
    6.1. 영향 1 : "다니엘이 고레스 원년까지 바벨론에 있으니라(단 1:21)" _ 76
    6.2. 영향 2 : '느부갓네살 왕에게 돌아온 내 나라의 영광과 위엄(단 4:36)' _ 77
    6.3. 영향 3 : "다리오 왕이 자신의 뜻대로 고관 120명을 세워 전국을 통치하게 하고(단 6:1)." _ 77
    6.4. 영향 4 : '다니엘서 6장 배경 지역은 메대왕국이 아닌 바벨론 지역이다(단 6장)' _ 78

6.5. 영향 5 : '벨사살 왕 제3년 다니엘에게 나타난 환상 시점(단 8:1)' _ 80
6.6. 영향 6 : "내가 메대 사람 다리오 원년에 일어나 그를 도와서 그를 강하게 한 일이 있었느니라(단 11:1)" _ 80
7. 결론 _ 81

[PART 3] 모르드개와 아하수에로 왕은 어느 시대 사람인가?

1. 배경 _ 87
2. 연구 목적 _ 87
3. 본문 내용 _ 87
4. 전통적인 시대적 배경의 해석과 문제 제기 _ 88
    4.1. 전통적인 시대적 배경 해석 근거 _ 88
    4.2. 문제 제기 _ 89
5. 새로운 시대적 배경 해석 _ 95
    5.1. '아하수에로 왕'의 이름에 대한 이해 _ 95
    5.2. 성경 본문 이해 _ 97
        5.2.1. 모르드개는 여고냐(여호야긴) 왕과 함께 바벨론으로 끌려왔다(에 2:5-7) _ 97
        5.2.2. 모르드개의 이름은 바벨론 이름으로 개명된 이름이다 _ 97
        5.2.3. 모르드개는 메대 바사 왕궁의 수산궁에 있었고 문지기였다(에 2:21) _ 97
        5.2.4. 모르드개는 문지기의 후손이다 _ 103
        5.2.5. 에스더의 본명은 '하닷사'이다 _ 104
6. 결론 _ 105
7. 추가 변론 _ 108

[PART 4] 에스더와 느헤미야와 학개 선지자는 동시대 인물이었다?

1. 배경 _ 118
2. 연구 목적 _ 118
3. 문제 제기 _ 118
    3.1. 역사서와 소 선지서 연대순 정리(현재 학설, 그림 18. 참조) _ 119
    3.2. 현재 학설의 모순(역사서와 소 선지서의 연대기 모순) _ 121
        3.2.1. 여호수아의 나이를 추정할 때 나타나는 모순 _ 121
        3.2.2. 에스라의 나이를 추정할 때 나타나는 모순 _ 125
        3.2.3. 위 두 인물을 통한 모순에 대한 정리 _ 127

3.3. 문제 제기 이유 _ 128
4. 성경 본문 연구 _ 129
   4.1. 설명 _ 129
   4.2. 성경 본문 검토 : 역사서와 소 선지서에 공통된 이름이 있다 _ 130
      4.2.1. 학개서와 스가랴서에 기록된 인물 : 스룹바벨과 여호수아 _ 130
      4.2.2. 에스라서에 기록된 인물(1) : 스룹바벨과 여호수아(예수아)와 느헤미야 _ 131
      4.2.3. 에스라서에 기록된 인물(2) : 여호사닥의 아들 여호수아(예수아)와 에스라 _ 132
      4.2.4. 느헤미야서에 기록된 인물 : 에스라 그리고 귀환자 명단 _ 132
5. 동시대 인물로 볼 수밖에 없는 견해 : 학개, 스가랴, 에스라, 느헤미야는 동시대 인물이다 _ 135
   5.1. 학개 선지자는 스가랴 선지자와 동시대 인물이다(1차 귀환자들) _ 135
   5.2. 에스라는 학개와 스가랴 선지자와 동시대 인물이다(1·2차 귀환자들) _ 136
      5.2.1. 에스라서에 기록된 주요 내용 _ 136
      5.2.2. 에스라와 학개·스가랴 선지자와의 공통분모 _ 138
   5.3. 느헤미야는 에스라와 동시대 인물이다 _ 140
      5.3.1. 느헤미야서에 기록된 주요 내용 _ 140
      5.3.2. 느헤미야와 에스라의 공통분모 _ 141
   5.4. 1차 귀환 시의 제사장과 느헤미야 때의 제사장 가운데 동일 인물이 있다 _ 142
      5.4.1. 제사장과 인원 _ 142
      5.4.2. 1차 귀환 때의 제사장들(느 12:1-7) _ 143
      5.4.3. 느헤미야 때의 제사장들(느 10:1-8; 12:1-7) _ 145
         5.4.3.1. 인봉했을 때 누락된 세 명은 에스라와 엘리아십과 엘리아십의 자녀 중 한 명이다 _ 146
         5.4.3.2. 요야김 때 누락된 다섯 명은 엘리아십, 요하난, 스가랴, 엘리아김, 요야김이다 _ 147
      5.4.4. 느헤미야서에서 기록된 동시대 제사장들 _ 147
   5.5. 에스라와 엘리아십의 가계도 비교(느 12:22-26; 대상 6:14-15) _ 151
6. 동시대의 인물로 봤을 때의 연대기 _ 152
7. 검증 : 의문점 해결하기(메대와 바사의 왕의 기준으로 봤을 때도 동시대의 인물인가?) _ 155
   7.1. 역사 배경 이해 _ 156
   7.2. 왕의 이름에 대한 이해 _ 157
   7.3. 성경에 기록된 왕들의 이름을 찾아주기 _ 160
      7.3.1. 다니엘서에 기록된 메대·바사 왕들 _ 160

        7.3.2. 학개서와 스가랴서를 통해서 본 바사 왕들 _ 165
        7.3.3. 에스라서와 느헤미야서를 통해서 본 바사제국의 왕들 _ 166
        7.3.4. 에스더서를 통해서 본 '아하수에로 왕'의 이름 _ 179
        7.3.5. 정리 _ 181
8. 결론 _ 181

[PART 5] 70이레

1. 배경 _ 189
2. 연구 목적 _ 189
3. 본문 말씀(단 9:24-27) _ 189
4. 70이레의 전통적인 해석과 문제점 _ 190
    4.1. 한 이레(1이레)의 기간 계산 _ 190
    4.2. 70이레의 전통적인 해석 _ 190
    4.3. 전통적 해석의 문제점 _ 191
5. 새로운 접근으로 바로 본 70이레 _ 193
    5.1. 본문 용어 정리 _ 193
    5.2. 70이레 설명 _ 198
        5.2.1. 70이레 기준 _ 198
        5.2.2. 70이레 구분 _ 198
            5.2.2.1. 주제별 구분 _ 198
            5.2.2.2. 70이레와 다른 본문(다니엘서 8장과 9장)과 비교 _ 199
            5.2.2.3. 70이레 과정(단계) _ 200
        5.2.3. 70이레 설명 _ 202
6. 결론 _ 212
7. 추가 변론 _ 213

[**부록 1**] 성경 연대기(아담부터 A.D. 70년까지) _ 별지
[**부록 2**] 연대표(남유다, 북이스라엘, 바벨론제국, 바사제국, 메대왕국) _ 228
[**부록 3**] 다니엘 시대 연대기 계산 _ 233
[**부록 4**] 새롭게 정리한 연대기와 주요 내용 _ 238
[**부록 5**] 예루살렘 성전 파괴부터 성벽 완공까지의 성경 요약 _ 241

1

창세기 15장 13절의 "사백 년"과 성경 연대기

창세기에서 여호와께서 아브람에게 말씀하신 '400'년과 출애굽 한 상황에서 기록한 '430년'이라고 하는 기간 사이에 30년의 차이가 발생하고 있다. 왜 30년의 차이가 발생하는지 그리고 이것이 성육신하신 예수님과 어떤 의미가 있는가를 알려주는 연구이다.

[목 차]

1. 배경
2. 연구 목적
3. 본문 내용
4. 전통적인 해석과 문제 제기
   4.1. '400년' 과 '430년' 의 전통적인 해석
   4.2. 문제 제기
5. 본문 연구 1 (400년, 창 15:13)
   5.1. 본문 분석
   5.2. 본문 연구
      5.2.1. 아브람(아브라함) 자손과 관련된 본문 연구
         5.2.1.1. 이삭
         5.2.1.2. 야곱
         5.2.1.3. 요셉
      5.2.2. 4대 만에 나오리라
      5.2.3. 연대기 분석
         5.2.3.1. 연대기 분석 방법
         5.2.3.2. 아담을 창조한 시기부터 계산하는 방법
         5.2.3.3. 역사적인 연도로 계산하는 방법
      5.2.4. 시사점
6. 본문 연구 2 (430년, 출 12:40-41)
   6.1. 본문 분석
   6.2. 본문 연구
      6.2.1. 아브라함 자손의 거주 기간 계산(6.1. 본문 분석의 첫째 방법)
      6.2.2. 관점의 차이로 거주 기간 계산(6.1. 본문 분석의 둘째 방법)
      6.2.3. 마소라 본문 및 사마리아 오경(6.1. 본문 분석의 셋째 방법)
7. 결론

[참고] 출애굽기 12:40의 다양한 성경 구절 비교

1. 배경

여호와께서는 아브람에게 네 자손이 이방에서 객이 되고 '400년' 동안 괴롭힘을 당할 것이라고 말씀하셨다(창 15:13). 이후 이스라엘 백성은 출애굽 할 때 애굽에 거주한 지 430년 끝날에 나왔다고 성경은 기록하고 있다(출 12:40). 이 두 말씀 사이에는 30년의 차이가 발생한다. 이 30년의 차이가 무엇으로 인한 것인지 밝히고자 하며 또한, 이것이 예수님과 어떤 의미가 있는지를 파악하고자 한다.

2. 연구 목적

성경은 '하나님의 말씀으로 성령에 감동되어 기록한 문서(딤후 3:16)'이고, '하나님의 말씀은 빠진 것이 하나도 없고 제 짝이 없는 것이 없다(사 34:16)'고 하셨다. 그런데 창세기에서 아브람에게 말씀하신 '400년(창 15:13)'과 출애굽 할 때의 '430년(출 12:40-41)'을 비교하면 서로 일치하지 않는 것처럼 보인다. 이 연구는 이것이 성경의 단순한 실수인지 아니면 우리가 미처 발견하지 못한 실수가 있는 것이 아닌지 밝히는 데 목적이 있다. 그리고 더 나아가 만약 이 30년의 차이가 단순한 실수가 아니라 우리가 미처 발견하지 못한 것이 있다면, 우리의 실수를 되돌려서 전능하신 창조주 하나님의 뜻을 다시 헤아리고자 하며 또한, 그것이 하나님의 독생자이신 예수님께서 성육신하신 일과 어떤 연관이 있는지를 알아보기 위함이다.

3. 본문 내용

○ 여호와께서 아브람에게 말씀하신 '400년'과 '4대' (창 15:13-16상반절).

여호와께서 소돔과 고모라를 징벌하신 후 아브람과 언약(하늘의 셀 수 없는 별들과 같은 후손과 가나안 땅을 소유로 줄 것이다, 창 15:4-7)을 맺으려고 할 때, 여호와께서는 아브람에게 아래와 같이 말씀하셨다.

"네 손이 이방에서 객이 되어 그들을 섬기겠고 그들은 사백 년 동안 네 자손을 괴롭히리니……네 자손은 사대 만에 이 땅으로 돌아오리니(창 15:13-16상반절)".

"And he said unto Abram, Know of a surety that thy seed shall be a stranger in a land that is not their's, and shall serve them; and they shall afflict them four hundred years.......But in the fourth generation they shall come hither again(KJV, Genesis 15:13-16a)".

○ 출애굽기에 기록한 '430년' (출 12:40-41).

이스라엘 백성은 출애굽 때 '이스라엘 자손이 애굽에 거주한 지 430년 끝 날에 나왔다' 라고 기록하고 있다(출 12:40-41).

"이스라엘 자손이 애굽에 거주한 지 사백삼십 년이라 사백삼십 년이 끝나는 그날에 여호와의 군대가 다 애굽 땅에서 나왔은즉(출 12:40-41)".

4. 전통적인 해석과 문제 제기

4.1. '400년' 과 '430년' 의 전통적인 해석

이삭의 탄생으로부터 400년이라고 하는 학설과 대략적인 숫자로 보는 학설이 있다.[1]

• 400년(창 15:13) : '4대(16절)'와 맥을 맞추기 위하여 어림짐작으로 사용된 숫자이다.[2] [3]

---

1) 「구약주해 창세기」, 성등사, 이상근, 1997, P168. ; 이삭으로부터 400년이라고 보는 학설(유대 랍비들, Murphy, Wordsworth)과 대략의 숫자로 보는 학설(Calvin, Rosenmuller, Keil, Alford, Lishtfoot)로 나뉜다.
2) 「톰슨Ⅱ 주석성경」 기독지혜사, 1988, p18.
3) 「옥스퍼드 원어성경대전」 성서교재, 1998. (창세기 제12-25a편, p168) & (출애굽기 12b-24장, p30).

• 430년(출 12:40-41)에 관하여는 야곱이 가족을 이끌고 애굽으로 간 때(B.C. 1876년)로부터 출애굽 연도까지의 기간(B.C. 1446년)[4] [5]으로 해석하는 것과 야곱의 출생부터 출애굽까지의 기간이라고 보는 견해가 있다.[6]

4.2. 문제 제기

전통적으로 해석하고 있는 '400년'과 '430년'에 관하여 살펴보면, 그 연수('400년'과 '430년')에 대해서 대략적으로 설명하고 있을 뿐 정확하게 설명하고 있지 않은 것을 볼 수 있다. 예를 들어 성경은 아브람에게 '네 자손'이라고 말씀하고 있음에도 불구하고 이삭이 아닌 야곱부터 계산하고 있고, '400년'이라고 하는 숫자에서도 대략적인 숫자로 기록한 것이라고 하며 마치 무의미한 것처럼 해석하고 있다. 또한, 그 기간에 대해서도 구체적으로 설명하지 못하고 있다. 따라서 이 부분에 관하여 위 연구 목적(2 참조)에서 언급한 바와 같이 성경은 하나님의 말씀이고 또한, 제 짝이 있다고 하는 말씀을 근거로 이에 대하여 문제를 제기하는 바이다(딤후 3:16; 사 34:16).

5. 본문 연구 1 (400년, 창 15:13)

5.1. 본문 분석

여호와께서 아브람[7]에게 말씀한 '400년'이라고 할 때 주의 깊게 살펴봐야 할 단어는 '① 네 자손, ② 이방에서 객이 되어, ③ 그들을 섬기겠고 그들은 400년 동안 네 자손을 괴롭히리니'라는 단어이다. 이 단어들에 대하여 아래

---

4) 「톰슨Ⅱ 주석성경」, 기독지혜사, 1988. p101.
5) 「옥스퍼드 원어성경대전」 성서교재사, 1998. (창세기 제12-25a편, p168) & (출애굽기 12b-24장, p30).
6) 출애굽 한 연도(B.C. 1446년)는 본 연구자도 동일하게 보고 있지만, 야곱이 가족을 이끌고 간 때(B.C. 1876년)에 대해서는 다른 의견을 가지고 있으며, 본 연구자는 그 시기를 B.C. 1767년으로 보고 있다.
7) 아브람 : 여호와께서 아브라함(99세 일 때)과 영원한 언약을 세우며 이름을 '아브라함'으로 개명해주기 전까지는 '아브람'으로 불리었다(창 17:1-8). 그리고 이때(400년에 관해 말씀하실 때)는 소돔과 고모라에 재앙을 내리기 전으로써 '아브라함'으로 약속받기 전이다.

와 같이 살펴보고자 한다.

첫째, '네 자손'은 아브람(아브라함)의 후손을 가리키는 것은 당연한 이야기이지만, 이 말씀을 들었을 당시 아브람에게는 자녀가 없었다. 그래서 그는 자기 집안에서 길렀던 자 가운데 '엘리에셀'을 상속자로 삼을 것이라고 하였다(창 15:2-3). 하지만 여호와께서는 아브람의 몸을 통하여 태어날 자가 상속자라고 말씀하셨다(창 15:4). 그 이후 아브람이 86세일 때 여종 하갈을 통해 '이스마엘'이 태어났지만(창 16:16), 여호와께서는 사라가 낳을 '이삭'을 통해 언약을 세울 것이라고 말씀하셨다(창 17:21). 따라서 '네 자손'은 곧 여호와께서 언약을 성취하기 위해 '아브라함'과 '사라'의 몸을 통해 태어난 '이삭'부터 그 계보가 시작되는 것임을 알 수 있다.

둘째, "이방에서 객이 되어(that thy seed shall be a stranger in a land that is not their's, KJV, 창 15:13)"라는 의미는 그들의 소유가 아닌 땅에서 이방인(stranger, 나그네)이 될 것을 말하는 것이다. 이것은 여호와께서 아브람(아브라함)에게 약속으로 주겠다고 하는 곳, 곧 '가나안 땅(창 15:7, 18; 17:8)'이 아닌 곳에서 나그네가 된다는 의미이다.

셋째, '그들을 섬기겠고 그들은 400년 동안 네 자손을 괴롭히리니'라는 의미는 위 둘째(5.1. 둘째 참조)에서 정리한 바와 같이 아브람(아브라함)에게 약속한 가나안 땅이 아닌 곳에서 아브람의 후손이 거주하여야 하고, 그곳에서 그의 후손이 그들을 섬기고 그들로부터 괴롭힘을 당하는 고통이 있겠다는 것이며 또한, 그 기간이 400년이라는 기간이어야 한다는 의미이다.

위 본문을 분석한 것과 같이 아브람(아브라함)의 후손들이 여호와께서 아브람에게 약속하신 땅으로 다시 돌아오기까지 즉, 아브라함 후손으로부터 시작하여 출애굽 하기 전까지의 기간 가운데 이방에서 객이 된 여부와 그 기간을 산출하여야 하고 또한, 괴롭힘을 당하는지를 살펴봐야 할 것이다.

5.2. 본문 연구

5.2.1. 아브람(아브라함) 자손과 관련된 본문 연구

5.2.1.1. 이삭

아브라함은 약속의 아들 이삭을 100세일 때 낳았다(창 21:5). 이삭은 40세에 리브가를 맞이하였지만, 그녀와 결혼하기 전에는 아브라함과 같이 있지 아니하고 '브엘라해로이(네게브 지역, 팔레스타인 남부)'에서 거주하였다(창 24:62). 이삭이 결혼한 이후 흉년이 들었는데, 성경은 이 흉년에 대하여 "아브라함 때에 첫 흉년이 들었더니(창 26:1)"라고 기록하고 있다. 아브라함에게 '첫 흉년'이라는 표현은 아브람이 고향과 친척을 떠나 세겜 땅에 이르렀을 때 즉 그가 도착한 그때 기근이 심하여 애굽으로 가게 되었다는 의미를 말하는 것이다(창 12:6,10). 이와 마찬가지로 이삭이 결혼한 그 첫해에 흉년이 들었던 것을 아브람이 경험한 것과 같은 첫해에 흉년이 들었다는 것으로 표현한 것이다. 이는 곧 이삭이 결혼과 동시에 독립[8]하였고 그 독립한 첫해에 흉년이 발생하였다는 것을 가리키는 것이다. 그래서 이삭은 40세에 부모를 떠나 가나안과 애굽 땅이 아닌 여호와께서 지시한 땅 블레셋의 '그랄골짜기(창 26:1)'[9]에 머물게 되었다. 이삭은 블레셋 지역에서 여호와께 복을 받아 100배나 얻는 소득을 통해 거부가 되자 이를 시기한 아비멜렉이 지금 사는 곳을 떠나갈 것을 요구하였고, 그는 브엘세바[10]로 이주하게 되었다[그림 3. 및 부록 1. 참조].

---

8) 독립 : 이러므로 남자가 부모를 떠나 그의 아내와 합하여 둘이 한 몸을 이룰지로다(창 2:24).
9) 그랄 골짜기(창 26:1) : 블레셋 지역으로 팔레스타인 서남해안 지역이고, 이삭이 거주하고 있을 당시의 왕은 아비멜렉이다.
10) 브엘세바 : 가나안 땅의 최남단 지역, 곧 이스라엘 백성에게 있어서 약속의 땅 가나안의 남쪽 경계를 가리키는 곳으로 헤브론 남서쪽 약 40km 지점에 있는 국경 도시를 말한다(「라이프성경사전」, 생명의말씀사, 2006).

여기서 살펴봐야 할 것은 이삭이 그랄골짜기(블레셋)에 얼마나 거주하였냐 하는 것이다. 성경에는 그가 얼마나 거주하였는지는 구체적으로 언급하고 있지는 않다. 하지만 몇 가지의 단서를 참고하면 그의 거주 기간을 추론할 수 있다. 예를 들어 이삭이 거기 오래 거주하는 가운데 아내 리브가를 누이라고 블레셋 왕을 속여 왔으며(창 26:8-9), 아내가 임신하지 못하여 여호와께 간구할 상황이었던 것을 보면(창 25:21), 그는 블레셋에 있는 동안에 상당한 기간을 머물러 있었으며 또한 자녀가 없었던 것을 알 수 있다. 그리고 100배나 얻는 소득으로 거부가 되었을 때의 '그 해'는 곧, 리브가가 이삭의 아내라는 사실이 밝혀진 해이다. 그래서 이삭은 그랄에서 쫓겨나 브엘세바로 이주하게 되었고, 여호와께서는 이삭이 브엘세바에 이르게 될 때 나타나셔서 복을 주고 자손이 번성하리라고 말씀을 전해 주셨다. 그러자 이삭은 그곳에서 제단을 쌓고 여호와의 이름을 부르며 거기 장막을 쳤다(창 26:23-25). 즉 이때까지 이삭은 자녀가 없었다는 것을 추론할 수 있다.

또, 여호와께서는 이삭이 첫 흉년이 든 이후부터 브엘세바에 이르게 될 때까지 나타나지 않으셨고, 이삭도 여호와의 이름을 불렀다는 기록이 없다. 하지만 그가 브엘세바에 도착할 때 여호와께서 나타나셨고, 그는 비로소 여호와의 이름을 부르는 가운데(창 26:25) 아내가 임신하지 못한 것을 여호와께 간구하였던 것이며, 이때 여호와께서는 응답하셨다(창 25:21). 그 이후 이삭은 60세에 에서와 야곱을 낳게 된다.

즉 이를 간략하게 정리하면, 이삭은 40세에 결혼하여 흉년이 들자 그랄로 이주하며 거기 오래 거주하였다. 이삭은 그 해 곧 리브가가 누이가 아니고 아내라고 밝혀진 해(=100배의 소득으로 거부가 된 해에 그랄에서 브엘세바로 이주한 해)까지 아이가 없었다가 브엘세바에 이르러 여호와의 이름을 부르며 간구하자 기도 응답으로 에서와 야곱을 낳았다. 이때 이삭의 나이가 60세였다(창 25:26).

따라서 이삭은 40세부터 59세까지 브엘세바에 거주한 것이다. 성경은 그의 거주 기간에 대해서 "이삭이 거기 오래 거주하였더니(창 26:8)"라는 표현으로 기록하였다.

- 이삭이 약속의 땅(가나안)이 아닌 이방 지역(블레셋)에 머문 기간은 20년이다.
  ✓ 이삭이 40세에 결혼한 이후부터 브엘세바에 이르기 전까지 블레셋에 머물렀다.
  ✓ 이삭이 60세일 때, 에서와 야곱을 낳았다(창 25:26).
  ☞ 이삭은 40세에 결혼하여 에서와 야곱을 낳기 직전인 59세까지 블레셋에 머물렀다. 이삭이 그랄(블레셋)에 거주한 것을 성경은 '이방에서 객이 되는 것'과 같이 표현하였고, 거기서 블레셋 왕을 섬겼으며 그들은 이삭을 괴롭혀 왔다는 것을 알 수 있다. 결국, 이삭이 블레셋에 머문 20년간의 기간은 위 '400년'의 기간에 포함되는 기간이다.

5.2.1.2. 야곱

에서와 야곱은 이삭이 60세일 때 쌍둥이로 태어났다(창 25:26). 에서는 야곱에게서 팥죽 한 그릇으로 장자의 명분을 파는 어리석은 짓을 하여 장자의 권한이 야곱에게로 넘어갔고(창 25:31-34, 히 12:16), 이것을 모르는 이삭은 에서에게 축복하길 원했으나 그 축복을 이번에는 야곱이 속여서 받았다(창 27:36). 에서는 자기가 받을 축복권을 야곱이 빼앗았다고 하여 동생을 시기하는 마음으로 그를 죽일 마음을 가졌고, 부친 이삭이 곧 임종할 때가 가까이 왔다고 생각하여 부친이 죽으면 동생을 죽이고자 하였다. 그러나 이를 눈치챈 모친 리브가는 야곱을 하란에 머물고 있는 오빠 라반의 집으로 피신시켰다(창 27:41; 28:1-5). 그 이후 야곱의 인생도 순탄치 않았는데, 야곱은 밧단아람(메소포타미아, 창 28:1)에 있는 라반의 집에서 20년간 외삼촌을 섬기다가 몰래 도망치듯 가족들을 이끌고 다시 가나안으로 돌아왔고(창 31:41), 가나안 땅에 들어와서는 형 에서를 피하여 숙곳[11]으로 갔지만(창 33:16-17), 거기서 딸 디나가 강간을 당하는 일이 발생하자(창 34:2; 35:1) 이번에는 벧엘을 거쳐 베들레헴(창 35:6,

---

11) 숙곳 : 요단 동편 사르단 근처 얍복 강과 요단 계곡이 만나는 지점에 위치하고 있으며, 출애굽 때 갓 지파에게 분배된 지역이다(수 13:27). 『라이프성경사전』, 생명의말씀사, 2006).

15, 19-21)으로 이동하여 정착하였다. 야곱이 베들레헴에 정착한 이후 또 어려움을 만났는데, 자기 아들들 가운데 더 사랑하던 요셉을 형들이 애굽으로 팔아버린 것이다. 야곱은 이 사실을 모른 채 짐승에 의해 죽었다는 거짓 이야기에 속아 낙망하고 살아가다가(창 37:2, 28-35), 애굽으로 식량을 구하러 갔던 아들들로부터 죽었다고 생각했던 요셉이 살아있고 또한, 총리가 되었다는 소식을 접하고 나서 애굽에서 재회하게 되었다. 이때 이삭의 나이는 130세였고, 요셉은 하나님의 섭리로 총리가 된 지 10년(30세 총리 + 7년 풍년 + 2년 흉년)차였다. 그러다 보니 야곱은 바로 왕 앞에서 '내 나그네의 길의 세월이 130년이고 험악한 세월을 보냈다' 라고 말하게 되었다(창 47:9). 그 이후 17년 동안 애굽에서 살았는데, 애굽에 거주한 17년은 요셉이 총리로 있었기에 그의 147년 인생 가운데 가장 평안한 세월을 보냈을 것이다(창 47:28).

- 야곱이 고백한 험악한 세월이 130년이다.
    - ✓ 야곱이 바로 왕 앞에 섰을 때 자신을 '나그네 길의 세월이요, 험악한 세월을 130년' 간 살았다고 말했다(창 47:9).
    - ☞ 야곱은 장자의 명분을 가지고 왔다고 하지만 현실적으로 물질적인 재산권은 에서에게 주어진 것이다. 결국, 야곱은 형의 그늘 아래 있다가 형을 피해 무일푼으로 도망치듯 하란으로 피하게 되었던 것이고, 다시 돌아왔을 때도 그에게 많은 재물을 주었으며 또한, 그를 피하여 숙곳과 베들레헴으로 이주하였다. 이러한 결과로 야곱은 자신이 살아온 길에 대하여 '나그네의 길이요 험악한 세월'이라고 말한 것이다.
    - ☞ 야곱이 험악한 세월을 살았다고 하는 130년은 위 '400년'의 기간에 포함되어야 하는 기간이며 애굽에 거주한 17년은 요셉이 총리로 재직 중이었고 평온하게 죽음을 맞이하였기에 '400년'에는 포함하지 않는 기간이다(창 49:33-55:14).
    - ☞ 야곱이 20년간 외삼촌 라반의 집에 거주한 밧단아람(창 28:1)은 메소포타미아 지역으로 이방 지역이다. 따라서 이 20년의 기간은 '400년'에 포함하여야 하는 기간이다. 하지만 야곱이 고백한 험악한 세월 130년에 이미 포함된 기간이다.
    - ☞ 참고로, 출애굽 했을 때의 '430년'의 기간을 계산할 때는 하란에 머문 20년의 기간을 제외하여야 한다. 왜냐하면, 하란은 애굽 땅이 아니기 때문이다.

5.2.1.3. 요셉

요셉은 17세 때, 형들에 의하여 애굽의 종으로 팔려서 보디발 장군 집에서 종으로 있었으나 보디발의 아내 유혹을 뿌리친 대가로 그녀는 요셉을 모함하였고, 요셉은 그녀의 거짓말 때문에 감옥에 갇히게 되었다. 그가 감옥에서 왕의 관원들이 꾼 꿈을 해몽해 주었는데, 이것이 계기가 되어 바로 왕의 꿈을 해몽하였으며 그 일로 요셉은 갑자기 애굽 총리가 되었다. 이때가 그의 나이 30세였다(창 37:2,36; 39:2; 41:46). 그 이후 풍년 7년이 지나고 흉년 2년 차에 부친 야곱과 재회하게 되었다. 이때 요셉의 나이가 40세, 야곱은 130세이었다(창 41:46;45:6; 47:9). 그리고 요셉은 에브라임의 자손 삼대를 보며 110세까지 살다가 죽음을 맞았다(창 50:22-23). 그가 죽은 이후 애굽에 새로운 왕이 일어나며 다스리기 시작하면서 히브리인들이 번성한 것을 두려워하여 그들에게 무거운 짐을 지워 괴롭게 하였다(출 1:8-11).

- 요셉이 죽은 이후부터 출애굽까지의 기간은 '괴로운 기간'이다.
  ✓ 요셉을 알지 못하는 애굽의 새로운 왕이 일어나면서 히브리인들에게 노역을 시켰다(출 1:11).
    - "요셉을 알지 못하는 새 왕이 일어나 애굽을 다스리더니… 감독들을 그들 위에 세우고 그들에게 무거운 짐을 지워 괴롭게 하여 바로를 위하여 국고성과 비돔과 라암셋을 건축하게 하라(출 1:8-11)".
  ☞ 요셉은 출생 시부터 총리(30세)가 되기 직전까지는 험악한 세월을 살았다고 볼 수 있지만, 이 기간은 부친 야곱과 겹치는 기간이다. 그 이후 요셉이 30세에 총리가 되어 야곱을 만나는 때(요셉 40세,[12] 야곱 130세)까지 총리직을 맡고 있어서 비록 그에게 있어서의 10년은 형통한 삶이었는지 모르겠지만 이 기간도 야곱과 겹치는 기간이다. 결국, 요셉의 40세까지는 야곱과 겹치는 기간이며, 야곱은 이때까지 험악한 세월을 살았다고 바로 왕에게 말하였기에 요셉의 40세까지는 '괴로운 기간'에 포함된다.
  ☞ 요셉은 30세에 총리가 된 이후부터 그가 110세에 죽기까지 애굽 왕과 존중을 받았을 것이지만, 그가 죽고 난 뒤에 히브리인은 경계의 대상으로 바뀌었다. 따라서 그가 죽은 이후부터 출애굽까지의 기간은 괴롭힘을 당하는 기간에 해당한다.
  ☞ 요셉의 인생 중 형통한 기간과 괴로운 기간을 구분한다면 총리가 되기 전후로 나뉘겠지만, 여호와께서 아브람에게 말씀하신 내용으로 구분하게 되면 애굽에서 야곱을

---

12) 요셉 40세 : 요셉이 형들에게 부친 야곱을 모시고 오라고 하면서 아직 흉년이 5년 남았다고 하였다(창 45:11). 이를 기점으로 연수를 추론하면, 30세 총리가 되어 그 이듬해부터 풍년 7년과 흉년 2년을 지나면 요셉의 나이가 40세에 이른다.

재회하는 기간 전후로 나뉘게 된다. 다시 말하면, 요셉이 야곱을 재회하기 전 40세까지는 야곱과 겹치는 기간이며 이 때를 야곱은 '나그네 길의 세월이요 험악한 세월'이라고 하였기에 괴로운 기간에 해당한다. 또한, 요셉을 알지 못하는 왕이 일어나면서 노역을 시켰기에 요셉이 죽기 전까지의 70년(요셉은 110세에 죽었다)은 형통한 기간이며, 그가 죽은 이후부터는 괴로운 기간에 해당한다. 이 기간에 대해서는 다음 단원(5.2.3.)에서 계산하기로 한다.

5.2.2. 4대 만에 나오리라

여호와께서 아브람(아브라함)에게 말씀하신 '네 자손은 4대 만에 이 땅으로 돌아오리니' 라고 하실 때 '네 자손'은 야곱을 가리키며, '4대'는 야곱의 자손으로 '레위 – 고핫 – 아므람 – 아론과 모세' 까지이다[그림 1. 참조].

야곱은 가족 전체를 이끌고 애굽으로 들어갔으며, 모세와 아론은 이스라엘 백성 전체를 이끌고 애굽을 빠져나왔다(창 46:26-27; 출 12:37-42).

참고로, 요셉은 죽음을 맞이하기 전 에브라임의 자손 삼대까지 보았다고 기록하고 있다(창 50:23).

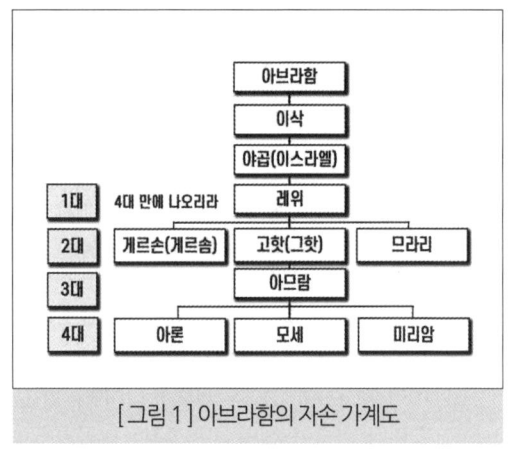

[그림 1] 아브라함의 자손 가계도

5.2.3. 연대기 분석

5.2.3.1. 연대기 분석 방법

출애굽 한 연도와 괴로운 '400년'을 계산하기 위해서는 두 가지 방법으로 접근하고자 한다. 하나는 아담을 창조한 시기부터 계산하는 방법이고, 다른 하나는 역사적인 연도, 예를 들어 북이스라엘 멸망, 남유다 멸망, 스룹바벨 성전 완공 등의 역사적인 연도를 기준으로 계산하는 방법이 있다. 그래서 이 둘이 서로 일치하는지를 확인할 것이고, 만약 서로 일치한다면 위에서 검토한 내용이 올바르게 접근한 것이라 말할 수 있을 것이다.

5.2.3.2. 아담을 창조한 시기부터 계산하는 방법

하나님이 아담을 창조한 때를 'A.M.[13] 0년'이라 하며 첫 출발점의 기준을 세우고 연대기를 계산하면 아래와 같다(그림 2. 및 부록 1. 참조).

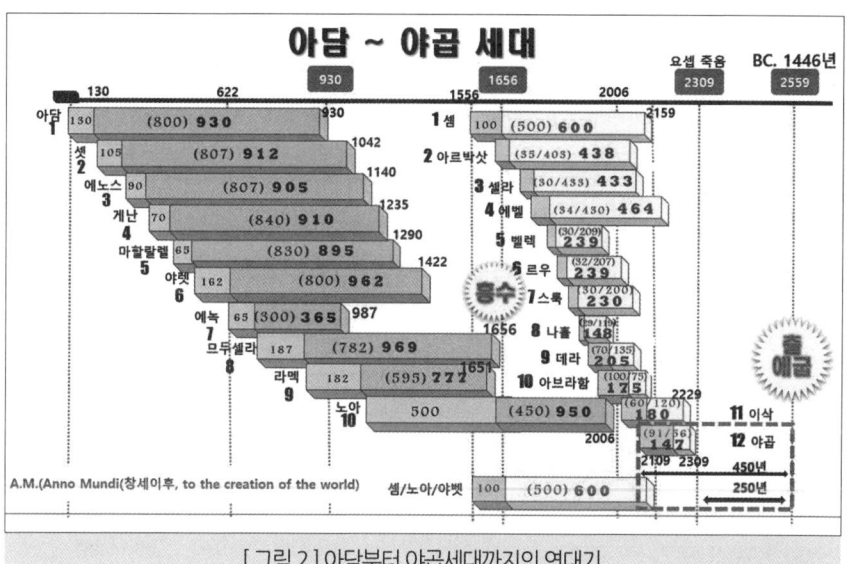

[그림 2] 아담부터 야곱세대까지의 연대기

- A.M. 0년(아담 창조) → A.M. 130년(아담이 셋을 낳음) → A.M. 930년(아담 죽음) → A.M. 1656년(대홍수 발생) → A.M. 1659년(셈이 아르박삿을 낳음[14]) → A.M. 1949

---

13) 아담 창조 이후(A.M.) : 라틴어 Anno Mundi의 약자로 "in the year of the world"(세계 연도 이후), "to the creation of the world(세상 창조 이후)"의 뜻이 있다. 이를 쉬운 표현으로 하자면 '아담 창조 이후'로 볼 수 있다. 참고로 B.C.는 Before Christ의 약자로 '예수' 이전의 시대를 뜻하며, A.D.는 라틴어 Anno Domini의 약자로 '주님의 시대'의 뜻이 있다.

14) 셈이 아르박삿을 낳음 : 셈이 아르박삿을 낳은 때가 100세라고 하며 그 시점을 홍수 후 2년이라고 기록하고 있다(창 11:10-11). 홍수는 A.M. 1656년에 발생하였지만, 홍수로 불어난 물로 인하여 물이 빠지고 땅이 마르는 기간 때문에 노아 가족은 홍수 발생 다음 연도(A.M. 1657년)에 방주에서 나올 수 있었다. 따라서 셈이 아르박삿을 낳은 시점을 홍수 후 2년이라고 하면 A.M. 1659년이 된다. 참고로, 노아가 500세 된 후에 셈과 함과 야벳을 낳았다고 기록하고 있는데(창 5:32), 이 의미는 자녀들 모두가 노아가 500세 일 때 태어난 것이 아니라 500세가 된 이후에 태어났다는 의미이다. 결국, 셈이 아르박삿을 낳은 시점을 기준으로 역산하게 되면 셈은 노아가 503세 일 때 태어난 것으로 계산된다.

년(아브라함이 태어남) → A.M. 2006년(노아 죽음) → A.M. 2049(이삭 태어남) → A.M. 2109년(야곱 태어남) → A.M. 2199년(요셉 태어남) → A.M. 2229년(요셉 총리) → A.M. 2256년(야곱 죽음) → A.M. 2309년(요셉 죽음)

아브람(아브라함)의 자손인 이삭으로부터 출애굽까지의 '400년' 즉 이방에서 객이 되고, 그들을 섬기고, 괴롭힘을 당하는 기간의 기간을 계산하면 아래와 같다(그림 3. 참조).

- 이삭이 블레셋에 머문 기간(20년, 위 '5.2.1.1. 이삭' 참조).
- 야곱이 바로 왕에게 말한 험악한 세월(130년, 위 '5.2.1.2. 야곱' 참조).
- 요셉 죽음 이후부터 출애굽 하기 전까지의 기간은 괴로운 기간으로서 아래와 같이 계산할 수 있다(위 '5.2.1.3. 요셉' 참조).
    ✓ 요셉 죽음 이후부터 출애굽 하기 전까지의 기간 = 전체 괴로운 기간(400년) - 이삭이 블레셋에 거주하며 아비멜렉을 섬겼던 기간(20년) - 야곱이 고백한 험악한 세월(130년) = 250년
    ✓ 요셉은 A.M. 2309년에 죽었으므로, 이때부터 250년 뒤는 A.M. 2559년이다.

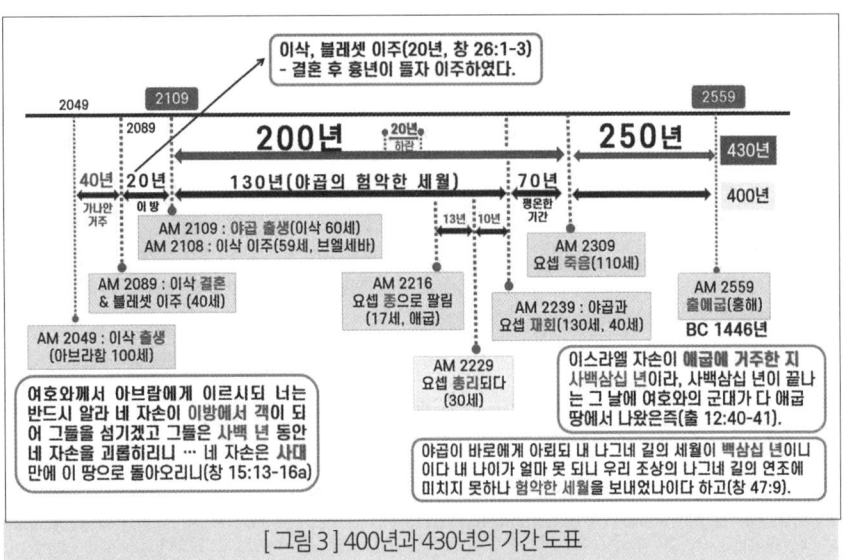

[그림 3] 400년과 430년의 기간 도표

위와 같은 방법으로 계산하면, 아브라함 자손이 A.M. 2559년에 출애굽 하였음을 알 수 있다. 그리고 이를 검증하기 위하여 A.M. 2559년을 'A'라고 부

르고자 한다.

5.2.3.3. 역사적인 연도로 계산하는 방법

출애굽 한 연도를 산출하는 두 번째 방법으로 역사적인 연도를 기준으로 산출할 수 있는데, 역사적인 연도를 대표적으로 삼을 수 있는 것은 다음과 같다.

- 북이스라엘 멸망(B.C. 722년), 남유다 멸망(B.C. 586년), 바벨론 멸망(B.C. 539년), 스룹바벨 성전 건축 완공(B.C. 516년), 예수 그리스도 탄생(B.C. 4년).

그리고 출애굽 한 이후 시대를 아래와 같이 구분할 수 있다.

- 출애굽부터 남유다가 멸망할 때까지의 기간은 860년이다(표 1. 참조).
  ✓ 광야(40년), 가나안 정복(16년), 사사 시대(340년), 통일왕조(120년), 분열 왕국(344년).

[표 1] 출애굽부터 분열 왕국 시대까지의 연대기

구분	B.C.	기간	성경 말씀	비고
출애굽 연도	1446년	-	끝날에 애굽 땅에서 나옴(출 12:40-41)	출애굽 ~ 분열 왕국 (860년)
광야 기간	1445-1406년(40년)	40년	40일 정탐(하루 1년 환산, 민 14:34)	
가나안 정복	1405-1390년	16년	첫째 달 10일 요단강 건넘(수 4:19)	
사사시대	1390-1050년	340년	여호수아가 죽은 이후(수 24:31; 삿 1:1)	
통일왕조 시대	1050-931년	120년	사울, 다윗, 솔로몬 각각 40년 (행 13:21; 왕상 2:11; 11:42)	
분열 왕국 시대	930-586년	344년	시드기야제11년 넷째 달[15] 9일(렘 39:2)	

또, 출애굽 한 연도를 산출하는데 중요한 단서가 되는 솔로몬 성전을 착공 시점과 완공 연도는 아래와 같다.

---
15) 넷째 달 : 담무스 월이라고 하며, 태양력으로는 6~7월에 해당한다.

- 이스라엘 자손이 애굽 땅에서 나온 지 사백팔십 년이요 솔로몬이 이스라엘 왕이 된 지 사 년 시브월 곧 둘째 달에 솔로몬이 여호와를 위하여 성전 건축하기를 시작하였더라 (왕상 6:1, B.C. 966년).
- 열한째 해 불월 곧 여덟째 달에 그 설계와 식양 대로 성전건축이 다 끝났으니 솔로몬이 칠 년 동안 성전을 건축하였더라(왕상 6:38, B.C. 959년).

※ 솔로몬 성전 착공을 출애굽 한 지 480년에 시작하였다고 하였으니 이때를 B.C.로 환산하면 **B.C. 1446년**이 된다.

위에 있는 것을 바탕으로 보기 쉽게 정리하면 아래와 같으며, 이스라엘 백성이 출애굽 한 연도는 B.C. 1446년이다(그림 4. 및 부록 1. 참조).

- B.C. 4년(예수 그리스도 탄생) → B.C. 516년(스룹바벨 성전완공) → B.C. 539년(바벨론 멸망) → B.C. 586년(남유다 멸망 & 분열왕국 끝, 344년) → B.C. 722년(북이스라엘 멸망) → B.C. 930년(분열왕국 시작, 344년) → B.C. 1050년(통일왕국 시작, 120년) → B.C. 1390년(사사시대 시작, 340년) → B.C. 1405년(가나안 정복 시작, 16년) → B.C. 1445년(광야 기간 시작, 40년) → **B.C. 1446년(출애굽)**.[16]

그리고 이를 바탕으로 아담까지 거슬러 올라가면 B.C. 4005년에 아담을 창조한 것으로 알 수 있다. 따라서 출애굽 한 연도 B.C. 1446년을 검증하기 위하여 이를 'B'라고 부르고자 한다.

- **B.C. 1446년(출애굽)** → B.C. 1696년(요셉 죽음, 250년[17]) → B.C. 1749년(야곱 죽음) → B.C. 1896년(야곱 태어남) → B.C. 1956년(이삭 태어남) → B.C. 2056년(아브라함 태어남) → B.C. 2346년(아르박삿 태어남) → B.C. 2349년(대홍수) → B.C. 3075년(아담 죽음) → B.C. 4005년(아담 창조)

---

16) B.C. 1446년(출애굽) : 주석성경에서도 출애굽한 연도를 이 시기로 보고 있다(「톰슨Ⅱ 주석성경」 기독지혜사, 1988. p101).
17) 250년 : 요셉이 죽은 이후부터 250년[5.2.3.2. 아담 창조 이후(A.M.)] 참조.

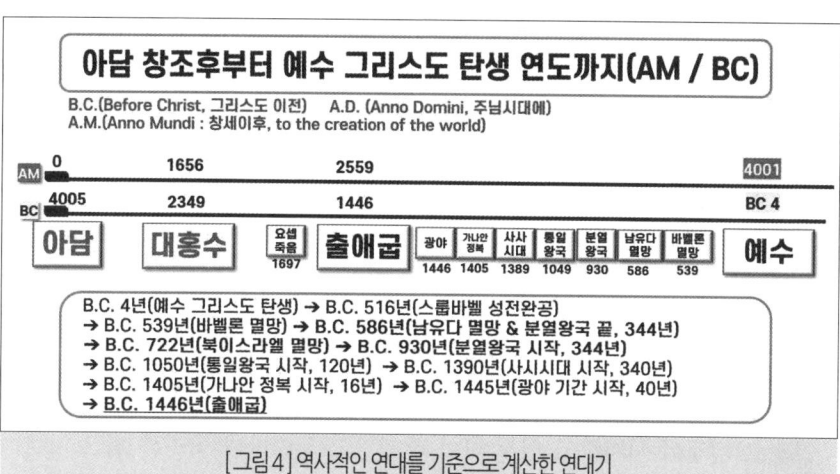

[그림 4] 역사적인 연대를 기준으로 계산한 연대기

5.2.4. 시사점

위에서 연구한 결과가 무엇을 시사하고 있는지를 증명하기 위하여 일단 위에서 정리한 것을 요약하면 아래와 같다.

- 먼저, 아담 창조 후부터 출애굽까지의 연도를 살펴보면, A.M. 0년에 아담이 창조되었고, 대홍수는 A.M. 1656년, 출애굽은 A.M. 2559년에 발생하였다. 이를 B.C.로 환산하면, B.C. 4005년에 아담 창조, B.C. 2349년에 대홍수, 출애굽은 B.C. 1446년에 발생하였다.

그리고 '괴로운 400년'은 이삭부터 시작하여 출애굽까지의 기간으로 아래와 같다.

- 이삭이 흉년이 들어 블레셋에 머물면서 아비멜렉 왕을 섬겼던 기간 : 20년
- 야곱이 바로 왕 앞에서 말한 험악한 세월 : 130년
- 요셉 죽음 이후 출애굽까지 괴로움을 겪은 기간 : 250년(A.M. 2309년 ~ A.M. 2559년)

위와 같은 방법으로 '네 자손이 이방에서 객이 되어 그들을 섬기겠고 그들은 400년 동안 네 자손을 괴롭히리라'라는 해석과 함께 기간이 산출되었다. 그렇다면 이러한 접근 방법이 과연 올바른 것인가에 대한 문제를 확인하기 위

하여 아담이 창조된 시점부터 계산하는 방법과 역사적인 기록을 기준으로 역산하는 방법으로 검증하게 되었다. 그 결과 출애굽 한 연도가 아래와 같이 서로 일치하고 있는 것을 볼 수 있다. 그렇다면, 위와 같은 접근 방법은 올바르게 한 것이고 또한, 하나님의 말씀이 오류가 없다는 것을 증명하게 되는 계기가 되었다고 볼 수 있다.

- A.M. 2559년(A) = B.C. 1446년(B). (5.2.3. 연대기 분석 방법 및 그림 4. 참조).

그리고 이것이 시사하고 있는 바가 무엇인지를 안다면 이러한 접근 방법이 올바르다고 생각하는 것에 더욱 힘이 실릴 수 있을 것이다. 하나님께서 메시아를 이 땅에 보내실 것이라는 계획은 아담이 범죄하고 난 뒤 가죽옷을 지어 입히신 이후 말씀하셨던 부분으로 알 수 있지만(창 3:15, 21), 이사야 선지자를 통해 예언된 말씀으로도 알 수 있다. 그가 예언하기를 장차 한 아기가 태어날 것인데, 그는 전능하신 하나님과 평강의 왕으로 오실 것이며 또한, 온 인류의 죄악을 담당하실 것이라고 하였다(사 9:6-7; 53:1-12). 이처럼 하나님께서는 아주 오래 전부터 메시아를 보내주시겠다고 말씀하셨는데, 그 약속은 2천년 전에 오신 예수님을 통해 성취되었다. 그가 메시아라고 하는 이유는 이사야 선지자가 예언한 대로 사신 분은 오직 예수님 뿐이고, 그의 제자는 그를 메시아(그리스도)요, 살아계시는 하나님의 아들이라고 하였으며(마 16:16; 요 1:41), 예수님께서는 자신을 하나님과 하나라고 친히 말씀하시기도 하셨다(요 10:30). 따라서 하나님께서 보내신 메시아는 바로 예수님이시다.

이같이 성경을 통해 메시아가 오리라는 것이 예언되어 있었던 것처럼, 연대기로 계산할 때도 메시아가 오신다는 것이 예견되어 있었다는 것이다. 이러한 이유는 위와 같은 방법으로 연구한 결괏값이 예수님께서 태어나신 연도와 깊은 관련이 있기 때문이다. 이것은 그가 메시아라는 것을 연대기를 통하여서도 증명되는 셈인데, 그가 우연히 이 땅에 오신 것이 아니라 온 인류를 대속하기 위해 성육신하신 것이 하나님의 계획, 즉 하나님의 시간표 안에 예정되어 있었다는 것이다. 이를 설명하자면 아래와 같다.

위에서 아담 창조 시점을 'A.M. 0년'이라고 할 때 이를 B.C.로 환산하면 B.C. 4005년이 된다는 것을 밝혔다(5.2.3.3. 참조). 그리고 예수님 탄생 시점을 B.C. 4년이라고 보고 있는데, 이를 아담 창조 후부터 예수님 탄생하기까지 총 '4001'년이라고 하는 간격이 발생한다. 이를 A.M.으로 다시 정리하면, A.M. 0년에 아담을 창조하였고, A.M. 4001년에 예수님께서 이 땅에 성육신하셨다는 것이다(위 5.2.3. 및 부록 1. 참조).

즉 예수님께서 아담 창조 후 '4001년' 만에 오셨는데, 숫자 '4001'의 의미를 분석하여 볼 때 예수님이 이 땅에 오신 것은 하나님의 계획과 시간표 안에 있음을 의미하고 있다는 것이다. '4001년'은 '4000년 + 1년'으로서 예수님이 4000년이 지난 바로 직후인 4001년이 시작되는 해에 성육신하셨다는 것으로 마치 예수님이 이 땅에 오시기 위하여 4000년 동안 기다리셨다가 바로 그 이듬해에 성육신하신 것으로 비친다.

이 모습은 위에서 검토한 아브람에게 말씀한 400년의 세월과도 비슷하다. 400년간 이스라엘 자손이 괴롭힘을 당한 이후 곧 401년에 이방 지역에서 빠져나와 약속의 땅으로 갈 수 있었던 것과 비슷하다(5. 본문 연구 참조). 그리고 이스라엘 백성이 광야에서 보낸 세월과 가나안 땅으로 들어가는 것과도 비슷하다.

400년에 관한 이야기는 위에서 다루었기에 여기서는 제외하고 광야에서 보낸 시간에 대해 부연 설명하자면, 여호와께서는 출애굽 한 이스라엘 백성을 가나안 땅으로 이끌기 전에 12명의 정탐꾼을 보내어 40일 동안 답사하게 하셨다(민 13장). 그러나 그중 10명의 정탐꾼이 불평과 불만을 제기한 것이 이스라엘 백성 전체에게 영향을 끼치자 하나님께서는 하루를 1년으로 환산하여 40년이라고 하는 기간을 광야에서 유리하며 방황하도록 하셨다(민 14:34). 40년의 기한이 차자 여호와께서는 여호수아라는 새로운 지도자를 통해 41년이 시작되는 해에 약속의 땅인 가나안 땅으로 입성하도록 하셨다(수 4:19). 즉 여호와께서는 출애굽 한 이스라엘 백성을 40년의 기간을 광야에서 보내고 41년이 시작되는 해에 가나안 땅으로 이끄셨던 것과 같이 온 인류의 구원을 이루시기 위하여 4000년의 기간이 이를 때까지 인내하고 계시다가 4001년이 시작되는 첫해에 예수님을 이 땅에 보내신 것이다. 그래서 예수님은 이와 같은 맥락으로 자신에 대해서 "내가 곧 길이요 진리요 생명이니 나로 말미암지 않고는 아버지께로 올 자가 없느니라(요 14:6)"라고 말씀하시면서 곧 인류를 향한 '구원의 통로요 천국으로 가는 길'이 된다고 말씀하셨던 것이다.

그리고 여호와께서는 출애굽 한 이스라엘 백성을 가나안으로 입성시키기 위하여 '여호수아'라는 지도자를 세우셨는데, 여호수아는 '여호와는 구원이시다'라는 의미로 그가 예수 그리스도의 상징으로 예표 되는 인물로 전해지고 있다. 즉 여호와께서는 여호수아를 통해 약속의 땅을 허락하셨던 것과 같이 예수님을 통하여 천국의 길을 여신 것도 여호와의 섭리 가운데 있는 것이다.

또한, 숫자 '4000'이라고 하는 의미에 대해서도 알아보면, 숫자 '4000'은 40의 100배에 해당하며(마 13:8, 23; 막 4:8, 20), 숫자 '40'은 고난을 의미하는 숫자로서 예수님께서 사역하시기 전에 40일을 금식하고 난 뒤 사역을 시작하셨던 것(마 4:1-11; 막 1:12-13; 눅 4:1-13)과 사도 바울이 사십에 하나 감한 매를 다섯 번이나 맞았으며(고후 11:24) 출애굽 한 이스라엘 백성이 광야에서 40년의 세월을 보낸 숫자와 같다. 그리고 하루를 1년으로 환산하는 것과 같이 여호와께서는 하루가 천년과 같다고 말씀하신 바도 있다(시 90:4; 벧후 3:8). 따라서 숫자 '40'과 '4000'의 의미도 그와 같다고 볼 수 있다. 그리고 아브람에게 말한 '400년'은 위 '40' 또는 '4000'의 숫자와 깊은 연관이 있어 보이며, 아브람 자손이 민족으로 형성되어 약속의 땅을 차지하기까지 이방에서 400년이란 기간이 필요했을 것으로 보인다. 그래서 이방의 객으로서 마지막 400년이 되는 끝날에 출애굽 하게 되었을 것이다(출 12:40-41).

마지막으로, 예수님이 이 땅에 4001년 만에 오신 또 다른 이유는 위에서 언급한 바와 같이 정탐꾼들의 불만과 불평으로 40년간 광야에서 지내야만 했던 것과 같이 최초의 인류인 아담이 에덴동산에서 범한 죄로 말미암아 온 인류가 이 땅 가운데 목자 없는 양같이 방황하는 자들이 되어 살아갔던 것이 아닌가 추측한다. 하나님은 아담이 늘 자신과 에덴동산에서 교제하며 얼굴과 얼굴을 맞대어 살도록 창조하였는데, 그 피조물인 아담이 범한 죄로 말미암아 하나님과 단절되어 4천 년 동안 성육신하신 예수님을 만날 수 없었던 것은 아닌가 한다. 성경에서 하루가 천년과 같고 천년이 하루와 같다는 말씀처럼 아담이 범한 죄로 말미암아 4000년의 기간 동안 성육신하신 하나님과 단절되었다가 그 기한이 이르자 4001년에 예수님을 보낸 것으로 보인다.

- 주의 목전에는 천 년이 지나간 어제 같으며 밤의 한순간 같을 뿐임이니이다(시 90:4).
- 사랑하는 자들아, 주께는 하루가 천년 같고 천년이 하루 같다는 이 한 가지를 잊지 말라(벧후 3:8).
- 오직 너희 죄악이 너희와 너희 하나님 사이를 갈라놓았고 너희 죄가 그의 얼굴을 가리어서 너희에게서 듣지 않으시게 함이니라(사 59:2).
- 예수께서 나오사 큰 무리를 보시고 그 목자 없는 양 같음으로 인하여 불쌍히 여기사 이에 여러 가지로 가르치시더라(마 9:36; 막 6:34).

6. 본문 연구 2 (430년, 출 12:40-41)

6.1. 본문 분석

이스라엘 자손들이 애굽을 빠져나올 때, 그들이 애굽에 거주한 기간은 430년이며 빠져나온 날은 그 끝날, 곧 430년 마지막 날에 빠져나왔다고 기록하고 있다. 오늘날로 치면 12월 31일에 해당할 것으로 생각할 수도 있으나, 유대인들에게 있어서 당시 첫날은 7월 1일이었으므로 그 끝날(마지막)은 6월 30일에 해당한다.

> "이스라엘 자손이 애굽에 거주한 지 사백삼십 년이라 사백삼십 년이 끝나는 그 날에 여호와의 군대가 다 애굽 땅에서 나왔은즉(출 12:40-41)".

여기서 주목할 점은, 창세기에서는 '400년'이라고 하는데 반하여 출애굽기에서는 '430년'이라고 할 때 이 두 기간 사이에 30년이라는 차이가 발생한다. 왜 30년의 차이가 발생하고 있는지를 알기 위해서는 아래와 같은 사유를 참고하여 그 이유를 찾아야 할 것이다.

첫째, 이스라엘 자손이 출애굽 할 때의 430년은 애굽에서 430년이라고 말하고 있을 뿐이고, 그 외의 지역 예를 들어 가나안, 하란, 블레셋이라고 표현하고 있지 않다. 따라서 아브람 자손들로부터 조사할 때 애굽에서 거주한 기간을 조사하여 산출하여야 하며 그 외의 지역은 제외되어야 한다.

둘째, 여호와께서 아브람에게 말씀하신 시점과 출애굽 할 때의 관점이 다르다. 이 의미는 400년이라고 할 때 여호와께서 말씀하신 시점은 아브람을 75세에 하란에서 불러내어 가나안 땅으로 이끌고 조카 롯과 헤어진 이후 말씀하신 때로서 관점이 장차 아브람 자손에게 이루어질 기간, 즉 미래에 발생할 것을 두고 말씀하신 것이다. 그러나 430년이라고 기록한 시점은 곧 출애굽 한 이후로서 현재에서 과거의 기간을 더듬어서 계산한 경험적 또는 현재 상황에서 과거지향적인 관점에서 기록한 것이다.

셋째, 성경 기록에 대한 부분에서 차이가 발생한다. 우리가 흔히 보는 개역개정 뿐만 아니라 히브리어, 킹제임스, NASB 등등의 성경에서는 이집트에서만 430년을 거주하였다고 기록하고 있다[출애굽기 12:40의 다양한 성경 구절 비교 참조]. 하지만 마소라 본문 및 사마리아 오경에서는 가나안을 포함하여 430년이라고 기록하고 있다.

> 40 Now the length of time the Israelite people lived in Egypt *b* was 430 years.
> Footnotes:
> *b* 40 Masoretic Text; Samaritan Pentateuch and Septuagint *Egypt and Canaan*

[그림 5] 마소라 본문과 사마리아 오경(바이블허브 사이트 화면 캡처 사진).

- 바이블허브 사이트 내, NIV 출애굽기 12:40절의 주석.
- 마소라 본문과 사마리아 오경에서 이집트를 이집트와 가나안이라고 하는 두 지역이라고 표현하고 있다(출처 : 바이블허브 사이트, https://biblehub.com/niv/exodus/12.htm).

> **Treasury of Scripture Knowledge**
>
> The Samaritan Pentateuch reads, 'Now the sojourning of the children of Israel, and of their fathers in the land of Canaan and in the land of Egypt, was

[그림 6] 사마리아 오경(바이블허브 사이트 화면 캡처 사진).

- 바이블허브 사이트 내, 히브리성경 출애굽기 12:40절의 주석(출처 : 바이블허브 사이트, biblehub.com/text/exodus/12-40.htm).

6.2. 본문 연구

6.2.1. 아브라함 자손의 거주 기간 계산(6.1. 본문 분석의 첫째 방법)

위 5.2에서 아브람(아브라함)의 자손인 이삭부터 연대기를 계산하였기에 여기서도 동일하게 적용하여 이삭부터 출애굽 할 때까지의 애굽에서 거주한 기간을 계산할 필요가 있다(그림 7. 참조).

- 이삭 : 블레셋에 20년 거주하였지만, 애굽에 거주한 기간은 없다. 따라서 애굽에 거주한 기간 계산 시 블레셋에 거주한 기간 20년은 제외한다.
- 야곱 : 외삼촌 라반 하란 땅에 20년 거주하였고, 애굽에서 17년간 거주하였다. 하지만 그가 애굽에서 거주한 17년의 기간은 요셉과 중복된 기간이다.
- 요셉 : 17세부터 임종(110세) 시까지 애굽에 거주하였으므로 93년간 거주하였다.

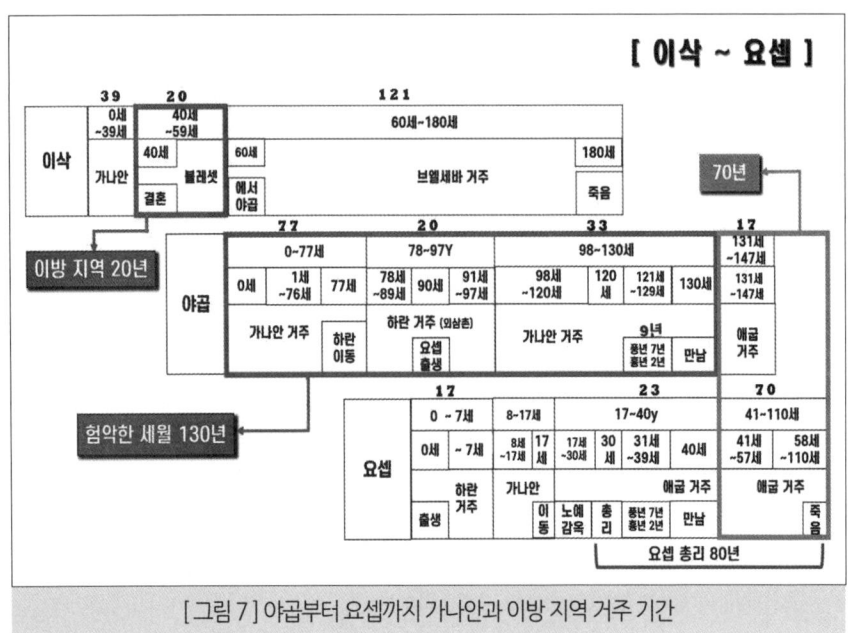

[그림 7] 야곱부터 요셉까지 가나안과 이방 지역 거주 기간

위 자료를 바탕으로 정리하면 아래와 같이 정리할 수 있다.

- 이삭(180년) : 가나안 거주 160년 + 블레셋 거주 20년
- 야곱(147년) : 가나안 거주 110년 + 하란 거주 20년 + 애굽 거주 17년
- 요셉(110년) : 가나안 및 하란 거주 17년 + 애굽 거주 93년
- 요셉 이후(250년) : 요셉 죽음 이후부터 출애굽까지(250년, 5.2.3.2. 참조).

이삭부터 출애굽까지의 기간을 조건별로 계산하면 아래와 같다. 하지만 그 결괏값이 430년의 기간에서 모자라거나 넘는 등 일치하지 않는 경우를 보인다.

(조건 1) 애굽에서 거주한 기간만 계산하는 방법 : 343년
- 이삭부터 요셉까지의 거주한 기간(93년) + 요셉 이후 출애굽까지(250년) = 343년

(조건 2) 모든 이방에서 거주한 기간만 계산하는 방법 : 383년
- 이삭(20년) + 야곱(20년) + 요셉(93년) + 요셉 이후(250년) = 383년

(조건 3) 가나안과 이방 등 모든 거주기간 포함하는 방법 : 510년
- 이삭(180년) + 야곱(27년) + 요셉(53년) + 요셉 이후(250년) = 510년

결국, 위와 같이 아브라함 자손들의 거주기간을 조사한 방법으로는 애굽에서 거주한 '430년'의 결괏값이 산출되지 않으므로 이 방법을 채택할 수 없다.

6.2.2. 관점의 차이로 거주 기간 계산(6.1. 본문 분석의 둘째 방법)

아브람(아브라함) 때의 애굽 지역과 출애굽 당시의 애굽 지역의 범위에 대해서는 성경에 명확히 언급되어 있지 않다. 따라서 이러한 방법으로도 430년의 기간을 산출하는 것은 불가능하다. 그리고 성경에서 추론할 수 있는 단서들이 있으나, 그 조건으로는 애굽의 범위를 추정할 수 없고 또, 서로 간의 상충하는 결과에 이르기에 불충분하다. 그 예는 아래와 같다.

- (가정 1) 야곱이 요셉과 만나기 직전까지 거주한 지역은 가나안 땅이었다. 하지만 흉년이 들자 야곱은 자녀를 애굽으로 보냈다(창 42:1-5). 가나안과 애굽 간의 매매 및 이동

등이 자유로운 것을 보고 가나안 지역을 애굽이라고 볼 수 있다.

- (가정 2) 야곱이 죽자 그를 장사 지내기 위하여, 애굽에서 그를 애도하기 위하여 대규모의 인원이 막벨라 굴(가나안 땅)까지 와서 장사를 지냈다(창 49:29-50:14). 애굽에서 가나안까지 상당수의 인원이 자유롭게 이동하여 갈 수 있었고 방해가 없었던 것으로 보아 가나안 지역이 애굽이라고 볼 수 있다.

위와 같은 가정으로 볼 때, 가나안 지역을 애굽 지역의 범위로 보기에는 언어가 다르다는 문제점이 있기는 하지만 그것보다 더 큰 문제점이 발생한다. 이스라엘 백성이 출애굽 할 때의 기준이 홍해를 건너는 것으로 판가름할 수 있는데, 만약 위와 같은 가정으로 가나안 땅이 애굽 지역이라고 한다면, 이스라엘 백성이 출애굽 했다는 사실 자체에 문제가 발생한다. 따라서 이와 같은 방법으로도 430년의 기간을 정확히 산출할 수 없다.

6.2.3. 마소라 본문 및 사마리아 오경(6.1. 본문 분석의 셋째 방법)

위에서 분석한 첫째와 둘째 같은 방법으로는 '430년[18]'의 기간을 산출하지 못하였다. 그러나 위와 같은 방법이 아닌 '마소라 본문' 또는 '사마리아 오경[19]'에서 기록하고 있는 부분을 참고하면 정확히 '430년'의 기간을 산출할 수 있다. 그리고 이 방법은 '마소라 본문'이나 '사마리아 오경'을 참고하지 않더라도 이미 알려진 상식과도 같다.

- 야곱 이후부터 요셉까지(180년=147+53-20) + 요셉 이후(250년) = 430년
  - ✓ 야곱 출생연도 ~ 출애굽 한 연도(A 또는 B) - 하란 거주(20년).
    = A.M. 2109년(B.C. 1896년) - A.M. 2559년(B.C. 1446년) - 20년 = 430년

---

18) 마소라 본문 : 히브리어 본문으로 된 유대교 성경이며, 약 AD 9세기 문헌으로 알려졌다. 그리고 개신교 성경 중 구약성경 번역의 기초로 널리 사용되었다.
 - 사해사본 : 사해 문서(死海文書, Dead Sea Scrolls, DSS). 1947년 쿰란 동굴 등에서 발견된 사본이며, 종교적, 역사적 매우 가치가 있으며, 현존하는 가장 오래된 사본이다.

19) 사마리아 오경 : 사마리아인의 신앙의 기초를 이루는 성경으로, 유대교의 모세 5경에 상당하는 기록이다. 사마리아 오경은 사마리아 문자로 쓰여 있고, 이 오경의 원형에 가까운 것이 사해문서의 일부로도 발견되었다(출처 : 위키피디아).

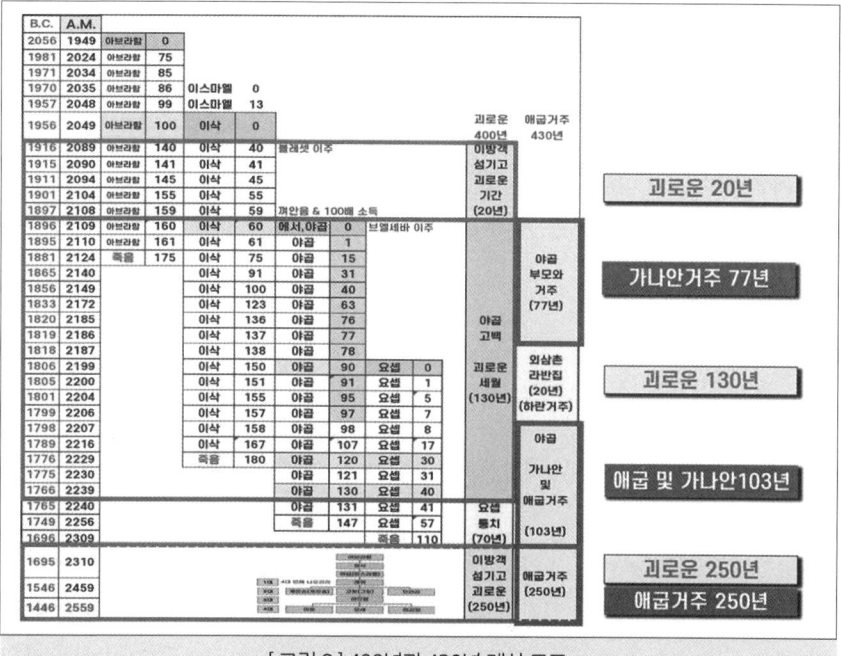

[그림 8] 400년과 430년 계산 도표

7. 결론

여호와께서 아브람에게 말씀한 '네 자손이 객이 되어 400년간 괴롭힘을 당할 것'이라고 하신 것과 이스라엘 백성이 애굽에서 거주한 '430년' 사이에 차이가 발생하고 있다고 하는 것은 위에서 논의한 바와 같이 우리 인간이 그 연수를 계산하는 데 있어서 착오가 있었던 것뿐이지 여호와께서 실수가 있으셨던 것은 아니라는 것이다.

다시 정리하자면, 아브람에게 말씀한 '400년'은 이삭부터 출애굽까지의 기간 중 이방 지역에서 거주한 기간을 산출하여야 한다는 것이며,

- 이삭이 흉년이 들어 블레셋에 머물면서 아비멜렉 왕을 섬겼던 기간 : 20년
- 야곱이 바로 왕 앞에서 말한 험악한 세월 : 130년
- 요셉 죽음 이후 출애굽까지 괴로움을 겪은 기간 : 250년(A.M. 2309년 ~ A.M. 2559년)

출애굽 할 때 기록한 '430년'은 '마소라 본문' 및 '사마리아 오경'에서 기록한 바와 같이 야곱(이스라엘)이 거주한 가나안과 애굽의 기간을 합산하여 계산하여야 한다.

- 야곱 이후부터 요셉까지(180년=147+53-20) + 요셉 이후(250년) = 430년
  ✔ 야곱 출생연도 ~ 출애굽 한 연도(A 또는 B) - 하란 거주 (20년)
  = A.M. 2109년(B.C. 1896년) - A.M. 2559(B.C. 1446) - 20년 = 430년

즉, 아브람에게 말씀하신 '400년'과 출애굽기에 기록한 '430년'은 서로 한 지점 곧 A.M. 2559년을 가리키고 있는 것으로서 결국, 이 둘은 서로 같은 점을 말하고 있다. 따라서 우리가 성경을 이해하는데 있어서 이 두 기간의 차이가 단순 오류라고 생각한 것은 우리가 올바르게 해석하지 못한 실수에서 오는 오류이지 성경은 오류가 없다는 것을 다시 일깨워 주는 것이다.

그리고 이것의 궁극적인 목적은 홍해를 건너는 사건에 초점에 맞춰져 있는 것이 아니라, 성육신하신 예수님에게 초점이 맞춰져 있다는 것이다. 여호와께서 메시아(예수)를 이 땅에 보내시겠다고 하신 예언적인 말씀을 성경 여러 곳에서 볼 수 있지만, 이 외에도 다른 사인[20]으로도 우리에게 말씀하신 것 중의 하나가 바로 연대기라 볼 수 있다. 이러한 연구의 결괏값이 'A.M. 4001년'이라고 하는 의미 있는 연도가 도출되고, 이 연도가 의미하고 있는 것은 하나님의 시간표에 의하여 예수님께서 성육신하신 것이다.

---

20) 다른 사인 : 역사(歷史)의 영어 단어는 'history'이다. 이는 'his' + 'story'의 합성어, 즉 '그의 이야기'를 의미하는 것으로, 곧 역사는 예수에 관한 이야기라고 하는 것과 일치한다. 그리고 역사의 기준점을 'B.C.(Before Christ, 그리스도 이전)'와 A.D.(Anno Domini, 주님의 시대)'로 구분하고 있는 것으로 봐도 역사의 중심은 '예수'라는 것을 알 수 있다.

이 연구의 최종적인 결론은 '400'과 '430년'이란 숫자의 이면 속에 하나님께서 독생자 예수님을 성육신하도록 하신 하나님의 비밀이 숨겨져 있다는 사실을 밝혀주는 연구이다.

[참고] 출애굽기 12:40의 다양한 성경 구절 비교

New International Version
Now the length of time the Israelite people lived in Egypt was 430 years.

New Living Translation
The people of Israel had lived in Egypt for 430 years.

English Standard Version
The time that the people of Israel lived in Egypt was 430 years.

Berean Study Bible
Now the duration of the Israelites' stay in Egypt was 430 years.

New American Standard Bible
Now the time that the sons of Israel lived in Egypt was four hundred and thirty years.

New King James Version
Now the sojourn of the children of Israel who lived in Egypt was four hundred and thirty years.

King James Bible
Now the sojourning of the children of Israel, who dwelt in Egypt, was four hundred and thirty years.

Christian Standard Bible
The time that the Israelites lived in Egypt was 430 years.

A Faithful Version
Now the sojourning of the children of Israel in Egypt was four hundred and thirty years,

New American Standard 1977
Now the time that the sons of Israel lived in Egypt was four hundred and thirty years.

p35. [표 1] 출애굽부터 분열왕국 시대까지의 연대기

p32. [그림 1] 아브라함의 자손 가계도
p33. [그림 2] 아담부터 야곱세대까지의 연대기
p34. [그림 3] 400년과 430년의 기간 도표
p37. [그림 4] 역사적인 연대를 기준으로 계산한 연대기
p43. [그림 5] 마소라 본문과 사마리아 오경
p43. [그림 6] 사마리아 오경
p44. [그림 7] 야곱부터 요셉까지 가나안과 이방 지역 거주 기간
p47. [그림 8] 400년과 430년 계산 도표

[부록 1] 연대표
 1. 아담부터 노아까지의 족보 (A.M. 0년 ~ A.M. 2158년)
 2. 셈부터 요셉까지의 족보(A.M. 1056년 ~ A.M. 2308년)
 3. 아브라함 이후(A.M. 1948년 ~ A.M. 2561년)
 4. 가나안 입성 이후 [A.M. 2600년 ~ A.M. 4074년(A.D. 70년)]

참고 문헌.

「구약주해 창세기」, 성등사, 이상근, 1997.
「톰슨Ⅱ 주석성경」기독지혜사, 1988.
「옥스퍼드 원어성경대전」성서교제, 1998.

주제어, KEYWORD.

창세기 15장 13절, 창세기 15장 16절, 사백 년, 400년, 사대, 출애굽기 12장 40절, 이스라엘 자손, 애굽, 사백삼십 년, 430년.

Genesis 15:13, Genesis 15:16, four hundred years, 400years, the fourth generation, Exodus 12:40, the children of Israel, Egypt, four hundred and thirty years, four hundred thirty years, 430years.

2

벨사살 왕은 누구의 아들인가?
느부갓네살? 나보니두스?

성경은 벨사살 왕에 대하여 느부갓네살 왕의 아들이라고 기록하고 있다. 하지만 역사는 바벨론의 마지막 왕인 나보니두스의 아들로 분류하고 있다. 그렇다면 벨사살 왕은 과연 이 둘 사이에 누구의 아들인가? 성경을 믿어야 하는지? 아니면 성경에 오류가 있었던 것으로 이해하고 역사로 분류하고 있는 것을 따라야 하는가? 그리고 이것이 다니엘서를 이해하는데 석연치 않은 부분을 해결할 수 있는가 하는 연구이다.

[목 차]

1. 배경
2. 연구 목적
3. 본문 내용
4. 주장 근거(나보니두스의 아들 또는 느부갓네살의 아들)
    4.1. 벨사살이 나보니두스 왕의 아들이라고 하는 이유
    4.2. 벨사살이 느부갓네살 왕의 아들이라고 하는 이유
    4.3. 벨사살 왕에 대한 해석이 미치는 영향
5. 집중 연구
    5.1. 나보니두스의 아들인가?
        5.1.1. 나보니두스의 아들이라고 하는 이유
        5.1.2. 나보니두스의 아들이라고 할 때의 문제점
        5.1.3. 의문점에 대한 구체적 이유(벨사살 왕이 나보니두스의 아들인지 알아보기)
    5.2. 느부갓네살 왕의 아들인가?
        5.2.1. 느부갓네살 왕의 아들이라고 하는 이유
        5.2.2. 성경에 기록된 주요 사건(성경에 기록된 연대기)
        5.2.3. 성경 분석
            5.2.3.1. 본문 연구 1 : 느부갓네살 왕의 광인 기간
            5.2.3.2. 본문 연구 2 : 벨사살 왕의 잔치 배경
            5.2.3.3. 본문 연구 3 : 다리오 왕이 바벨론제국을 얻게 된 배경
            5.2.3.4. 본문 연구 결과
6. 느부갓네살 왕의 아들이라고 할 때 미치는 영향
    6.1. 영향 1 : "다니엘이 고레스 원년까지 바벨론에 있으니라(단 1:21)".
    6.2. 영향 2 : '느부갓네살 왕에게 돌아온 내 나라의 영광과 위엄(단 4:36)'.
    6.3. 영향 3 : "다리오 왕이 자신의 뜻대로 고관 120명을 세워 전국을 통치하게 하고(단 6:1)."
    6.4. 영향 4 : '다니엘서 6장 배경 지역은 메대왕국이 아닌 바벨론 지역이다(단 6장)'.
    6.5. 영향 5 : '벨사살 왕 제3년 다니엘에게 나타난 환상 시점(단 8:1)'.
    6.6. 영향 6 : "내가 메대 사람 다리오 원년에 일어나 그를 도와서 그를 강하게 한 일이 있었느니라(단 11:1)".
7. 결론

1. 배경

벨사살 왕은 귀족 천 명을 위해 큰 잔치를 개최하였으나 죽음을 맞이하고 다리오가 갈대아 나라를 얻었다. 그런데 이때를 바벨론 멸망 시기로 볼 것인지 아니면 바벨론 시대 가운데 발생한 것인지에 대한 해석에 문제가 발생한다. 벨사살이 나보니두스의 아들이라고 하는 역사적인 자료(나보니두스의 실린더와 연대기)가 발견되어 역사와 학설로는 바벨론의 마지막 왕으로서 나보니두스의 아들 '벨샤쟈르(벨사살)'로 인식하고 있다. 하지만 느부갓네살의 아들이라고 하는 역사적 자료는 발견되지 않았다. 대신 오직 성경에서만 느부갓네살 왕의 아들이라고 다섯 번에 걸쳐 이야기하고 있을 뿐이다. 이처럼 역사(학설)와 성경 사이에 서로 다르게 인지하다 보니 성경을 이해하는 데 어려움을 겪고 있다.

2. 연구 목적

벨사살 왕을 누구의 아들로 인지할 것이냐에 따라서 다니엘서를 이해하는 게 조금은 달라질 수 있다. 그리고 역사와 학설로 분류하고 있는 나보니두스의 아들로 인식하였을 때는 석연치 않은 부분들이 생겨서 다니엘서를 온전히 이해하는 데 어려움이 있는 것도 사실이다. 그리고 무엇보다도 성경이 가지고 있는 하나님의 말씀이라고 하는 부분에 있어서 혹시 실수가 있으신 게 아닌가 하는 오해를 사는 것도 사실이다. 따라서 여기서는 벨사살 왕을 누구의 아들로 볼 것인지를 다시 검토하고자 하며 또한, 이것이 다니엘서를 이해하는데 석연치 않은 부분을 해결할 수 있는가 하는 연구이다.

3. 본문 내용

다니엘서 5장 내용을 간략하게 요약하면, 벨사살 왕은 귀족 천 명을 위하여 잔치를 벌이고 있을 때 하늘에서 손이 나와서 벽에 글씨가 기록되었다.

다니엘은 왕이 어떤 글인지 알지 못할 때 호출되어 와서 해석해 주었고, 벨사살 왕은 해석에 대한 보상으로 다니엘을 셋째 통치자로 세웠다. 하지만 벨사살 왕은 그날 밤 죽었고, 다리오 왕이 나라를 얻게 되었다는 내용이다.

4. 주장 근거(나보니두스의 아들 또는 느부갓네살의 아들)

벨사살 왕이 나보니두스의 아들이라고 하는 이유는 역사적인 근거를 두고 있지만, 느부갓네살 왕의 아들이라고 하는 이유는 오직 성경에 그 근거를 두고 있으며 자세한 내용은 아래에서 설명하고자 한다.

4.1. 벨사살이 나보니두스 왕의 아들이라고 하는 이유

○ 근거 : 역사(history)에 근거를 두고 있다.[21]
- 역사적으로는 느부갓네살 왕의 아들 중에 벨사살이란 이름은 없지만, 나보니두스 실린더에 따르면 나보니두스의 아들 가운데 벨사살 있었으며 그가 바벨론의 마지막 왕이었다.
- 역사적(나보니두스 연대기)으로 바벨론은 바사제국에 의해 멸망하였고, 고레스 군대는 바벨론에 무혈 입성하였다는 기록이 있다.
- 다니엘 5장에서 느부갓네살이 벨사살 왕의 부친이라고 표현한 것은 단지 상징적인 표현일 뿐이다.

[그림 9] 나보니두스 실린더
(대영박물관 소장, 위키피디아)

4.2. 벨사살이 느부갓네살 왕의 아들이라고 하는 이유

○ 근거 : 성경 말씀에 근거를 두고 있다
- 총 5회에 걸쳐 느부갓네살을 벨사살 왕의 부친이라고 하였다.

---

21) 역사 근거 1 : 나보니두스 실린더[그림 9]에는 '벨샤자르' 라는 아들을 언급하고 있다.
    역사 근거 2 : 나보니두스 연대기[그림 10]에는 키루스 2세가 바벨론에 무혈입성했다는 기록이 있다.
    참고 문헌 : ① 「톰슨Ⅱ 주석성경」 기독지혜사, 1988. p1240. & ② Leon Wood, A Survey of Israel's History, Grand Rapids, Mich., Zondervan Publ. Co., 1970, P.424; 김희보, 구약이스라엘사, 총신대출판부, 1985, p425 & ③ 「포로기 및 회복기와 역사의 조화」, 유진 폴스틱, 성경과학연구소(가제본 출판), 2020. p88-89, 117-119. & ④ 위키피디아.

- 성경 기록자(다니엘) : 그의 부친 느부갓네살(2절).
- 왕비 : 왕의 부친 때에 있던 자(11절).
- 벨사살 : 나의 부왕(13절).
- 다니엘 : 왕의 부친 느부갓네살(18절), 그의 아들이 되어서(22절).

[그림 10] 나보니두스 연대기(위키피디아)

4.3. 벨사살 왕에 대한 해석이 미치는 영향

위와 같이 벨사살 왕이 느부갓네살 왕 또는 나보니두스의 아들이라고 하는 각각의 이유는 납득할 만하고 또한, 누구의 아들인지 구분하지 않아도 다니엘서를 이해하는 데는 크게 영향을 미치지 않는다. 하지만 이를 구분하지 못해서 오는 단점으로는 다니엘과 벨사살 왕이 어떤 시대를 살았는지를 제대로 이해할 수 없고 또한, 다니엘이 사자 굴에 들어갔을 당시의 지역과 다리오 왕에 대한 오해(무능력한 왕)가 발생한다. 그리고 9장에 나오는 70이레를 푸는 데 한계에 부닥친다는 것이다.

5. 집중 연구

5.1. 나보니두스의 아들인가?

5.1.1. 나보니두스의 아들이라고 하는 이유

바벨론 지역에서 발견된 '나보니두스 실린더와 나보니두스 연대기(그림 9, 10. 참조)'의 기록된 내용 중에는 나보니두스에게 '벨사살'이라는 아들이 있고, 고레스 군대가 피를 흘리지 않고 바벨론 성에 들어왔다고 하였다. 이 기록물(실린더와 연대기)에 실린 내용과 다니엘서 5장 배경이 일치한 것으로 해석하여 성경의 기록과 달리 벨사살 왕이 나보니두스의 아들로 보고 있다(표 2. 참조).

[표 2] 역사적인 자료와 성경 기록이 일치한다고 생각하는 견해

특징	나보니두스의 실린더·연대기	성경 기록
이름	나보니두스에게 벨사살이란 이름이 있고, 이 이름은 성경에 기록된 이름과 동일하다.	다니엘 5장에서 벨사살 이름이 있다(단 5:1).
부친 부재	나보니두스는 티그리스 오피스에서 바사의 고레스 왕과 전쟁 중이었기에 바벨론 성에 없었다.	벨사살 왕이 벽에 쓰인 글을 해석하는 자에게 셋째 통치자로 세우겠다고 했고, 그 글을 해석한 다니엘을 셋째 통치자로 세웠던 것으로 보건대, 잔치 자리에 벨사살 왕 외에 첫째(또는 둘째) 통치차가 없었다(단 5:7, 29).
부족	벨사살 왕이 전쟁 중에 잔치를 열었던 것으로 보아 왕으로서 함량 미달이다.	벨사살 왕을 저울에 달아 보니 부족함이 보였다고 하였다(단 5:28).
무혈 입성	바사의 군대가 무혈 입성했다.	벨사살이 잔치를 벌이는 중에 죽었고 다리오가 전쟁과 같은 것을 치르지 않고 나라를 얻은 것 같다(단 5:30, 31).

5.1.2. 나보니두스의 아들이라고 할 때의 문제점

벨사살 왕이 나보니두스의 아들이라고 하는 이유는 역사적으로 나보니두스의 연대기와 실린더에 기록된 근거로 다니엘서 5장의 주인공으로 인식하고 있다. 그가 바벨론의 마지막 왕으로서 나보니두스의 아들이라고 한다면, 그는 전쟁 중에 큰 잔치를 개최하였다가 죽음을 맞이하게 된 것이고, 그의 죽음과 동시에 바벨론은 패망하게 되며, 이때의 연도는 B.C. 539년이 된다. 참고로, 성경은 벨사살 왕이 죽고 다리오 왕이 왕위를 얻었다고 기록하고 있다(단 5:30-31). 그리고 바사(페르시아)의 고레스 왕은 포로로 잡혀 왔던 유대인들을 귀환하도록 하였다(스 1장). 의문이 드는 것은, 메대왕국은 이미 B.C. 550년, 바사의 고레스에 의하여 멸망한 상태였다는 것이고, 그러한 가운데 메대왕국 다리오 왕이 갈대아 나라를 어떻게 얻을 수 있었을까 하는 점이다. 이 같은 몇 가지의 의문점이 아래와 같이 제기된다.

- (의문점 1) B.C. 539년에는 이미 메대왕국이 없어진 상황이다(B.C. 550년 메대왕국 멸망).
- (의문점 2) B.C. 539년 다리오가 62세라고 할 때 키루스 2세의 나이는 약 40세이다.
- (의문점 3) 바벨론 멸망 시 벨사살 왕이 귀족 천 명과 함께 잔치를 벌였다는 게 가능할까?
- (의문점 4) 벨사살 왕이 다니엘을 셋째 통치자로 세웠을 때 다니엘의 나이는 약 84세이다.

- (의문점 5) 고레스 왕은 바벨론을 멸망시킨 후 유대인들을 예루살렘으로 귀환하게 했다.
- (의문점 6) 다니엘의 회개 기도와 책을 통해 깨달았다고 하는 70년.
- (의문점 7) 계시(5장)와 환상(8장) 가운데 메대왕국이 존재하고 있다.

※ 역사적으로 이해하는 데 도움이 되는 중요한 기록(역사적인 연대기)
- 메대왕국 멸망 연도는 B.C. 550년이다(부록 2 참조 : 메대(메디아)왕국 연대표 참조).
- 바벨론제국 패망 연도는 B.C. 539년이다(부록 2 참조 : 바벨론제국 연대표 참조).
- 스룹바벨 성전(제2성전) 완공은 B.C. 516년에 이루어졌다.[22]
- 고레스와 아스티아게스는 친 외할아버지와 친손자 관계이다.[23]

5.1.3. 의문점에 대한 구체적 이유(벨사살 왕이 나보니두스의 아들인지 알아보기)

(의문점 1) B.C. 539년에는 이미 메대왕국은 없어진 상황이다.

B.C. 539년, 바벨론이 바사(카루스 2세 또는 고레스)에 의해 패망하기 11년 전 이미 메대(메디아)왕국 아스티아게스는 B.C. 550년 그의 손자 키루스 2세(바사제국)에 의하여 무너져 없어진 상황이며, 헤로도토스의 기록에 따르면 죽을 때까지 손자(키루스 2세)의 집에 붙잡혀 있었다고 한다. 바사의 키루스 2세가 메대왕국을 멸망시켰음에도 불구하고 바벨론제국을 다스리는 권한을 메대왕국의 통치자였던 아스티아게스에게 외할아버지라는 이유로 통치권을 주었을까 하는 부분이다. 그리고 다니엘서 9장 1절에서는 "메대 족속 아하수에로의 아들 다리오가 갈대아 나라 왕으로 세움을 받던 첫해"라고 기록하고 있는데, 다리오에 대해서 '메대 족속'이라고 표현을 하는 것도 마치 메대왕국이 존재하고 있는 것처럼 들리기도 한다. 참고로 아스티아게스가 다리오 왕이라고 하는 이유는 메대왕국 멸망 시 마지막 왕은 아스티아게스이기 때문이다. 이처럼 다리오가 갈대아 나라(바벨론제국)를 얻었다고 하는 데는 의구심이 든다.

---

22) 「라이프성경사전」, 생명의말씀사, 2006. 및 위키피디아.
23) 고레스와 아스티아게스는 외할아버지와 손자의 관계 : 「키로파에디아」 키루스의 교육(김영사, 2018), 「교양 있는 우리 아이를 위한 세계 역사이야기」(고대편, 이론과실천, 2012, P219-P223), 「키루스의 교육」,(한길사, 크세노폰, 2005) 등에서 고레스는 아스티아게스의 외손자이며, 12세 때 엄마 만다네를 따라 메대왕국에 가서 외할아버지의 교육을 받았다고 기록하고 있다.

- B.C. 539년 바벨론 멸망 당시 이미 메대왕국은 패망(B.C. 550년)하여 역사 속에 사라졌다.
- 고레스 왕이 메대왕국을 패망시키고 난 뒤 아스티아게스 왕을 죽이지 않고, 왕위에서 폐위시켜 자신의 집에 머물도록 하였다는 기록이 있다. [24]

(의문점 2) B.C. 539년 다리오가 62세라고 할 때 키루스 2세의 나이는 약 40세이다.

B.C. 539년 바벨론 멸망 시 메대 족속 다리오의 나이가 62세이어야 하는데(단 5:31), 이때 키루스 2세(고레스)의 나이를 계산하면 약 40세로 추정이 된다. 바사제국의 연대기(부록 2 참조)를 참고하면 키루스 2세는 B.C. 559년에 바사제국의 왕위에 오르게 되는데, 이때 키루스 2세의 나이를 20세로 간주하여 계산한다면 20년 뒤인 B.C. 539년에는 약 40세에 이르게 된다.

[표 3] B.C. 539년, 아스티아게스의 나이를 62세라고 가정할 때

연도	메대 왕 아스티아게스(다리오)	바사 왕 키루스 2세(고레스)
585	• 아스티아게스는 16세이다. ✓ 아스티아게스가 16세에 메대왕국의 왕위에 오른다고 추정하였는데, 이는 그의 부친 키악사레스는 40년간 통치하였음을 감안하였다.	• 키루스 2세는 태어나기 6년 전이다.
559	• 아스티아게스는 42세이다. (키루스 2세가 바사 왕위에 오를 때)	• **키루스 2세는 20세에 왕위에 올랐다.** ✓ 키루스 2세가 20세에 바사제국의 왕위에 오른다고 추정하였다.
550	• 아스티아게스는 51세이다. (메대왕국 멸망 당시)	• 키루스 2세는 29세이다.
539	• **아스티아게스는 62세이다.** ✓ 성경에서 다리오가 62세라고 하였다(단 5:31).	• 키루스 2세는 40세이다.
참고 사항	• 아스티아게스 나이는 성경에서 기록한 나이(62세, 단 5:31, B.C. 539년)를 근거로 계산하였다. • 키악사레스 1세 재위 기간: B.C. 625-585년 • 아스티아게스 재위 기간: B.C. 585-550년	• 키루스 2세 나이는 왕위에 오른 시점(추정 20세, B.C. 559년)으로 기준을 정하고 계산하였다. • 키루스 2세 재위 기간: B.C. 559-530년

---

24) 「이란사」, 한국외국어대학교 출판부, 김정위 편저, 2001년, p18. & 「역사」, 헤로도토스, 천병희 옮김, 숲, (제1권 130장) p108 & 「포로기 및 회복기와 역사의 조화」, 유진 폴스틱, 성경과학연구소(가제본 출판), 2020. p58. ; (「History, Harmony, The Exile & Returrn」, E. W. Faulstich).

위와 같이 계산한다면(표 3. 참조), 아스티아게스와 키루스 2세간의 나이 차는 22년밖에 나지 않는다. 22년간의 차이가 이 둘의 관계 즉, 친 외할아버지와 손자의 관계가 성립할 수 있는가 하는 문제가 발생한다. 이 둘의 관계에 대해서 전해지는 자료[25]에 따르면 아스티아게스의 딸이자 키루스 2세의 어머니는 '만다네'이며, 키루스 2세가 12세일 때 아스티아게스는 그의 딸 만다네와 함께 키루스 2세를 메대왕국에 오도록 하였고, 키루스 2세는 그때 잠시 메대왕국에 머물렀다고 알려지고 있다. 따라서 외할아버지와 손자의 관계는 분명한 것 같다.

그러면 22년의 기간 안에 친 외할아버지와 손주의 관계가 가능한가에 대한 의문이 생긴다. 아무리 아스티아게스와 만다네가 각각 결혼을 일찍 하였다 하더라도 22년이라는 기간 안에 외할아버지(아스티아게스)와 친손자(키루스 2세)의 관계(그림 11. 참조)가 이루어졌다고 하는 것은 설명하기 어렵다.

그리고 아스티아게스의 부친 키악사레스 1세가 약 40년간 메대왕국을 통치하였던 것을 고려한다면, 그는 나이가 많은 시점에 왕 위에서 물러났을 것이라는 점이다. 그런데 상대적으로 아스티아게스가 왕 위를 물려받은 시기(B.C. 585년)를 계산하면 그의 나이는 16세에 불과하다. 만약 키악사레스 1세가 아스티아게스를 늦은 나이에 얻었다고 한다면 이해할 수도 있을 것이지만 아무튼 이 또한 석연치 않은 부분이다.

---

25) 이 둘의 관계에 대해서 전해지는 자료(고레스와 아스티아게스는 외할아버지와 손자의 관계) : 「키로파에디아」, 키루스의 교육(김영사, 2018), 「교양 있는 우리 아이를 위한 세계 역사이야기」 (고대 편, 이론과실천, 2012, P219-P223), 「키루스의 교육」, 한길사, 크세노폰 등에서 고레스는 아스티아게스의 외손자이며, 12세 때 엄마 만다네를 따라 메대왕국에 가서 외할아버지의 교육을 받았다고 기록하고 있다.

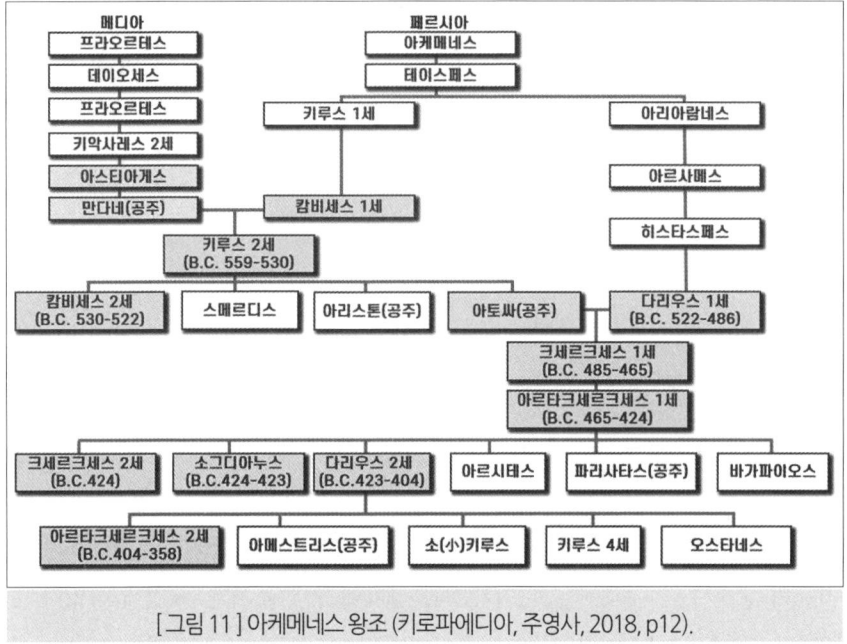

[그림 11] 아케메네스 왕조 (키로파에디아, 주영사, 2018, p12).

(의문점 3) 바벨론 멸망 시 벨사살 왕이 귀족 천 명과 함께 잔치를 벌였다는 게 가능할까?

벨사살 왕은 귀족 천 명을 대접하기 위하여 잔치를 벌였다고 하는데 성경에서는 '큰 잔치(a great feast)'라고 말씀하고 있다. 큰 잔치라고 하는 것으로 보아 아주 성대하게 차려진 잔치였을 것이고 그 기간도 하루 이틀이 아닌 최소 며칠 이상의 잔치를 벌였을 가능성이 크다(에스더서의 아하수에로 왕은 180일 동안 잔치를 열었다. 에 1:4 참조). 문제는 벨사살 왕이 나보니두스의 아들이라고 할 때 그 잔치를 개최했다는 것이 매우 이상하다는 것이다. 그 잔치를 베푼 시점이 바사제국(페르시아)과의 전쟁 중이었고, 그의 부친은 성 중에 없었을뿐더러 티그리스 오피스에서 바사의 키루스 2세(고레스)와 전투 중이었으며, 바벨론제국은 이때 멸망하기 때문이다.[26] 과연 벨사살 왕이 왕으로서 아무리 함량 미달이

---

26) 「포로기 및 회복기와 역사의 조화」, 유진 폴스틱, 성경과학연구소(가제본 출판), 2020. p114. ; (「History, Harmony, The Exile & Returrn」, E. W. Faulstich).

라고 하더라도 적군과 전쟁 중에 그것도 귀족 천 명을 위하여 잔치를 벌였다는 게 가능한가 하는 점이다. 그리고 귀족의 숫자가 천 명이라고 하는 것으로 보아 바벨론 성안에 있는 귀족뿐만 아니라 수도(도성) 이외에 지방 관료들까지 포함한 인원으로 보이기도 하며, 다니엘서 5장에서의 분위기는 전쟁의 분위기도 없고 내부적인 권력 다툼이 없는 것처럼 보인다. 또한, 메대왕국 다리오 왕이 바벨론제국을 얻은 것은 마치 전쟁을 통해 얻은 것이 아닌 것처럼 성경에서 기록하고 있는 것도 특이하다.

(의문점 4) 벨사살 왕이 다니엘을 셋째 통치자로 세웠을 때 다니엘의 나이는 약 84세이다.

다니엘은 1차 포로로 B.C. 606년 바벨론으로 끌려왔는데[27] 이때 그의 나이를 17세로 추정하고, 이때로부터 67년이 지난 B.C. 539년 즉, 바벨론 멸망할 때 그의 나이를 계산하면 약 84세에 이르게 된다. 벨사살 왕이 다니엘을 셋째 통치자로 세운 것은 그가 벽에 글을 해석하는 자에게 셋째 통치자로 세운다고 약속을 하였기 때문에 세웠을 것이다(단 5:7, 16). 그런데 다니엘은 왕이 주는 예물과 상급(셋째 통치자)을 본인이 취하지 않을 것이라 하며 해석해 주었다(단 5:17). 다니엘은 다른 인물과 달리 흠이 없고(단 6:4), 겸손하였기에 왕이 하사하겠다는 선물을 받지 않겠다고 하였겠지만, 특히 자신의 나이를 고려하여 나이가 많다거나 연로하여 셋째 통치자의 자리를 맡기에는 어려움이 있다고 하며 사양했을 가능성이 크다. 하지만 이런 표현은 없고 벨사살 왕도 다니엘의 나이를 고려하지 않은 채 84세에 이른 다니엘을 셋째 통치자로 세웠을까 하는 의문이 든다.

---

27) 느부갓네살 왕의 재위 기간은 B.C. 605년 ~ 562년이며, 성경에서는 여호야김(요시야의 아들) 제4년을 바벨론 느부갓네살 왕 원년으로 삼고 있고(렘 25:1), 여호야김 제4년에 갈그미스전투(바벨론과 애굽)가 있었다(렘 46:2). 그 이전 여호야김 제3년에 남유다를 에워싸며 왕족과 귀족을 포로로 데리고 올 때 다니엘이 포함되었는데 이때가 B.C. 606년이다(부록 3. 참조).

(의문점 5) 고레스 왕은 바벨론을 멸망시킨 후 유대인들을 예루살렘으로 귀환하게 했다(스 1:1).

고레스 왕(키루스 2세)은 바벨론을 B.C.539년 멸망시킨 이후 바벨론에 포로로 끌려왔던 유대인들을 귀환시키면서 예루살렘 성전을 건축하라고 공포하며 조서를 발표했다(스 1:1). 이때는 메대왕국 다리오 왕이 갈대아 나라를 얻은 시점과 같은 해(年)이다. 그렇다면 과연 고레스 왕이 다리오에게 바벨론을 맡기며 유대인들을 귀환하도록 했었겠는가 하는 의문이 생긴다.

(의문점 6) 다니엘의 회개 기도와 책을 통해 깨달았다고 하는 70년.

다리오가 갈대아 나라를 얻고 그가 통치한 첫해에, 다니엘은 책을 통하여 여호와께서 예레미야에게 알려준 예루살렘의 황폐함이 70년 만에 그칠 것을 알게 되면서 민족의 죄를 자신의 죄로 여기고 금식하며 회개와 중보기도 하였다(단 9장). 그가 기도한 내용을 살펴보면, 자신들이 하나님의 말씀에 불순종에 따른 죄의 결과로 바벨론 포로로 끌려와서 수치를 당하고 있으므로 여호와께서 자신들에게 긍휼을 베푸시고, 예루살렘에 향한 진노를 걷어가 달라고 간구하였다(단 9:7-9, 16-19). 그런데, 이때가 역사적으로 바벨론제국이 멸망한 직후라고 한다면, 고레스의 명령에 따라 유대인들은 예루살렘을 재건하기 위해 귀환하고 있는 시기이다. 이 귀환은 어찌 보면 하나님의 진노가 끝나서 예루살렘으로 복귀하는 상황이었을 것이다(스 1:1). 다시 말하면, 다니엘은 민족이 수치를 당하고 있으므로 수치와 진노를 걷어가 달라고 기도하지만, 한편으로는 예루살렘을 재건하기 위해 유대인들은 귀환하는 상황이다. 결국, 다니엘이 기도하는 장면과 역사적 배경 사이에는 모순되는 현상이 발견된다. 또한, 다니엘이 깨달았다고 하는 예루살렘의 황폐함이 70년 만에 그친다는 것은 곧 고레스의 귀환과 예루살렘 성전을 건축하라는 명령으로 성취된 것으로 볼 수 있다. 그러므로 이 깨달음은 귀환하는 누구든지 알게 되었을 것이다. 그런데, 이때 다니엘이 깨달았다고 하는 것은 그가 바벨론 지혜자들 보다 10배나 뛰어난 인물임을 고려하면 의문점이 발생한다.

(의문점 7) 계시(5장)와 환상(8장) 가운데 메대왕국이 존재하고 있다.
　다니엘서 5장에서 계시로 나타난 벽에 기록된 글자(메네 메네 데겔 우바르신) 중 '베레스(베레스는 우바르신과 같은 말이다)'에 대한 해석으로 "왕의 나라가 나뉘어서 메대와 바사 사람에게 준 바 되었다"라고 하였다(단 5:25, 28). 다니엘서 8장에서는 벨사살 왕 제3년일 때 다니엘에게 나타난 숫양과 숫염소에 대한 환상에서 '숫양은 메대와 바사 왕들(복수)'이고, '숫염소는 헬라 왕(단수)'이라고 하였다(단 8:20-21). 메대왕국은 바벨론제국 보다 이미 11년 전에 멸망하였음에도 불구하고 이처럼 계시(메네 메네 데겔 베레스, 5장)와 환상(숫양과 숫염소, 8장) 중에 메대왕국이 사라지지 않고 여전히 존재하고 있는 것처럼 기록한 것도 석연치 않다.

　결국, 위와 같은 일곱 가지의 의문점들을 놓고 볼 때, 벨사살 왕을 바벨론제국의 마지막 왕으로서 나보니두스의 아들이라고 하는 데에는 석연치 않은 부분이 있는 것이다. 따라서 그가 나보니두스의 아들로 보는 것은 합리적이지 않은 면이 있다. 그렇다면, 그를 곧 성경과 같이 느부갓네살의 아들로 바라봐야 하지 않을까 생각한다. 이렇게 말하는 이유는 성경은 하나님의 말씀으로 기록되었기 때문이다.

5.2. 느부갓네살 왕의 아들인가?

5.2.1. 느부갓네살 왕의 아들이라고 하는 이유
　벨사살 왕이 느부갓네살 왕의 아들이라고 하는 이유는 성경에 근거를 두고 있을 뿐 역사적인 증거 자료가 없는 것인지 아니면 아직 발견되지 않는 것인지 알 순 없지만, 그 근거로 삼을 만한 것은 현재 없다. 그런데 상대적으로 나보니두스의 아들 벨샤쟈르(벨사살)는 나보니두스의 실린더를 통해 밝혀져 있기에 다니엘서 5장을 바벨론 멸망 시기로 인식하고 있다. 그런데 위에서 정리한 바와 같이 벨사살이 나보니두스의 왕의 아들이라고 하는 데는 여러 의문점이 나타나고 있기에 이제는 성경에서 기록하고 있는 바와 같이 느부갓네살의 아들이라고 하는 부분에 집중하여 연구하고자 한다.

5.2.2. 성경에 기록된 주요 사건(성경에 기록된 연대기)

- 다니엘은 남유다 왕 여호야김 제3년에 바벨론 포로로 잡혀 왔는데, 이때는 B.C. 606년이다(1차 포로, 단 1:1-2).[28]
- 다리오 왕이 바벨론제국을 얻었을 때(Darius the Median took the kingdom)의 나이는 성경에 기록된 대로 62세이다(단 5:31).
- 남유다 여호야긴 왕은 바벨론 느부갓네살 왕 제7년(B.C. 598년)[29] 2차 포로로 붙잡혀 왔다(왕하 24:12). 그리고 그가 감옥에 풀려난 시점은 에윌므로닥 왕이 바벨론 왕으로 오른 해(즉위년)이고, 이때는 그가 사로잡힌 지 37년째이다(렘 52:31).
- 여호야긴 왕이 사로잡혀간 시점에 관하여 역대하, 열왕기하, 예레미야가 다르게 기록하고 있다. 역대하와 열왕기하에서는 여호야긴 왕이 느부갓네살 왕 제8년에 사로잡혀갔다고 기록하고 있지만 풀려난 시점은 기록하고 있지 않다. 그러나 예레미야는 느부갓네살 왕 제7년에 포로로 잡혀간 인원을 기록하고 있으면서 그 인원 중에 여호야긴 왕에 대한 기록은 없고, 대신 여호야긴 왕이 풀려난 시점에 대해서는 기록하고 있다.
- 그리고 에스겔도 여호야긴 왕과 같이 2차 포로로 끌려왔는데, 에스겔서에 기록하고 있는 연도를 여호야긴 왕이 사로잡힌 시점으로 적어놓고 있다. 에스겔은 여호야긴 왕이 사로잡힌 지 5년째 선지자로 부르심을 받았다(겔 1:1-2).
- ※ 위와 같은 자료로 연대기를 계산하게 되면 연도가 일치하지 않고 1년의 오차가 발생하고 있다. 이를 바로잡기 위한 과정이 필요하여 부록 자료와 같이 정리하였다(부록 3. 참조).
- 모르드개는 성경에 기록한 바와 같이 여호야긴(또는 고니야) 왕 때 포로로 잡혀 왔다(에 2:6).
- 남유다 패망 연대는 시드기야 왕 제11년(B.C. 586년, 느부갓네살 왕 제18년)이다.

---

28) B.C. 606년 : 각주 27. 참조.
29) 여호야긴 왕이 사로잡힌 시점과 풀려난 시점을 계산하다 보면 1년의 오차가 발생한다. 이 부분은 여호야긴 왕이 사로잡힌 시점은 B.C. 598년이고 느부갓네살 왕에게 나아간 것은 다음 연도인 B.C. 597년이다(부록 3. 참조).

[표 4] 여호야긴 왕이 사로잡혀간 시점과 풀려난 시점

구분		역대하	열왕기하	예레미야
잡혀간 시점		여호야긴이 왕위에 오를 때 (대하 36:9-10)	느부갓네살 왕 제8년(왕하 24:12)	느부갓네살 왕 제7년(렘 52:28)
		-	(여호야긴 왕과 어머니, 신복, 지도자들, 내시들, 용사들, 장인 등 18천명)	(3,023명)
풀려난 시점		-	-	사로잡힌 지 37년 (렘 52:31)

5.2.3. 성경 분석

위에서 살펴본 바와 같이 벨사살 왕이 나보니두스의 아들이라고 보기에는 석연치 않은 부분들이 있기에 여기에서는 벨사살 왕이 느부갓네살 왕인지를 알아보고자 한다. 다니엘서 5장에서 총 다섯 번에 걸쳐서 즉 왕비와 벨사살 왕과 성경 기록자인 다니엘이 느부갓네살을 벨사살의 부친이라고 말하고 있다는 것이다. 이렇게 세 명이 다섯 번에 걸쳐 '부친 느부갓네살' 이라고 표현하였을 때는 그 이유가 있다고 보는 것인데, 이에 대하여 성경 본문을 통해 이유를 찾고자 한다. 참고로 다니엘서 1장에서 '소년' 이란 표현도 이같이 다섯 번 쓰여있다(단 1:4,10,13,15,17).

- 벨사살 왕이 글을 해석하는 자에게 셋째 통치자를 세우겠다고 하는 의미는 무엇인가?
- 왕이 크게 소리 질러 술객과 갈대아 술사와 점쟁이를 불러오게 하고 바벨론의 지혜자들에게 말하되 누구를 막론하고 이 글자를 읽고 그 해석을 내게 보이면 자주색 옷을 입히고 금 사슬을 그의 목에 걸어 주리니 그를 나라의 셋째 통치자로 삼으리라 하니라(단 5:7).

이와 관련하여 창세기에서 애굽 총리가 된 요셉과 에스더서에서 모르드개가

총리가 된 부분을 참고하면 그들은 왕 바로 밑에 총리가 되었다. 즉 둘째 통치자라고 볼 수 있다(창 41:41; 에 6:7-9, 8:2; 3:1). 하지만 벨사살 왕이 벽의 글을 알게 하는 자에게 셋째 통치자로 임명하겠다고 하였고, 그 글을 해석하는 다니엘을 셋째 통치자로 임명하였다. 여기에서 보면, 벨사살 왕 외에 또 다른 통치자가 있었기에 셋째 통치자로 글을 해석하는 자에게 그 권한을 부여하였다는 것을 알 수 있다. 따라서 여기서 언급되지 않은 통치자는 다니엘서 5장에서 다섯 번이나 언급되었던 벨사살의 부친 느부갓네살 왕을 가리키는 것이다. 당시 벨사살 왕은 부친과 함께 섭정왕으로 있었다. 그가 부친과 함께 섭정왕으로 있었던 계기는 다니엘서 4장을 참고하면 알 수 있다. 4장에서 느부갓네살 왕은 어느 날 이상한 꿈을 꾸었고, 바벨론의 지혜자들은 해석을 하지 못하였으나 오직 다니엘만이 "왕이 사람에게서 쫓겨나서 들짐승과 함께 살며 소처럼 풀을 먹으며 하늘 이슬에 젖을 것이요 이와 같이 일곱 때를 지낼 것이라(단 4:25)"라고 해석해 주었고, 그 해석해 준 바와 같이 왕에게 실현되어 광인(狂人)처럼 7년간 지내게 되었다. 바벨론의 첫째 통치자로 절대 권력을 누리며 지냈던 느부갓네살 왕이 광인으로 변해버리자 그의 왕권이 그의 아들 벨사살 왕에게 위임되었고 그가 통치하게 된 것이다. 벨사살 왕은 부친이 광인이 된 시점이 그가 왕위에 오른 즉위년에 해당하고, 벨사살 왕 제3년은 곧 느부갓네살 왕이 광인으로 된 지 제3년째가 된다.

그래서 벨사살 왕이 잔치를 베푼 시점은 부친 느부갓네살 왕이 광인으로 있었던 시기로 해석하게 되며 벨사살 왕은 느부갓네살의 아들로서 글을 해석하는 자에게 부친과 본인 다음에 오는 셋째 통치자로 세우겠다고 한 것이고, 해석한 다니엘을 많은 이가 보는 앞에서 셋째 통치자로 세웠다. 따라서 첫째와 둘째 통치자는 느부갓네살 왕과 벨사살 왕을 가리키는 것으로, 느부갓네살이 벨사살 왕의 부친이라고 하는 것과 다니엘을 셋째 통치자로 세운 것은 자연스럽게 이해가 되는 부분일 것이다.

그렇다면 벨사살 왕이 느부갓네살의 아들이라는 것을 검증하는 차원에서는 위에서 제기하고 있는 문제(의문)들이 해결되어야만 할 것이다. 즉 아래의 조건에 맞아야 할 것이다.

[표 5] 검증 조건

(검증 1) 벨사살 왕 제3년에는 메대왕국이 존재하여야 한다.
(검증 2) 메대왕국 다리오 왕은 아스티아게스이다. 따라서 아스티아게스와 키루스 2세가 친 외할아버지와 친손자 관계가 성립될 수 있어야 한다.

5.2.3.1. 본문 연구 1 : 느부갓네살 왕의 광인 기간

첫째, 느부갓네살 왕의 광인 기간

느부갓네살 왕의 광인 기간은 그가 많은 나라를 정복한 이후 평온한 시기, 그리고 그의 왕권이 자랑할 만한 시기에 발생한 것으로 추정한다(다니엘서 4장 참조). 그래서 그 시기를 남유다 4차 포로로 잡아 온 이후(곧 B.C. 582년)부터 에윌므로닥 왕이 즉위하기 이전(B.C. 561년)에 발생한 것으로 추정한다. 톰슨 II 주석성경(기독지혜사, 1988)을 참고하면, 느부갓네살 왕의 광인 기간은 B.C. 569~563년(6년)이고, B.C. 562년에 회복된 이후 죽음을 맞이하여 에윌므로닥이 왕위에 올랐다고 정리하고 있다. 하지만, 저자가 연대기를 추정하여 계산한 결과 1년의 차이가 발생하여 광인 기간은 B.C. 570-563년(7년)으로, 에윌므로닥이 즉위한 연도는 B.C. 561년으로 계산하였다(부록 3 참조).

그리고 벨사살 왕이 느부갓네살 왕의 아들이라고 보는 시각으로 연대기를 계산할 때 참고가 될 주요한 단서 몇 가지들을 상기하는 차원에서 정리하면 아래와 같고, 이 같은 사항들을 반영하여 계산하면 (부록 3)과 같이 정리할 수 있을 것이다(부록 3. 참조).

- 에윌므로닥이 왕위에 오른 시기는 B.C. 561년이다(부록 3, 4. 참조).
- 이 시기의 메대왕국을 통치한 왕은 아스티아게스이다(B.C. 585-550년).
- 메대왕국 아스티아게스의 부친 키악사레스 1세는 40년간 통치하였는데(B.C. 625-585년), 이는 아스티아게스가 꽤 늦은 나이에 왕 위에 올랐을 가능성이 있다는 것이다.

둘째, 벨사살 왕 제3년은 B.C. 567년이고, 아스티아게스는 44세(B.C. 585년)에 왕위에 올랐다.

다리오 즉, 아스티아게스가 왕위에 오른 시점의 나이는 성경에서 기록하고 있는 바와 같이 벨사살 왕 제3년일 때 잔치를 개최한 시점과 다리오 왕(아스티아게스)이 62세라고 하는 것이 서로 같다는 기본적인 전제로 계산한다(단 5:31). 만약, 느부갓네살 왕의 광인 기간을 B.C. 570~563년이라고 한다면, 벨사살 왕의 즉위 연도는 B.C. 570년이며, 제3년은 곧 B.C. 567년일 것이다. 그리고 이를 거슬러 올라가서 아스티아게스가 왕위에 오른 시점(B.C. 585년)이면 그의 나이는 44세가 된다. 아스티아게스 부친 키악사레스 1세가 40년간 통치한 것을 고려한다면 아스티아게스의 나이에 대하여 이해될 수 있는 부분이다. 역사적인 기록이 있다면 이런 수고를 할 필요가 없겠지만, 안타깝게도 역사적인 기록이 없어서 추론할 수밖에 없는 아쉬움이 있다.

셋째, 아스티아게스가 왕위에 오른 시점에 키루스 2세는 태어나지도 않았다.

메대왕국 연대기를 참고하면,[30] 아스티아게스는 B.C. 585년에 왕위에 올랐는데, 이때 그의 나이는 44세이며, 그의 외손자 키루스 2세는 아직 태어나지도 않았던 시기이다. 키루스 2세가 12세 때 어머니를 따라 외할아버지인 아스티아게스로 갔을 때의 나이를 기준으로 계산하면,[31] 그는 바사 왕으로 21세에

---

30) 부록 2 메대(메디아)왕국 연대표 참조.
31) 이 둘의 관계에 대해서 전해지는 자료(고레스와 아스티아게스는 외할아버지와 손자의 관계) : 「키로파에디아」 키루스의 교육(김영사, 2018), 「교양 있는 우리 아이를 위한 세계 역사이야기」 (고대 편, 이론과실천, 2012, P219-P223), 「키루스의 교육」, 한길사, 크세노폰 등에서 고레스는 아스티아게스의 외손자이며 12세 때 엄마 만다네를 따라 메대왕국에 가서 외할아버지의 교육을 받았다고 기록하고 있다.

왕위에 오르게 되며, 아스티아게스의 나이는 61세이다. 그러므로 아스티아게스가 왕위에 오른 B.C. 585년은 키루스 2세가 태어나기 5년 전이다. 그리고 아스티아게스와 키루스 2세 사이의 49년의 간격은 친 외할아버지의 친손자 관계가 형성될 수 있는 나이 차이기에 그 관계가 성립될 수 있다. 참고로 키루스 2세가 12세, 아스티아게스 61세일 때는 B.C. 568년으로 아스티아게스(다리오)가 '갈대아 나라 왕으로 세움을 받던 첫해(단 9:1)'가 되기 1년 전이다.

넷째, 외경 바룩서에도 벨사살 왕은 느부갓네살 왕의 아들로 표현하고 있다(바룩 1:1-2).

바룩서는 70인 성경에 포함된 문서이지만 공식적으로 인정받지 못한 성경이다. 바룩은 그의 기록에서 다니엘서와 같이 벨사살 왕을 느부갓네살 왕의 아들로 표현하고 있다(바룩 1:1-2). 바룩이란 인물은 네리야의 아들로서 예레미야서에 등장한다. 그는 예레미야 옆에서 글을 기록하기도 하고, 예레미야가 사들인 땅문서를 보관하기도 하였으며, 예레미야의 부탁을 받고 두루마리 책(예레미야가 하나님의 말씀을 기록한 책)을 가지고 성전에서 읽었던 동역자이다(렘 36:1-32; 36:9-32). 그는 남유다 멸망 시 유다 총독에게 붙잡혀 애굽으로 끌려 갔다가 느부갓네살 왕이 애굽을 공격할 때 그곳에서 바벨론으로 끌려왔고, 이때 기록한 문서가 바로 바룩서이다. 그리고 이 시기는 느부갓네살 왕 제23년(B.C 582년)이었다.

종합하자면, 위와 같이 벨사살 왕이 느부갓네살 왕의 아들이라고 추론이 가능한 것은 느부갓네살 왕이 광인으로 있었고, 아스티아게스가 부친 키악사레스 1세의 40년간의 통치 기간을 지난 뒤에 왕 위에 오른 시점과 그의 외손주 키루스 2세와의 관계, 그리고 외경 바룩서에도 느부갓네살의 아들로 설명하고 있기 때문이다. 따라서 위에서 제시한 검증 조건(표 5. 참조)과 같이 벨사살 왕 제3년에 메대왕국이 존재하고, 메대왕국 아스티아게스(다리오)와 바사제국의 키루스 2세(고레스)와의 관계도 충분히 성립할 수 있다.

5.2.3.2. 본문 연구 2 : 벨사살 왕의 잔치 배경

- 벨사살 왕의 잔치와 메대왕국 아하수에로 왕의 잔치 사이에 공통점
벨사살 왕이 잔치를 개최한 시기는 위에서 정리한 바와 같이(위 5.2.3.1. 참조) 느부갓네살 왕이 광인으로 있던 제3년째이다. 그렇다면 벨사살 왕은 왜 느부갓네살 왕이 광인으로 있었던 상황에서 귀족들을 위해 잔치를 벌였을까 하는 의문이 생긴다.

벨사살 왕이 제3년에 잔치를 열게 된 배경으로 추측할 수 있는 것으로는 다음 두 가지가 있을 것 같다.

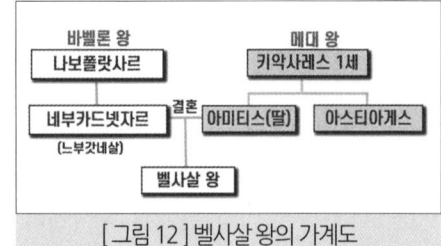

[그림 12] 벨사살 왕의 가계도

첫째, 부친 느부갓네살 왕이 갑자기 광인으로 변해버리자 내부적으로 바벨론의 왕위 계승 문제 등과 관련된 정치적 혼란이 야기되어 이를 수습해야 하는 차원으로 내부 분열 단속과 안정 시켜야 하는 일로 벨사살 왕이 온 힘을 쏟다 보니 왕위를 이어받을 시점에 공식적인 대관식 같은 절차를 밟을 여유가 없어서 잔치를 열지 못하다가 평안기에 접어들었을 때 비로소 대연회를 열었을 것이다.

둘째, 벨사살 왕이 이웃 나라이며 모친의 나라이기도 한 메대왕국 아하수에로 왕이 제3년에 이르렀을 때 많은 귀족과 지방 관료를 모아서 180일간 성대하게 잔치를 개최하였던 것을 본받아서 그 자신도 아하수에로 왕과 같이 귀족들을 위해 잔치를 개최하였을 것이다(에 1:1-4). 벨사살 왕 제3년은 B.C. 567년이고, 메대왕국 아하수에로 왕 제3년은 B.C. 582년이므로[32] 이 두 기간의 차이는 15년밖에 나지 않기에 직간접적으로 영향을 받았을 것으로 보인다. 그래서일까 벨사살 왕의 잔치와 아하수에로 왕의 잔치를 비교하면 서로 비슷한

---

32) 메대왕국 아하수에로 왕 제3년은 B.C. 582년이므로 : 모르드개가 여고냐(여호야긴 왕)와 함께 바벨론으로 끌려왔던 것을 기준으로 계산하면 아하수에로 왕 제3년 B.C. 582년이 된다(에 2:6; PART 3. 참조).

부분이 있다는 것을 발견하게 된다. 따라서 이 두 나라 간의 발생한 큰 잔치는 서로 공유되었거나 아니면 어느 한쪽이 모델로 삼지 않았을까 한다.

위 가계도(그림 12 : 벨사살 왕의 가계도)를 참고하면, 벨사살 왕의 모친은 아미티스이고, 그녀는 메대왕국 키악사레스 1세의 딸이다. 그녀의 부친 키악사레스 1세가 느부갓네살 왕과 정략결혼을 시켰고, 그 사이에 벨사살 왕이 태어난 것이다. 참고로 에스더서에 나오는 아하수에로 왕은 아스티아게스이다(PART 3. 참조).

- 벨사살 왕과 아하수에로 왕이 개최한 잔치의 공통점 두 가지
  ✓ 첫째, 왕 위에 오른 지 제3년째 잔치를 열었다(단 5:1 vs 에 1:3).
  ✓ 둘째, 잔치를 열었을 때 귀족들을 초대하여 잔치를 열었다(단 5:1 vs 에 1:1-4).

위에서 보는 바와 같이 바벨론 벨사살 왕과 아하수에로 왕은 그들이 왕 위에 오른 지 제3년 되는 해에 잔치를 개최하였다는 것과 귀족들을 초대하였다는 것이 공통점이다. 다만 다른 것은 다니엘에서는 '큰 잔치', '귀족들'을 초대했다고 표현을 하는 데 반하여, 아하수에로 왕은 '큰 잔치'라는 표현은 없지만 좀 더 구체적인 표현으로 '180일'이라고 하는 아주 긴 시간 동안 잔치를 열었고, '귀족과 함께 지방관 그리고 바사와 메대 장수'도 초대하여 잔치를 베푼 것으로 기록하고 있다.

[표 6] 벨사살 왕과 아하수에로 왕의 잔치 공통점

잔 치	벨사살 왕(단 5:1)	아하수에로 왕(에 1:1-4)
시 기	재위 제3년	재위 제3년
규 모	큰 잔치	180일
참석자	귀족 천 명	귀족, 지방관들, 바사와 메대 장수
개최 이유	귀족 천 명을 위하여 잔치를 개최함	지방관과 신하들을 위하고, 그의 영화로운 나라의 부함과 위엄을 나타내고자 개최함

위 (표 6)와 같이 벨사살 왕의 잔치와 아하수에로 왕의 잔치는 매우 비슷한

양상을 보이며, 시기적으로도, 사돈지간이라는 특수한 관계성에도 유사성을 보인다는 것이다. 따라서 벨사살 왕이 귀족들을 위하여 그의 재위 제3년에 잔치를 개최한 배경에는 위에서 두 번째로 설명하고 있는 바와 같이 바벨론과 메대왕국은 이웃 나라이면서 사돈지간의 나라라는 관계 속에 벤치마킹하여 개최한 것이 아닌가 한다.

5.2.3.3. 본문 연구 3 : 다리오 왕이 바벨론제국을 얻게 된 배경

벨사살 왕이 잔치를 개최한 가운데 죽임을 당하였는데, 「유대대백과사전」[33]에서는 랍비 문학을 통해 알려주기를 벨사살 왕은 문지기들에 의하여 죽임을 당하였다고 한다(그림 13. 참조). 벨사살 왕이 죽음을 맞이하자 벨사살 왕의 모친이자 느부갓네살의 부인인 아미티스 왕비는 오빠인 아스티아게스에게 느부갓네살 왕이 회복할 때까지 바벨론을 통치해 달라고 부탁하였고, 메대왕국 아스티아게스는 전쟁을 치르지 않고 바벨론 나라를 얻게 된 것이다(단 5:31).

벨사살 왕 제3년은 위에서 언급한 것과 같이 B.C. 567년이고, 이때 아스티아게스(다리오)는 성경에서 기록한 것과 같이 그의 나이는 62세이었으며(단 5:31), 그와 함께 참석한 키루스 2세(고레스)는 13세에 불과하였다(부록 4 참조 : 새롭게 정리한 연대기와 주요 내용).

JewishEncyclopedia .com
The unedited full-text of the 1906 Jewish Encyclopedia

The Midrash enters into the details of Belshazzar's death. It is stated that Cyrus and Darius were employed as doorkeepers of the royal palace. Belshazzar, being greatly alarmed at the mysterious handwriting on the wall, and apprehending that some one in disguise might enter the palace with murderous intent, ordered his doorkeepers to behead every one who attempted to force an entrance that night, even though such person should claim to bethe king himself. Belshazzar, overcome by sickness, left the palace unobserved during the night through a rear exit. On his return the doorkeepers refused to admit him. In vain did he plead that he was the king. They said, "Has not the king ordered us to put to death any one who attempts to enter the palace, though he claim to be the king himself?" Suiting the action to the word, Cyrus and Darius grasped a heavy ornament forming part of a candelabrum, and with it shattered the skull of their royal master (Cant. R. iii. 4). See Daniel, and Nebuchadnezzar in Rabbinical Literature.

[그림 13] 벨사살 죽음에 관한 유대인 백과사전 자료

---

[33] 「유대대백과사전(Jewish Encyclopedia)」 : 1901년에서 1906년까지 편찬되던 유대인 역사와 문학에 관련된 백과사전이었다. 총 12권의 15,000개 항목을 포함했으며 유대교와 유대인에 대한 기록과 역사를 적은 것이었다. 이제는 온라인으로 볼 수 있다(출처 : 위키피디아).
● 또한, 미드라쉬 랍바[아가 Ⅲ. 4,2 ; H. freedman & Maurice Simom, 편집, 미드라쉬 랍바, 4권, 런던: The Soncino Press, 1977, p147~148]에서 기록하고 있다고, 「포로기 및 회복기와 역사의 조화」[유진 폴스틱, 성경과학연구소(가제본 출판), 2020. ; 원문- "History, Harmony, The Exile & Returrn」, E. W. Faulstich]에서 알려주고 있다.

(http://www.jewishencyclopedia.com/articles/2846-belshazzar)

(랍비문학) 미드라쉬는 벨샤자르의 죽음에 대한 세부사항을 알려준다. 사이러스와 다리우스[34]는 왕궁의 문지기로 고용되었다고 한다. 벨샤자르는 벽에 있는 신비한 필기에 매우 놀랐고, 어떤 누군가가 변장하여 살인의 의도를 가지고 궁전으로 들어갈 수 있다는 사실을 인식하여, 그날 밤 설령 자신이 왕이라고 주장할지라도 궁전 안으로 들어오려고 하는 자를 강제로 막으라고 문지기들에게 명령을 내렸었다. 벨샤자르는 통증이 있어 그날 밤 궁전에 있지 못하고 뒷문을 통해 궁전을 빠져나왔다. 그가 돌아와서 궁전 안으로 들어가려고 하자 문지기들이 그가 들어가는 것을 허락하지 않았다. 그가 자신이 왕이라고 간청하였던 것이 헛되이 돌아왔다. 그들은 '비록 자신을 왕이라고 주장할지라도, 궁전 안으로 들어가려고 시도하는 자를 사형에 처하라고 왕이 명령하지 않았던가" 하고 말함과 동시에 사이러스와 다리우스는 칸델라브룸의 일부 무거운 장식으로 왕의 두개골을 산산조각 내었다(Cant, R, iii, 4). (출처 : 유대대백과사전 사이트).

5.2.3.4. 본문 연구 결과

위 본문 연구를 통해 벨사살이 왕으로 등극하게 된 배경과 제3년에 잔치를 열게 된 이유, 그리고 다리오 왕이 갈대아 나라를 얻게 된 상황을 살펴봤다. 그 결과 벨사살 왕이 느부갓네살 왕의 아들로 해석하는 것이 올바른 것이라고 추론할 수 있었다. 이러한 추론으로 성경에서 기록하고 있는 세 사람(벨사살 왕, 왕비, 다니엘, 단 5:2, 11, 13, 18, 22)이 다섯 번에 걸쳐서 말한 것이 허투루 말한 것이 아니라 진실로 그가 느부갓네살 왕의 아들이기에 '그의 아들' 이란 표현으로 말한 것이라고 증명이 된 셈이다. 그렇다면 이러한 해석이 다니엘서를 이해하는 데 어떤 영향을 끼치는지는 다음 부분에서 알아보고자 한다. 그리하여 이러한 해석이 올바른 것인지 확증하고자 한다.

---

34) 사이러스와 다리우스 : 사이러스는 바사의 키루스 2세(고레스)를 말하며, 다리우스는 메대왕국 아스티아게스(성경 이름 다리오, 단 5:31)를 가리킨다. 이때 당시 나이를 계산하면, 사이러스는 13세이며, 다리우스는 62세가 된다. 그리고 「키로파에디아」와 「키루스의 교육」를 참고하면, 키루스 2세가 12세일 때 할아버지(아스티아게스) 나라인 메대왕국에 머물러 있던 것을 알 수 있다(「키로파에디아」 키루스의 교육, 김영사, 2018., 「키루스의 교육」, 한길사, 크세노폰, 2005). 이를 토대로 추정하면, 키루스 2세가 12세일 때 메대왕국에 머물러 있었지만, 그 이듬해인 13세 때는 벨사살 왕의 잔치가 있어서 아스티아게스와 함께 바벨론을 방문하게 된 것으로 볼 수 있다.

6. 느부갓네살 왕의 아들이라고 할 때 미치는 영향

다니엘서 가운데 난해하고 석연치 않았던 말씀들이 여러 곳에 있는데, 이러한 문제들 가운데 몇몇은 벨사살 왕이 느부갓네살 왕의 아들이라고 할 때에 비로소 풀리면서 깨달을 수 있다. 그 세부사항은 아래와 같다.

6.1. 영향 1 : "다니엘이 고레스 원년까지 바벨론에 있으니라(단 1:21)".

다니엘서 1장 21절에 있는 "다니엘은 고레스 왕 원년까지 있으니라"의 의미에 대해서 알아보고자 한다. 이 의미는 바사의 고레스 왕이 바벨론을 정복할 때까지 다니엘이 살아있었고, 때론 총리와 박수장과 같은 중요한 보직을 담당하고 있었다는 뜻도 있겠지만(단 2:48; 4:9), 그보다는 다니엘이 바사제국으로부터 바벨론이 멸망하기 전(B.C. 539년)까지 그 지역 곧 바벨론제국을 떠나지 않았다는 것을 말하고 있는 것이다. 다니엘이 바벨론을 떠나지 않았다는 것을 뒷받침하듯 다니엘서 6장에서 다니엘이 사자 굴에 들어가는 사건이 일어나는 지역이 메대왕국이 아닌 갈대아 나라에서 발생한 사건임을 증명하고 있다(6.4. 참조).

또한, "다니엘이 다리오 왕의 시대와 바사 사람 고레스 왕의 시대에 형통하더라(단. 6:28)"라는 말씀도 위의 말씀을 반영하여 해석하면, 다니엘이 메대왕국 다리오 왕(벨사살 왕 제3년 이후부터 느부갓네살 왕이 광기에서 회복되기 전까지)이 바벨론에서 통치하고 있을 때도 형통하였고, 바사의 고레스 왕(페르시아의 키루스 2세)이 바벨론을 정복하여 자신이 페르시아 지역(힛데겔 강가,[35] 단 10:4)으로 이동한 이후에도 형통하였다고 하는 의미로 전달되어 다니엘서 1장 21절과 잘 조화된다.

---

35) 힛데겔 : 힛데겔은 페르시아어의 헬라어 음역으로 '티그리스'를 말한다(라이프성경사전).

정리하자면, 다니엘서 1장 21절에서 "다니엘이 고레스 원년까지 있었다"라고 하는 의미는 곧 남유다에서 바벨론으로 끌려 온 뒤 바벨론제국이 멸망하기 전까지 그곳을 떠나지 않았다는 것을 가리키는 것이다. 사자 굴에 들어가게 된 사건은 바벨론제국 안에서 벌어진 사건이고(단 6장, 하단 6.4 참조), 그가 다리오 왕의 시대와 바사의 고레스 왕의 시대에 형통한 것, 그리고 고레스 왕 때에 이르러서야 바벨론을 떠나 새로운 지역인 바사제국으로 이동한 것이라는 문맥과 흐름이 잘 연결된다.

6.2. 영향 2 : '느부갓네살 왕에게 돌아온 내 나라의 영광과 위엄(단 4:36)'.

느부갓네살 왕은 다니엘서 4장에서 자신이 광인이 된 전후 상황과 하나님의 위대하심을 기록하여 조서로 공포하였다. 그러면서 4장 마지막 부분에 "내 나라의 영광에 대하여도 내 위엄과 광명이 내게로 돌아왔고 또 나의 모사들과 관원들이 내게 찾아왔으니(단 4:36)"라고 기록하였다. 여기서 왕이 말한 의미는 단순히 자신이 광인으로 있다가 정상적으로 회복되어 그가 가지고 있던 왕권, 즉 그의 후손이 가지고 있었던 권세로부터 회복을 말하는 것이 아니라는 것이다. 이 말의 진정한 의미는 메대왕국의 다리오 왕이 가지고 있던 권세로부터 다시 바벨론 왕인 자신에게 회복되었음을 설명하고 있는 것인데, 벨사살 왕이 죽고 난 뒤 메대 사람 다리오가 갈대아 나라를 얻어서 통치하고 있었던 권세로부터 다시 회수하여 바벨론제국으로 돌려놓았고, 다리오가 선임한 모사와 관원들이 나라를 통치하는 것이 아니라 자신과 함께하였던 모사와 관원들로 다시 회복하여 원 상태로 되돌려 놓았다는 의미인 것이다.

6.3. 영향 3 : "다리오 왕이 자신의 뜻대로 고관 120명을 세워 전국을 통치하게 하고(단 6:1)."

다리오 왕은 자신의 뜻대로 바벨론을 메대왕국과 비슷한 127지방 보다 7지방을 줄여서 120지방으로 나누었고, 이들을 관리할 세 명의 총리를 두었다.

이 세 명의 총리 중의 한 명이 다니엘이다(단 6:1-2). 그런데 다니엘서 5장에서 보면 벨사살 왕은 다니엘을 셋째 통치자로 세웠지만(단 5:7, 29), 그날 밤 벨사살 왕이 죽음을 맞이하자 갈대아 나라를 얻은 다리오(아스티아게스)는 내부 조직을 변경하여 셋째 통치자로 세웠던 다니엘의 위치를 조정하였다. 그래서 성경은 "다리오가 자기의 뜻대로 고관 120명을 세워 전국을 통치하게 하고(단 6:1)"라는 의미로 기록한 것이다. 한편 다니엘은 셋째 통치자에서 세 명의 총리 중의 한 명으로 본의 아니게 강등된 것이다. 참고로, 이때 다니엘의 나이는 약 56세이다. 나보니두스의 아들로서 총리가 된 시점으로 계산할 때(84세)보다 28살이나 더 젊다.

6.4. 영향 4 : '다니엘서 6장 배경 지역은 메대왕국이 아닌 바벨론 지역이다(단 6장)'.

다니엘서 6장을 읽어보면, 다리오 왕은 자신의 신하들조차도 알지 못하는 어리숙하고 무능력한 왕으로 묘사되고 있다. 왜냐하면, 한 사람만이 왕을 속이려고 하는 것이 아니라 총리, 지사, 법관, 총독, 관원 등 높은 관료직에 오른 자들이 서로 규합하였는데, 그 참여 인원도 꽤 여러 명이었고(단 6:6-7), 이들은 단체로 다니엘을 죽이기 위하여 왕을 속이는 기만적인 행동을 보였으며, 그들의 계획은 성공적으로 또한 이루어졌기 때문이다(단 6:15-16).

여기서 문제는 이 사건이 다리오 왕이 갈대아 나라를 얻은 지 얼마 안 된 시점에 발생한 일이라는 것이다. 다리오는 일개 조그마한 마을을 얻은 것이 아니라 당시 거대한 제국인 바벨론제국을 얻었던 시점이기에 그의 말과 권세는 힘이 있었을 것이고, 신하들이 왕을 함부로 대하기 어려웠던 상황이었을 것으로 짐작할 수 있다. 그런데 어떻게 신하 한두 명이 왕을 속이는 것이 아니라 높은 관료직에 있던 여러 명이 한 명을 죽이고자 왕을 기만하고 속일 수 있었을까? 반대로, 갈대아 나라를 얻은 왕의 관점에서 보면 어떻게 자신을 기만하는 자들을 한 명도 아닌 여러 명을 관료직에 세웠을까 하는 점과 이들과 함께 어떻게 갈대아 나라를 얻었을까 하는 의문이 생긴다.

만약 다리오 왕이 갈대아 나라를 얻은 시점이 바벨론 멸망(B.C. 539년)한 이후에 벌어진 사건이고 또한, 이 사건(다니엘을 사자 굴에 넣는 사건)이 메대왕국에서 벌어진 사건이라고 한다면 이해하기가 정말 쉽지 않다. 만약 이 일이 바벨론제국을 멸망시킨 이후에 발생한 사건이고, 지역도 바벨론제국이 아닌 메대왕국 내에서 또한 다리오가 내정한 신하들에 의해 발생한 것이라고 한다면, 다리오 왕은 매우 무능력하고 신하들에 의해 조정되는 꼭두각시에 불과한 왕일 것이다. 그런 꼭두각시에 불과하고 말의 권세와 힘도 없는 다리오 왕이 바벨론제국을 어떻게 얻을 수 있었는지 의문이 든다.

그런데 사실은 다니엘이 사자 굴에 들어가는 지역은 메대왕국이 아니라 다리오 왕이 '갈대아 나라를 얻었다(단 5:31)' 라고 하는 바벨론제국 안에서 벌어진 사건이다. 그래서 다리오 왕은 다니엘을 모함하는 자들의 생각을 충분히 읽지 못했던 것이고, 왕은 그들의 모함에 걸려 '다니엘을 구원하려고 마음을 쓰며 그를 건져내려고 해가 질 때까지 힘을 다하였지만(단 6:14)' 결국 그들의 꾐에 어쩔 수 없이 다니엘을 사자 굴에 던져 넣도록 허락할 수밖에 없었다(단 6:16). 고발하는 자들은 다니엘을 총리직에서 끌어내리려고, 다시 말하면 그를 죽이기 위하여 먼저 자신들의 함정에 다리오 왕이 미혹되도록 간계를 벌였는데, 비록 자신들은 바벨론 사람들이지만 메대와 바사제국의 법률도 따를 준비가 되어있는 사람들이라는 이미지를 왕에게 심어주는 차원으로 "메대와 바사의 고치지 못하는 규례(단 6:7, 8, 12)"를 들먹이며 자신들의 꾀임 안에 넘어오도록 하였던 것이다. 이러한 정황으로 비추어 볼 때 이 사건의 배경 지역은 메대왕국이 아닌 바벨론제국에서 벌어진 일이다.

6.5. 영향 5 : '벨사살 왕 제3년 다니엘에게 나타난 환상 시점(단 8:1)'.

다니엘은 벨사살 왕 제3년에 숫염소와 숫양(단 8장)의 환상을 보았다. 벨사살 왕 제3년은 아주 특별한 해(年)인데, 벨사살 왕이 귀족 천 명을 위하여 큰 잔치를 열었던 시점이고 그 잔치가 벌어지고 있을 때 벨사살 왕은 죽음을 맞이하며 다리오 왕이 갈대아 나라를 얻게 되던 연도이다(단 6장 참조). 다니엘에게 나타난 이 환상은 벨사살 왕이 잔치를 개최하기 전, 다시 말하면 메대왕국 다리오 왕이 갈대아 나라의 왕권을 얻기 전일 것이다.

벨사살 왕의 부족함을 나타내기 전까지(잔치를 개최하고 있는 가운데 하늘에서 손이 나와서 벽에 글을 쓴 사건, 단 6장 참조), 즉 벨사살 왕이 죽음이 이르기 전까지는 바벨론제국이 무너질 것이라는 뚜렷한 증거가 보이지 않았지만, 갑자기 하늘에서 징조가 나타나고, 그날 밤 바벨론 벨사살 왕이 죽음에 이르며, 메대왕국 다리오 왕이 갈대아 나라를 통치하는 일들이 발생하자 다니엘은 자신에게 나타난 환상이 더욱 뚜렷하게 증명되었을 것이고 앞으로 무슨 일이 일어날 것인지 예견하였을 것이다.

그래서 자신이 2장과 7장에서 본 환상과 같이 바벨론제국이 무너지고, 그리고 숫양이 숫염소에 의하여 무너지듯 머지않아 메대와 바사제국 또한 패망할 것이며 그 이후 새로운 헬라제국과 로마제국이 등장할 것이라고 깨닫는 계기가 되었을 것이다. 그리고 8장에서 다니엘에게 나타난 환상은 벨사살 왕이 잔치를 베풀기 전에 나타난 환상으로서, 당시는 메대왕국이 존재하였기에 숫양으로 묘사되었고, 바사제국은 숫염소로 표현한 것이다.

6.6. 영향 6 : "내가 메대 사람 다리오 원년에 일어나 그를 도와서 그를 강하게 한 일이 있었느니라(단 11:1)".

위 성경 말씀에서의 "다리오 원년"에 대하여, 톰슨 주석성경(톰슨Ⅱ 주석성경,

기독지혜사, 1988, p1252 참조)은 "다리오 원년"이 아닌 "고레스 원년(B.C. 539년)" 일 것이라고 해석하고 있다. 이는 다니엘 5장에서의 벨사살 왕을 바벨론의 마지막 왕으로서 나보니두스 아들로 보고 있기에 고레스 원년으로 보고 있는 것 같다. 하지만 벨사살 왕을 성경에서 기록한 것과 같이 느부갓네살 왕의 아들로 해석할 경우는 메대왕국 다리오 왕이 갈대아 나라를 얻은 그 상황으로 이해하는데 있어서 조금도 어려움이 없다(단 5:31).

7. 결론

 벨사살 왕이 나보니두스의 아들이든, 느부갓네살의 아들이든 성경을 이해하고 해석하는 데 있어서 큰 틀에서 보면 별 어려움은 없는 것 같다. 하지만 다니엘의 내용을 좀 더 명확하고 오해 없이 이해하기 위해서나 연대기를 생각하면서 읽는 차원으로 볼 때는 세부적인 상황까지 알고 있어야 도움이 되는 것은 부정할 수 없을 것 같다. 그러다 보니 벨사살 왕을 성경에서 기록한 바와 같이 느부갓네살 왕의 아들로 해석할 것인지 아니면 현재 학설로 알고 있는 바와 같이 바벨론의 마지막 왕으로서 나보니두스의 아들로 볼 것인지를 구분하기 위해서는 한 번쯤은 검증이 꼭 필요한 부분이었다.

 결론을 내리자면, 위에서 살펴본 것과 같이 벨사살 왕을 바벨론의 마지막 왕으로서 나보니두스의 아들로 해석하기에는 다니엘서를 이해하거나 연대기 측면에서 많은 문제점이 노출된다. 하지만 성경에서 기록한 바와 같이 느부갓네살 왕의 아들로 바라보았을 때, 다니엘서를 해석하고 이해하는데 있어서 조금의 막힘과 어려움도 없고 또한 연대기에 꼭 들어맞는 결과가 나타난다. 따라서 벨사살 왕을 느부갓네살 왕의 아들로 해석하는 것이 올바른 시각이라고 보며 이것이 다니엘의 연대기를 올바르게 정립하는 결과로 이어져 다니엘서 9장에 나오는 70이레를 푸는 데 도움이 된다.

아울러 이것은 요한계시록에서 바다에서 올라온 짐승과 연관이 있고, 다니엘 11장에서의 비천한 사람과도 관계가 있다. 왜냐하면, 현재 학설로는 바벨론 연대기가 느부갓네살 왕부터 마지막 왕인 나보니두스의 아들 벨사살까지 7명의 왕이다. 그러나 [그림 14]와 같이 느부갓네살 왕의 아들 벨사살을 포함하면 8명의 왕이 된다. 그러면 여덟 번째 왕이 일곱 번째 왕에 속한 것이라는 요한계시록의 말씀과 일치하게 된다. 또한, 이것은 비천한 사람(안티오쿠스 4세 에피파네스)에게도 같은 현상으로 나타나는데, 그가 형의 뒤를 이어 왕을 차지하게 되는데 그가 왕으로 등위 할 때가 여덟 번째 왕이기 때문이다(계 17:10-11; 단 11:20-21; 그림 14. 참조). 따라서 다니엘서 5장에서 5회에 걸쳐 벨사살 왕이 느부갓네살의 아들이라고 기록하고 있는 것이 진실이라고 본다.

바벨론			바벨론			바다에서 올라온 짐승 (계 13:1-10)			북방왕		
	통치자(성경이름)	연도B.C.		통치자(성경이름)	연도B.C.					통치자(성경이름)	연도B.C.
1	나보폴랏사르	625-605	1	나보폴랏사르	625-605	1	바벨도시	창 10:8-10; 11:9	1	셀류커스 1세 니카토르	312-281
2	네부카드넷자르 (느부갓네살)	605-562	2	네부카드넷자르 (느부갓네살)	605-562	2	애굽	출 29:3; 32:2	2	안티오쿠스 1세 소테르	281-261
			2-1	(벨사살)	570-567	3	바벨론	단 2장 단 7장 단 8장	3	안티오쿠스 2세 데오스	280-246
3	아헬마르두크 (에윌므로닥)	561-560	3	아헬마르두크 (에윌므로닥)	561-560	4	메대와 바사		4	셀류커스 2세 칼리니쿠스	246-225
4	네리글랏사르	560-556	4	네리글랏사르	560-556	5	헬라		5	셀류커스 3세 케라우노스	225-223
5	라바시마르두크	556	5	라바시마르두크	556	6	로마		6	안티오쿠스 3세 메가스	223-187
6	나보니두스	556-539	6	나보니두스	556-539	7	신바벨로제국	계 17:8-12	7	셀류커스 4세 필로파토르	187-175
7	벨사자로	550-539	7	벨사자로	550-539	8	신바벨론제국		8	안티오쿠스 4세 에피파네스	175-163

[그림 14] 여덟째 왕이 일곱에 속한 왕(바벨론, 바다에서 올라온 짐승, 헬라).

[부록 2] 연대표(남유다, 북이스라엘, 바벨론제국, 바사제국, 메대왕국)
[부록 3] 다니엘 시대 연대기 계산
[부록 4] 새롭게 정리한 연대기와 주요 내용

p58. [표 2] 역사적인 자료와 성경 기록이 일치한다고 생각하는 견해
p60. [표 3] B.C. 539년, 아스티아게스의 나이를 62세라고 가정할 때
p67. [표 4] 여호야긴 왕이 사로잡혀간 시점과 풀려난 시점
p69. [표 5] 검증 조건
p73. [표 6] 벨사살 왕과 아하수에로 왕의 잔치 공통점

p56. [그림 9] 나보니두스 실린더
p57. [그림 10] 나보니두스 연대기
p62. [그림 11] 아케메네스 왕조(키로파에디아, 주영사, 2018, p12).
p72. [그림 12] 벨사살 왕의 가계도
p74. [그림 13] 벨사살 죽음에 관한 유대인백과사전 자료
p82. [그림 14] 여덟째 왕이 일곱에 속한 왕(바벨론, 바다에서 올라온 짐승, 헬라).

[부록 2] 연대표(남유다, 북이스라엘, 바벨론제국, 바사제국, 메대왕국)
    표 1. 남유다 연대표
    표 2. 북이스라엘 연대표
    표 3. 남유다와 북이스라엘 연대표
    표 4. 바벨론제국 연대표
    표 5. 바사(페르시아)제국 연대표
    표 6. 메대(메디아)왕국 연대표
[부록 3] 다니엘 시대 연대기 계산
    표 1. 다니엘 시대 연대기 계산표
    표 2. 남유다 연대표
    표 3. 다니엘 연대표
[부록 4] 새롭게 정리한 연대기와 주요 내용

참고 문헌.

「톰슨Ⅱ 주석성경」, 기독지혜사, 1988.
「A Survey of Israel's History」, Leon Wood, Grand Rapids, Mich., Zondervan Publ. Co.,
    1970, P.424; 김희보, 구약이스라엘사, 총신대출판부, 1985.
「포로기 및 회복기와 역사의 조화」, 유진 폴스틱, 성경과학연구소(가제본 출판), 2020. -「History,
    Harmony, The Exile & Returrn」, E. W. Faulstich.
「키로파에디아」, 키루스의 교육, 김영사, 2018.
「교양 있는 우리 아이를 위한 세계역사 이야기, 고대편」, 이론과실천, 2012.

「키루스의 교육」, 한길사, 크세노폰, 2005.
「이란사」, 한국외국어대학교 출판부, 김정위 편저, 2001년.
「역사」. 헤로도토스, 천병희 옮김, 숲, 2009.
「포로기 및 회복기와 역사의 조화」, 유진 폴스틱, 성경과학연구소(가제본 출판), 2020. ; (「History, Harmony, The Exile & Returrn」, E. W. Faulstich).
「유대대백과사전(Jewish Encyclopedia)」.

주제어, KEYWORD.

다니엘 5장, 다니엘, 벨사살, 벨사살 제3년, 벨사살 제삼년, 느부갓네살, 느부갓자네르, 나보니두스, 나보니두스, 다리오, 키루스 2세, 아스티아게스.

Daniel Chapter 5, Daniel, Belshazzar, In the third year of the reign of king Belshazzar, In the third year of King Belshazzar's reign, Nebuchadnezzar, Nabonidus, Nabunaid, Dario, Darius, Cyrus, Astiages.

3

모르드개와 아하수에로 왕은 어느 시대 사람인가?

모르드개는 여고냐와 함께 2차 포로로 끌려온 인물로 소개하고 있지만, 시대적으로 당시 아하수에로 왕을 '크세르크세스'로 분류하고 있다. 여기에서 문제는 2차 포로시기와 크세르크세스 때의 기간 간격은 약 111년의 차이가 발생하고 있다는 것이다. 이는 모르드개의 나이도 문제이거니와 그의 조카 에스더가 처녀가 아닌 아주 고령의 할머니였을 거라는데 문제가 발생한다. 따라서 이러한 문제를 해결하기 위한 연구이다.

[목 차]

1. 배경
2. 연구 목적
3. 본문 내용
4. 전통적인 시대적 배경의 해석과 문제 제기
   4.1. 전통적인 시대적 배경 해석 근거
   4.2. 문제 제기
5. 새로운 시대적 배경 해석
   5.1. '아하수에로 왕'의 이름에 대한 이해
   5.2. 성경 본문 이해
      5.2.1. 모르드개는 여고냐(여호야긴) 왕과 함께 바벨론으로 끌려왔다(에 2:5-7)
      5.2.2. 모르드개의 이름은 바벨론 이름으로 개명된 이름이다
      5.2.3. 모르드개는 메대 바사 왕궁의 수산궁에 있었고 문지기였다(에 2:21)
      5.2.4. 모르드개는 문지기의 후손이다
      5.2.5. 에스더의 본명은 '하닷사'이다
6. 결론
7. 추가 변론

1. 배경

에스더서에서의 대표적인 인물로는 에스더와 아하수에로 왕, 그리고 모르드개이다. 이들이 살았던 시대를 알 수 있는 것은 모르드개를 통해서이다. 성경은 그가 여고냐(여호야긴 또는 고니야, B.C. 598년)와 함께 바벨론으로 끌려온 인물로 소개하여 그가 다니엘 또는 에스겔과 동시대를 살았던 인물로 생각을 하게 되지만, 우리의 기대와 달리 역사(학계)적으로는 '크세르크세스(B.C. 486-464년)' 때 인물로 보고 있다. 따라서 모르드개가 성경에 기록된 것과 같이 2차 포로로 끌려온 인물인지 아니면 그보다 더 늦은 '크세르크세스' 때 인물인지에 대한 연구이다.

2. 연구 목적

에스더와 모르드개 그리고 아하수에로 왕이 살았던 시대를 성경과 역사(학계)가 다르게 해석하고 있기에 이를 다시 검토하여 바르게 정립하고자 한다.

3. 본문 내용

아하수에로 왕은 그의 재위 제3년에 신하를 위하여 180일간 잔치를 베풀고 그 직후 일반 백성을 위해 왕궁 후원에서 7일간 잔치를 여는 가운데 왕의 명령을 받고도 잔치에 나오지 않은 왕비 와스디를 폐위시켰다. 그 이후 전국에 처녀를 불러 모아 선별하는 과정에 에스더가 새로운 왕비로 선정되었는데, 이때는 아하수에로 왕 제7년이었다. 에스더의 삼촌 모르드개는 그녀의 부모가 죽고 난 뒤부터 에스더를 친 딸처럼 양육하였었다.

- 아하수에로 왕은 그의 재위 제3년에 180일간 잔치를 베풀었다.
"왕위에 있은 지 제삼년에 그의 모든 지방관과 신하를 위하여 잔치를 베푸니 바사와 메대의 장수, 각 지방의 귀족과 지방관들이 다 왕 앞에 있는지라 왕이 여러 날 곧 백팔십 일 동안에 그의 영화로운 나라의 부함과 위엄의 혁혁함을 나타내니라(에 1:3-4)".

• 에스더는 아하수에로 왕 제7년에 왕비가 되었다.
"아하수에로 왕의 제칠년 시월 곧 데벳월에 에스더가 왕궁에 인도되어 들어가서 왕 앞에 나가니 왕이 모든 여자보다 에스더를 더 사랑하므로 그가 모든 처녀보다 왕 앞에 더 은총을 얻은지라 왕이 그의 머리에 관을 씌우고 와스디를 대신하여 왕후로 삼은 후에(에 2:16-17)".

• 모르드개는 남유다에서 여호야긴 왕과 함께 2차 포로로 끌려왔다.
"전에 바벨론 왕 느부갓네살이 예루살렘에서 유다 왕 여고냐와 백성을 사로잡아 갈 때에 모르드개도 함께 사로잡혔더라 그의 삼촌의 딸 하닷사 곧 에스더는 부모가 없으나 용모가 곱고 아리따운 처녀라 그의 부모가 죽은 후에 모르드개가 자기 딸 같이 양육하더라(에 2:6-7)".

4. 전통적인 시대적 배경의 해석과 문제 제기

4.1. 전통적인 시대적 배경 해석 근거

에스더, 아하수에로 왕 그리고 모르드개가 살았던 시대적 배경을 바사(페르시아)제국이 메대왕국과 바벨론을 멸망시킨 이후로서 '크세르크세스' 또는 '고레스(Cyrus, 키루스 2세)' 때라고 분류하고 있다. 그 이유는 아래와 같다.

첫째, 에스테르기[36]에서 '크세르크세스 대왕'이라고 기록하고 있다(에스테르기 1:1①,[37] 1:1,19; 2:1).

둘째, 요세푸스는 「고대 유대사」에서 이 시기를 '고레스' 때라고 하고 있다.

---

[36] 에스테르기 : 에스테르기는 에스더이지만, 카톨릭 성경(70인 번역)으로 인식할 수 있도록 에스테르기로 표시하였다. 개역개정과 킹제임스(KJV) 성경은 '아하수에로(Ahasuerus)'로 표현하고 있지만, 카톨릭 성경과 NIV 성경은 '크세르크세스(Xerxes)'라고 기록하고 있다.

[37] 1:1① : 히브리 성경에는 없으나 그리스 번역본(70인 역)에는 17개의 절이 추가되었으며, 이를 절 수와 함께 우측의 기호와 같이 "1:1①, 1:1② … 1:1⑰" 표시하고 있다.

그리고 그는 고레스의 부친 '캄비세스 1세'를 '크세르크세스'라 하며, 그의 아들 '고레스(Cyrus)'에 대해서는 헬라인들이 '아르타크세르크세스'라고 부르는 인물이라고 기록하고 있다.[38]

4.2. 문제 제기

위와 같이 에스더서의 시대적 배경을 '크세르크세스(B.C. 486-464년)' 또는 '고레스(B.C. 559-530년)' 때로 구분하고 있지만, 역사적으로 '크세르크세스' 때라고 보고 있다. 그런데 저자는 이 두 가지 의견에 대해서 부정적인 견해를 가지고 있으며 아래와 같이 문제를 제기하고자 한다.

첫째, '크세르크세스(B.C. 486-464년)' 때라고 할 경우의 문제점(1)
에스더서의 아하수에로 왕 제3년에는 180일간 잔치를 하며 왕비 와스디를 폐위시키고 제7년에 에스더를 왕비를 맞이하였다고 기록하고 있다. 그러나 역사적으로는 이와 다른 사실들이 아래와 같이 발생하였다고 기록하고 있다.

- B.C. 499-494년, 이오니아 반란; 크세르크세스 부친 다레이오스 왕 재위 기간 중 발생함
- B.C. 494년, 다레이오스 왕이 라데(Lade)에서 이오니아 진압
- B.C. 492년, 다레이오스 왕이 마케도니아 침공하였으나 역풍으로 실패(1차)
- B.C. 490년, 다레이오스 왕이 마케도니아 침공하였으나 패배(2차, 마라톤전투)
- B.C. 480년, 크세르크세스 왕이 마케도니아 침공하였으나 패전(3차, 살라미스해전)

위 역사적인 연대를 참고하면, 크세르크세스 재위 제7년은 살라미스해전 중인 것을 알 수 있다. 크세르크세스 1세의 재위 기간은 B.C. 486~464년이고, 그가 재위하기 이전 그의 부친(다레이오스 왕)은 두 차례에 걸쳐 헬라지역으로 원정을 시도하였으나 패배(1차 B.C. 492년, 2차 B.C. 490년 마라톤전투)하고 죽음을 맞이하였다. 크세르크세스 1세는 왕위에 오른 지 6년 뒤(B.C. 480년) 3차 전투

---
38) 「유대 고대사」 11권 제6장, 요세푸스 Ⅱ권, 생명의말씀사, p37.

(살라미스해전)에 나서게 된다. 여기서 생각해 볼 때, 역사적으로 에스더를 맞이한 왕이 크세르크세스 1세라고 한다면 이상한 점이 발견하게 된다. 아하수에로 왕 제3년에 잔치를 베푸는 가운데 왕의 명을 받은 와스디 왕비가 나타나지 않자 그녀를 폐위시켰다(에 1:3). 이후 새로운 왕비를 맞이하기 위하여 처녀들을 불러 모으고 1년간의 교육과정을 통해 에스더가 왕에게 나아갔는데 이때가 아하수에로 왕 제7년이다(에 2:16). 즉 역사적으로 보면(B.C. 492~480년), 크세르크세스 1세와 그의 부친은 헬라지역을 정복하기 위하여 전쟁을 치렀거나 또 한 번의 전쟁을 하기 위해 준비하는 중이었다. 이러한 가운데 크세르크세스 1세는 잔치를 베풀고 왕비를 폐위시키며 새로운 왕비를 맞이하는 절차를 가졌고 전쟁에서 패한 뒤 에스더를 맞이하였다는 것인데, 이런 과정은 좀처럼 이해하기가 쉽지 않다. 세부적인 내용은 아래와 같다.

- 바사제국은 헬라(그리스)를 3차례에 걸쳐 침공하였으나 패배하고 만다. 그리스와 전쟁을 치르게 된 배경에는 바사제국의 속국이었던 이오니아가 반란(B.C. 499-494년)을 일으켰는데 이때 이를 주동한 사람이 밀레투스(Milletus : 소아시아 서안의 이오니아에 위치한 그리스의 고대도시)의 아리스타고라스(Aristagoras)였다. 이오니아는 아테네의 지원[3단 노 캘리선(trireme)]을 받아 B.C. 499년 잠시 반란에 성공한 듯하였으나 B.C. 494년 라데(Lade)에서 페르시아 함대가 승리하고 밀레투스를 불태움으로 반란은 끝이 났다. 그 이후 바사제국은 B.C. 492년 마케도니아를 침공하였으나 역풍으로 함선의 절반(300여 척)이 소실되어 연기하게 되었다.[39]

- 두 번째 침략은 올림의 마라톤의 기원이 되었던 사건으로 B.C. 490년 바사제국이 아테네를 공략하기 위하여 아티카(Attika)의 북동 해안에 있는 마라톤 광야에 상륙하여 공격하였으나 크게 패전하여 돌아갔다(전사자 : 페르시아군 6,400명 VS 그리스 192명, 두산백과 참조). 다레이오스 왕은 약 600척(헤로도토스의 기록, 「역사」 6권 95번)의 3단 노 캘리선과 약 2만4천명(3단 노 캘리선의 최대 승차 인원 40명 × 400척 = 약 24,000명)의 인원으로 침공하였는데, 아테네인들은 마라톤전투에서 46개 국가를 패배시켰다고 주장하고 있다(Hdt. 9.27.5).[40]

---

[39] 「마라톤 BC 490」, 니콜라스 셴쿤다 지음, 정은비 옮김, 플래닛미디어, 2007, p17-18.
[40] 「마라톤 BC 490」, 니콜라스 셴쿤다 지음, 정은비 옮김, 플래닛미디어, 2007, p44-49.

- 첫 번째와 두 번째 침략은 다레이오스 왕 때 이루어진 일이지만 세 번째 침략은 크세르크세스 왕 때 발생했고(B.C. 480년) 그의 부친 다레이오스 왕의 유언에 따라 아테네를 침략하였는데 그는 46개국에서 군대를 모아 1,207척의 전함과 50개나 되는 노로 항진하는 특별 대형선박을 이끌고 침략하여 살라미스 해협에서 그리스 연합 해군과 대전을 치렀다. 함대의 수와 전략상으로는 페르시아 군대가 우세하였으나 그리스 연합 해군에 의해 패배하고 말았다. 이것이 세계 4대 해전 가운데 하나로 알려진 살라미스해전(Battle of Salamis, B.C. 480년)이다. 그리고 크세르크세스 1세가 알렉산드로스 대왕에게 결정적으로 패한 사건이다.[41]

성경 에스더서에서 아하수에로 왕이 180일간의 잔치를 개최하였던 것으로 보아 그때 그가 가진 부와 재물이 풍부하였다는 것을 알 수 있다. 그러나 키루스 2세 때 '황금의 제국'이라며 누렸던 부가 다레이우스와 크세스크세스의 헬라 정복 실패로 몰락의 길을 걸을 수밖에 없었다.

- 바사제국의 키루스 2세(고레스)는 메대와 바사 그리고 리디아를 정복하면서 황금의 제국이라고 불릴 만큼 부유한 나라가 되었고, '크세르크세스' 때에 가장 넓은 제국을 이루었다. 크세르크세스 당시 페르시아의 영토는 동쪽으로는 현재 파키스탄, 서쪽으로는 중앙아시아와 서아시아, 북쪽으로는 마케도니아, 남쪽으로는 시나이반도를 거쳐 이집트까지 뻗어 있었다(왕국의 길이 6,400㎞, 총면적은 480만㎢인데 현재 미국의 대륙과 맞먹을 정도이며, 인구는 약 2천여만 명이다).[42]

이같이 크세르크세스 왕 때는 부친 다레이오스 왕 시절부터 이어지는 헬라 정복의 욕심으로 어수선하였고 또한, 부친의 죽음과 유언으로 제3차 헬라 원정을 준비해야만 했었다. 그리고 그의 재위 제7년은 살라미스해전을 치르는 중이었다는 것이다. 따라서 이 시기에 에스더를 왕비로 맞이하였다는 것은 이해되지 않는 부분이다. 그리고 크세르크세스 왕의 왕비는 '와스디'가 아닌 '아메스트리스'라고 기록하고 있고, 그가 여인을 사랑하는 측면에 있어서 상당한 문제가 있음을 볼 수 있다. 따라서 에스더가 크세르크세스 1세와 동시대

---

41) 「신구약중간사」, 찰스 F. 파이퍼, 조병수옮김, 한국기독교 교육연구원, 1982, p52.
42) 「신구약중간사」, 통독원, 조병호, 2014, p66.

인물이라는 것도 또한, 그의 왕비였다고 하는 이야기도 맞지 않을 가능성이 매우 크다. 그 내용은 아래와 같다.

- 크세르크세스 1세의 부친 다레이오스 왕의 재위 시절에 그의 속국이던 이오니아 지역이 아테네의 지원을 받아 B.C. 499년 잠시 반란을 일으켰고 그들이 잠시 성공한 듯하였지만, B.C. 494년 라데(Lade)에서 페르시아 함대가 승리하고 진압하였다. 그 이후 다레이오스 왕은 마케도니아를 1차와 2차에 걸쳐 침공하였으나 패전하고 말았다(1차 B.C. 492년, 2차 B.C. 490년 - 마라톤전투). 그리고 다레이오스 왕이 죽자 크세르크세스 1세는 부친의 유언을 받아 B.C. 480년 함대를 이끌고 제3차 침략을 하였지만, 알렉산드로스가 이끄는 그리스 연합군에 의하여 패전하고 말았다(살라미스해전). 전쟁에 패한 바사인들은 사르데이스에 도착하였는데, 이곳에서 그의 동생(마시스테스)의 아내를 사랑하기도 하였다. 그는 고국(수사)에 돌아와 자신의 아들(다레이오스 2세)을 동생(마시스테스)과 동생의 아내 사이에서 태어난 딸과 결혼을 시켰는데, 이번에는 그 며느리(아르타윈테)를 사랑하게 되었다. 이를 눈치챈 크세르크세스 1세의 부인인 아메스트리스는 연회가 열릴 때 남편 크세르크세스 1세에게 아르타윈테를 자신에게 달라고 하여 왕은 거절할 수가 없어서 허락하자 아메스트리스는 아르타윈테를 잔인하게 죽이는 행동을 하였다.[43]

그리고 카톨릭 성경 에스테르기에서 이해하기 어려운 일을 기록하고 있는데, 모르드개를 크세르크세스 재위 제2년에 왕궁에서 봉직한 인물로 소개하며 왕을 죽이려고 하는 음모를 두 번이나 보고 하였고(에스테르기 1:1②, ⑫-⑰; 2:19-23), 이 중 한번은 모르드개가 에스더를 거치지 않고 왕에게 직접 보고한 것처럼 기록하고 있다(에스테르기 1:1⑫-⑰).

둘째, '크세르크세스(B.C. 486-464년)' 때라고 할 경우의 문제점(2)
모르드개가 바사제국의 '크세르크세스 1세(B.C. 486-464)' 때의 인물이라고 한다면, 그는 바벨론 신들의 이름이 아닌 히브리 언어 또는 바사(페르시아) 제국의 이름을 가지고 있어야 한다. 왜냐하면 '크세르크세스 1세'가 통치하던 시

---
[43] 「역사」 헤로도토스, 숲, 9권 107-115번, P903-907.

대는 바벨론이 멸망한 지(B.C. 539년) 약 53년이 지났기 때문이다. 따라서 그의 이름이 바벨론 이름으로 지어진 것이 이상할 따름이다. 그리고 모르드개가 바벨론으로 잡혀 왔을 때(B.C. 597년)를 기준으로 계산하면, 약 111년이라는 많은 시간이 흘렀기 때문에 모르드개가 2차 포로로 끌려왔을 때의 나이가 비록 1세였다고 가정해도 크세르크세스가 통치할 때까지의 그의 나이는 112세 이상이었을 것인데, 112세가 넘는 노인이 문지기와 총리로 직무를 맡았다고 하기에는 설득력이 많이 떨어진다. 또한, 에스더는 모르드개의 조카이고, 그는 그녀를 딸처럼 양육하였던 것을 고려하면 에스더는 할머니에 근접한 나이일 것인데, 이것은 아하수에로 왕이 '처녀'를 모집한 상황과도 일치하지 않는다.

셋째, 요세푸스의 「고대 유대사」에서 밝힌 것과 같이 '고레스' 때라고 할 경우의 문제점

요세푸스는 기원후 1세기 인물(A.D. 37(?)~100년경)로서 유대 제사장 가문의 후손으로 군대 사령관이자 학자이며 역사가이다. 그가 기록한 유대 고대사에서는 성경과 다르게 표현하는 내용들이 종종 발견된다. 다니엘 시대부터 에스더 배경까지 약 17회 정도 다르게 표현하고 있으며 그중 에스더서는 아래와 같이 3회 정도 발견되고 있다.[44]

- 요세푸스는 에스더의 아하수에로 왕을 '고레스'라고 하며 그의 부친 '캄비세스 1세'를 '크세르크세스'라고 하고 있다. 또한 '고레스(Cyrus)'에 대해서는 헬라인들이 '아르타크세르크세스'라고 부르는 인물이라고 기록하고 있다.[45]
  ☞ (정정) 아하수에로 왕은 메대왕국 '아스티아게스 왕'이다(PART 2.와 PART 4. 참조).

- 180일간의 잔치 이후 7일간의 잔치를 추가로 개최한 배경에 대하여 "다른 나라들과 그 나라들의 사절들을 위해" 잔치를 개최하였다고 기록하고 있다.[46]

---

[44] 「남유다는 왜 멸망했는가? (가칭)」, 다니엘 제이, 부록 8 참조.
[45] 요세푸스 제11권 제6장 1번 : 「요세푸스Ⅱ」, 생명의말씀사, 2019, p37.
[46] 요세푸스 제11권 제6장 1번 : 「요세푸스Ⅱ」, 생명의말씀사, 2019, p38.

- ☞ (정정) 7일간 개최한 잔치 배경에 대해 성경은 "도성 수산에 있는 귀천 간의 백성을 위하여"라고 기록하고 있으므로 성경 기록과 요세푸스의 기록은 다르다(에 1:5).

- 부림절 사건 때 유대인들에게 죽임을 당한 자가 75,000명에 이른다고 하며 이날을 12월 13일이라고 한다.[47]
  - ☞ (정정) 부림절의 기원을 아달월 14일과 15일이라고 성경은 기록하고 있는데, 아달월은 히브리력으로 2~3월에 해당한다(에 9:21). 요세푸스가 기록한 12월과는 다르다.

그리고 요세푸스가 에스더서의 배경 연대를 '고레스'라고 하는 데에 있어서 의문점이 드는 것은 고레스 제3년에 잔치를 개최하고 와스디 왕비를 폐위시킨 연도와 성전건축 연도가 동일하기 때문이다. 스룹바벨 성전 건축과 관련한 성경 기록을 살펴보면, 고레스가 바벨론을 멸망시킨 이후 포로로 잡혀 온 유대인들을 귀환시키며 예루살렘 성전을 건축하라고 하였고, 귀환한 자들은 예루살렘에 도착한 지 2년 2개월 이후부터 공사를 시작하였다. 그리고 바벨론에서 예루살렘으로 이동 기간을 2차 귀환한 에스라의 이동한 기간을 고려하여 추정하면 실제 건축은 귀환한 이후 3년 뒤에 시작하였다고 볼 수 있다(스 1:1-3; 3:8; 7:9). 따라서 요세푸스의 기록이 정확하다면 에스더서에서 성전 건축과 관련한 내용이 있어야 하지 않을까 한다.

- 고레스의 재위 기간은 B.C. 559-530년이다. 고레스는 바벨론을 정복한 이후 포로로 잡혀 온 유대인들을 귀환하라고 하였으며, 이때를 고레스 원년으로 하고 있다(스 1:1).
- 캄비세스의 재위 기간은 B.C. 530-522년이다.
- 아하수에로 왕 제12년에 부림절 사건이 발생하였다(에 3:7; 9:21).
- B.C. 539년, 바벨론 멸망과 고레스 귀환 명령이 있었다(고레스 원년, 성전 건축하라, 스 1:1).
- B.C. 536년, 예루살렘에 도착한 지 2년 2개월 공사 시작 후 성전 기초석을 쌓았다(스 2:8-12).
- 에스라는 2차 귀환자로서 바벨론에서 예루살렘에 도착하는데 4개월 걸렸다(스 7:8-9).

---

47) 요세푸스 제11권 제6장 13번 : 「요세푸스Ⅱ」, 생명의말씀사, 2019, p52.

또한, 아하수에로 왕 제12년에 부림절 사건이 발생하고 있는데 요세푸스가 기록한 것과 같이 에스더의 배경이 고레스 때라고 한다면 고레스 왕 제12년은 이미 고레스가 뒤를 이어 캄비세스(재위 기간 B.C. 530-522년)가 다스리던 해이거나(고레스 원년(B.C. 539년)으로 기준으로 할 때 B.C. 527년) 아니면 바벨론이 멸망하지 않은 때(고레스의 재위 기간을 기준으로 B.C. 547년)이거나 둘 중 하나이다. 따라서 요세푸스의 기록은 성경에서 기록된 내용과 일치하지 않는 부분들이 많아서 그의 기록은 신뢰하기가 어렵다는 결론에 이른다.

5. 새로운 시대적 배경 해석

5.1. '아하수에로 왕'의 이름에 대한 이해

먼저, 살펴봐야 할 것은 성경에 나오는 이름들의 의미이다. '아하수에로, 아닥사스다, 다리오'의 이름들은 왕의 정식 이름이 아니라는 것이다. 그 이름들은 대외적으로 불리기를 원하는 공식적인 명칭과도 같은 것으로서 그 뜻은 아래와 같다.

- 아하수에로(Ahaserus, 아하수에루스)
  ✓ the Mighty(강자)의 의미로서, 다니엘서, 에스라서와 에스더에 이름이 나온다.

- 아닥사스다(Artaxerxes, 아르타크세르세스)
  ✓ '대왕(Great King)' 혹은 '왕국(Kingdom)'을 의미하며, '아르타크샤스트(Artachshast, 대왕)'의 동의어이다. 오늘의 '샤(Shah)'에 해당한다. '아닥사스다'의 이름은 에스라서와 느헤미야서에 나온다.

- 다리오(Darius, 다리우스)
  ✓ '억압자(Restrainer)' 혹은 '관리자(Maintainer)'라는 의미를 지닌 이 용어는 본래 '왕(King)', '통치자(Ruler)'라는 총칭이다. 그리고 '다리오'란 이름은 히브리어로

Daryawesh, 아카드어와 엘람어 Dariawus, 고대 페르시아어 Darayavaus와 그리스어 Dareios에서 유래되었다고 한다. 이 단어는 Zenddara에서 유래되었고 '왕'이라는 의미를 가지고 있다. '다리오'라는 명칭이 이집트의 '파라오', 로마의 '카이사르', 러시아의 '차르'와 유사한 단순히 '왕'을 의미한다.[48] '다리오'의 이름은 에스라서, 다니엘서, 학개서, 스가랴서에 이름이 나온다.

[표 7] 에스더서에 기록된 왕

왕	성경 말씀
아하수에로	이 일은 아하수에로 왕 때에 있었던 일이니 아하수에로는 인도로부터 구스까지 127지방을 다스리는 왕이라 당시에 아하수에로 왕이 수산 궁에서 즉위하고 왕위에 있은 지 제3년에 그의 모든 지방관과 신하들을 위하여 잔치를 베푸니 바사와 메대의 장수와 각 지방의 귀족과 지방관들이 다 왕 앞에 있는지라(에 1:1-3).
	아하수에로 왕의 제7년 시월 곧 데벳월에 에스더가 왕궁에 인도되어 들어가서 왕 앞에 나가니(에 2:16).

'아하수에로 왕'의 이름은 정식 이름이 아닌 하나의 통치자의 호칭 의미로서 다니엘서와 에스라서, 그리고 에스더서에 그 이름이 나온다. 이 중 다니엘서와 에스라서에 나오는 '아하수에로 왕'의 이름은 간단히 표시하면 아래와 같다(PART 2.와 PART 4. 참조).

- 다니엘서(메대 족속 아하수에로 왕, 단 9:1) → 아스티아게스의 부친 '키악사레스 1세'
- 에스라서(아하수에로 왕) → '다레이오스 1세'

에스더서에 나오는 '아하수에로 왕'이 누군지를 알기 위해서는 먼저 모르드개와 에스더를 알아야 왕의 역사적인 이름을 찾을 수가 있다. 따라서 지금부터는 모르드개와 에스더를 통해 '아하수에로 왕'의 진짜 이름을 찾아가 보기로 한다.

---

48) 「포로기와 회복기와 역사의 조화」, 성경과학연구소(가출판), 유진 폴스티히 저, 2020, p48.

5.2. 성경 본문 이해

5.2.1. 모르드개는 여고냐(여호야긴) 왕과 함께 바벨론으로 끌려왔다(에 2:5-7)

모르드개는 에스더의 삼촌이며 여고냐, 곧 여호야긴 왕과 함께 바벨론으로 끌려왔다고 기록되어 있다(에 2:5-7). 여고냐가 바벨론으로 끌려온 시기는 곧 바벨론 느부갓네살 왕이 남유다 2차 침략 후를 말하는 B.C. 598년이며 이때 에스겔 선지자도 바벨론으로 끌려왔다고 성경은 기록하고 있다(겔 33:21; 1:1-2). 그러므로 모르드개는 다니엘과 에스겔과 같은 동시대를 살았던 인물이다. 참고로 에스라서에 기록된 1차 귀환자의 이름에도 '모르드개'라는 이름을 가진 자가 있는데 위 인물과 동일 인물로는 보지 않는다(스 2:2).

5.2.2. 모르드개의 이름은 바벨론 이름으로 개명된 이름이다

모르드개의 이름은 바벨론제국이 섬기던 신들의 이름을 딴 것으로 '므로닥(바벨론의 주신) 숭배자'란 뜻이 있다. 즉 모르드개는 다니엘과 그의 세친구들처럼 바벨론제국의 이름으로 개명된 것을 볼 수 있다(단 1:7 참조). 이것이 시사하는 것은 모르드개가 성경에서 기록하고 있는 것과 같이 바벨론 느부갓네살 왕의 남유다 2차 침략 시 포로로 끌려왔던 인물이라는 것을 뒷받침하고 있다(에 2:6; 단 1:7 참조).

5.2.3. 모르드개는 메대 · 바사 왕궁의 수산궁에 있었고 문지기였다(에 2:21)

모르드개는 여고냐 왕과 함께 바벨론으로 끌려왔다고 하는데(에 2:6), 그가 갑자기 에스라서에서 등장하면서 그의 조카 하닷사(에스더)와 함께 메대 · 바사의 나라에 있는 것이다. 그리고 에스더가 왕후에 올라가기 전인지 아니면 후인지는 알 순 없지만 모르드개는 문지기를 담당하고 있다(에 2:21; 3:2-4). 다시 말하면 모르드개는 바벨론에 있어야 하는 인물인데 갑자기 메대 · 바사제국의 수산궁 문지기로 있었던 것이다.

1) 모르드개가 바벨론에서 메대 · 바사 왕궁으로 올 수 있었던 이유(추정)

모르드개가 어떻게 메대왕국에 왔는지는 성경에 기록되어 있지 않다. 다만 한 가지 추론할 수 있는 것은 메대왕국 내에 처녀를 모집하기 위하여 조서와 명령이 반포된 것을 단서로 그가 메대왕국으로 왔을 것으로 추정한다. 조서와 명령이 내린 경위는 '아하수에로 왕'이 '와스디 왕후'를 폐위시킨 뒤 왕후가 될 여인을 뽑기 위하여 전국에 아리따운 처녀를 '도성 수산궁'에 불러들일 것을 메대 · 바사제국에 있는 127지방으로 조서와 명령이 반포하였다(에 2:1-4,8). 메대왕국 내 127지방에 내린 조서와 명령이 바벨론제국에 있던 모르드개와 무슨 관계가 있을까 하겠지만, 메대왕국과 바벨론제국은 이웃에 접해있는 동맹 관계이면서 사돈지간이다. 바벨론에서도 이 소식을 듣고 바벨론에서도 왕후가 될 인물을 선별하여 보냈을 것인데 그 보낸 처녀들 가운데 에스더도 포함되어 메대왕국 수산궁으로 갔을 것이다(에 2:1-8).

바벨론제국이 메대 · 바사제국과 동맹 관계 및 사돈지간 격이라고 하는 것은 사실 바벨론제국의 느부갓네살 왕 본인이 메대왕국과 정략결혼을 통해 동맹 관계를 맺고 있었기 때문이다.

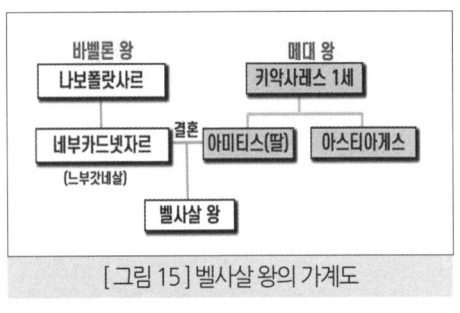

[그림 15] 벨사살 왕의 가계도

그 배경에는 메대왕국과 바벨론이 연합하여 B.C. 612년 아시리아를 멸망시켰다. 느부갓네살 왕에게 있어서 아스티아게스 왕은 처남[왕비의 오빠, (그림 15) 참조]이기에 메대왕국 아하수에로 왕이 왕후를 찾는다고 하였을 때, 바벨론에 있는 느부갓네살 왕과 그의 부인이자 아스티아게스의 여동생 '아미티스'는 특별히 선별하여 보냈을 것으로 보인다(에 2:3).

에스더는 바벨론에서 발탁되어 메대왕국으로 보내지게 되면서 그녀의 보호자인 모르드개도 함께 이동하여 갔을 것이다. 모르드개는 에스더의 부모가 돌아가신 이후부터 그녀를 친딸과 같이 생각하여 양육하고 있었기 때문에 보호자로서 수산궁까지 갈 수 있었을 것이다(에 2:7).

여기서 놀라운 비밀 하나가 밝혀졌다. 그동안 모르드개가 어떻게 하여 바벨론제국에서 메대왕국으로 올 수 있었는지 알 수 없었고, 흔히들 모르드개가 에스더를 친딸로 생각하여 양육하였기에 모르드개를 통해 에스더가 메대왕국으로 왔었을 것으로 생각하였다. 하지만 에스더가 아하수에로 왕후의 후보로 발탁되어 바벨론에서 메대왕국으로 이동하면서 모르드개는 그녀의 보호자로 따라왔다.

한편, 메대왕국의 딸과 느부갓네살 왕을 정략 결혼시킬 당시의 메대왕국의 왕은 '키악사레스 1세(B.C. 625-585)'이다. 그는 자기 딸 '아미티스'를 바벨론의 '네부카드넷자르(느부갓네살, B.C. 605-562)'와 정략결혼시켰다.

[그림 16] 바빌로니아의 공중정원 (위키피디아)

느부갓네살 왕은 메대 공주 '아미티스'를 위해 온갖 보석과 비단옷 등을 선물하였지만 그녀는 자신이 살았던 높은 언덕과 정원을 그리워하는 등 향수병에 걸려 있었다. 그래서 느부갓네살 왕은 왕후 아미티스를 위하여 메대왕국과 같은 정원을 만들기 위하여 인공적으로 산을 만들고 물을 끌어들여서 바벨론에 정원을 만들었는데 그것이 우리에게 알려진 '공중정원'으로서, 고대 세계 7대 불가사의⁴⁹⁾ 중의 하나이다. 바벨론의 공중정원은 느부갓네살 왕의 재위 기간(B.C. 605-562) 중 건설되었으며 공중정원의 명칭은 계단식 난간 위에 식물을 심어놓은 모습이 마치 공중에 매달려 있는 것처럼 보였기에 그 이름이 붙여졌다.

여기서 확인할 수 있는 것은 모르드개가 여고냐와 함께 바벨론으로 끌려왔기에 그는 B.C. 598년(2차 포로) 바벨론으로 끌려왔다. 메대 · 바사제국에서는 '아하수에로 왕' 제3년에 와스디를 폐위하였다고 하였으므로 이때는 곧 '키악사레스 1세(B.C. 625-585)'의 아들 '아스티아게스(B.C. 585-550)'가 통치하고 있던 때를 말하며 '아하수에로 왕 제3년'은 곧 '아스티아게스 제3년(B.C. 582년)'인 것이다. 그리고 4년 뒤 에스더가 왕후에 오르기 때문에 에스더는 B.C. 578년에 왕후가 되었다는 것을 알게 된다. 즉 2차 포로로 끌려왔던 연도(B.C. 598년)와 아스티아게스 제3년(B.C. 582년) 사이의 기간의 차이는 16년밖에 나지 않는다. 따라서 모르드개가 메대 · 바사제국에서 문지기와 총리직을 감당하기에도 충분한 나이였을 것이고, 에스더가 처녀로 왔다고 하는 것도 가능한 나이임을 알 수 있다.

2) 에스더가 바벨론에서 대표로 선발될 수 있었던 이유(추정)

모르드개와 에스더가 바벨론 대표로 메대왕국으로 보내졌다는 것은 그렇다 치더라도 그녀가 선발된 이유는 성경 안에서 어떤 기록이나 단서를 찾을 수가 없다. 바벨론으로 포로로 끌려왔던 모르드개의 조카가 어떻게 해서 선발되었는지를 알기 위해서는 바벨론 연대기를 펼쳐봐야 그 비밀을 알게 되겠지만 이

---

49) 고대 7대 불가사의 : 쿠푸왕의 피라미드, 바빌론의 공중정원, 올림피아의 제우스상, 에페소스의 아르테미스 신전, 할리카르나소스의 마우솔로스 능묘, 로도스의 크로이소스 대거상, 알렉산드리아에 있는 파로스 등대
　• 현대 7대 불가사의 : 이집트의 피라미드, 로마의 원형극장(콜로세움), 영국의 스톤헨지, 이탈리아 피사의 사탑, 터키 이스탄불의 성 소피아 성당, 중국의 만리장성, 알렉산드리아 파로스 등대(출처 : 두산백과)

것은 어디까지나 추론일 뿐 정확한 원인을 설명하지는 못한다. 그러나 그녀가 선발되는 과정에 무슨 일이 있었는지를 안다면 어느 정도는 그럴 수 있었겠구나 하는 정도의 설명은 가능할 것으로 보인다.

우선 다니엘서 2장을 살펴보면, 느부갓네살 왕이 두라평지에 금 신상을 세웠던 이야기이다. 이 시기는 바벨론제국이 평안기로 접어들었던 때로 남유다를 4차 침략(B.C. 582년)한 이후인 2년 뒤에 있었던 일이며 연대기로는 B.C. 580년으로 추론하고 있다. 느부갓네살이 금 신상에 절하지 않는 다니엘의 세 친구를 풀무불에 던졌을 때 갑자기 하나님의 아들이 풀무불에 나타나셨고 다니엘 세친구는 아무런 해를 입지 않게 되는 놀라운 이적을 경험하였다. 그 이적을 본 느부갓네살 왕은 유대인의 하나님이 참 하나님이라고 전국에 선포한 것이 B.C. 580년에 있었던 일이다. 그리고 2년 뒤에 에스더가 왕후로 간택을 받게 되는 때로서 B.C. 578년이며, 메대왕국은 아하수에로 왕 제7년이 되는 해이다. 그리고 풀무불 사건이 있었던 B.C. 580년과 왕비가 된 B.C. 578년 사이에는 1년간의 공백이 있다. 이 기간은 아하수에로 왕의 명령에 모인 처녀들이 왕 앞에 나가기 전에 1년간 왕비가 되기 위한 수업 받았던 시기이다(에 2:17).

- B.C. 578년, 바벨론의 남유다 4차 침략
- B.C. 580년, 두라평지에 세운 금 신상과 낙성식 그리고 풀무불 사건과 왕의 조서
- B.C. 579년, 에스더의 왕비 수업(에 2:17).
- B.C. 578년, 아하수에로 왕의 왕후가 되다(에 2:17).

성경에서 표현하고 있듯이 풀무불 사건으로 다니엘의 세 친구 위상이 높아졌다(단 3:30). 마침 그때 메대 왕국에서 왕비를 뽑는다는 소식이 들려왔고 바벨론제국에서도 선발하여 보내는 과정에 갑자기 높아진 위상으로 에스더가 선발되었을 것으로 추정한다.

에스더가 127지방의 처녀들과 경쟁에서 왕비로 뽑힐 수 있었던 이유는 그녀의 뛰어난 용모와 성품, 그리고 이후에 나타날 이스라엘 백성을 위기에서 구원하기 위한 예비하심 때문이었을 것이다. 그러나 이러한 이유 외에 또 하나의 숨겨진 이야기는 바벨론제국은 메대왕국과 동맹 관계이며 사돈지간이라는 가산점 위에 왕비로 간택 받았을 것이다.

이를 뒷받침할 근거가 한 가지 있다. 모르드개는 에스더에게 종족과 민족을 말하지 말라고 하였다(에 2:20). 모르드개는 왜 에스더에게 종족과 민족을 말하지 말라고 하였을까? 만약 에스더가 메대왕국 127지방에서 뽑혀서 왔다면 그녀가 유대인이라는 것을 말하지 않아도 소문 또는 뒷조사를 통해 알았을 것이다. 그러나 하만은 모르드개가 신분을 밝힌 뒤에야 그들의 종족을 알았고, 그래서 모르드개만 아니라 유대민족을 모두 죽이려고 했던 것을 참조하면 하만을 비롯한 많은 이들이 모르드개와 에스더의 종족에 대해 몰랐을 것이다(에 3:4). 이러한 정황으로 봐도 에스더와 모르드개가 바벨론에 왔었다는 것을 증명하는 것이다. 그리고 모르드개가 종족과 민족을 밝히지 말라고 한 것은 에스더가 바벨론제국 대표로 온 것일 뿐 유대인이라고 밝히는 것이 도움이 되지 않기 때문에 말하지 말 것을 권했던 것으로 추정한다.

참고로, 메대왕국 내 이스라엘 백성들은 북이스라엘에서 끌려왔던 유대인들이다. 이에 대해 역사를 좀 더 거슬러 올라갈 할 필요가 있다. 이들은 북이스라엘 멸망 시 앗수르에 이미 끌려왔던 사람이다. 이들을 다시 메대왕국과 바벨론제국 연합국에 의해 앗수르가 멸망하자 다시 메대왕국에 속해 있던 자들이다.

- B.C. 722년, 앗수르 살만에셀에 의해 북이스라엘이 멸망했다.
  - 살만에셀의 이주 정책으로 북이스라엘 사람을 앗수르로 끌고 갔고 또한, 이방인들을

사마리아로 이주시키면서 사마리아 내에 혼혈 민족이 생겨 났다(왕하 17:23-41). 혼혈 민족이라는 이유로 예수님 당시 유대인들이 이들을 개처럼 취급하였고, 사마리아를 통과하지 않고 우회할 정도였다(요 4:1-9; 스 4:1-5; 느 4:1-2 참조).
- B.C. 612년, 메대왕국과 바벨론제국 연합국에 의해 앗수르가 멸망했다.
- B.C. 550년, 바사제국 고레스에 의해 메대왕국이 멸망했다.
- B.C. 539년, 바사제국 고레스에 의해 바벨론제국이 멸망했고, 예루살렘으로 귀환하라는 조서가 공포되었다(스 1장).

5.2.4. 모르드개는 문지기의 후손이다.

다니엘과 세 친구, 그리고 에스겔은 그들의 족보가 없거나 상세하고 기록하고 있지 않지만 모르드개는 아주 상세히 설명하고 있는 것이 특징이다. 그는 베냐민 자손으로 기스의 증손이고 시므이의 손자이며 야일의 아들이라고 소개하고 있다(에 2:5). 모르드개가 수산궁에서 문지기로 있었던 것을 생각해 본다면(에 2:19-21), 그와 그의 부친의 직업이 남유다에서 문지기였을 가능성이 크다. 그 이유는 바벨론 느부갓네살 왕이 남유다를 1차 침략 시에는 다니엘과 같은 왕족 또는 귀족들을 포로로 끌고 왔지만(단 1:1-4), 2차 침략 때는 왕의 신하, 지도자, 용사, 장인 등 지도자급을 끌고 왔다(왕하 24:8-17). 따라서 모르드개가 여고냐와 함께 바벨론 2차 포로로 끌려왔다고 기록하고 있으므로(에 2:6) 모르드개도 지도자급에 해당하는 직무를 맡았을 것이며, 그가 수산궁에서 문지기였던 것을 생각하면 남유다에서도 동일한 직무를 수행하였을 것으로 추정할 수 있다.

참고로, 바벨론 느부갓네살 왕이 남유다를 침략하러 왔을 때(바벨론이 남유다에 공격하러 왔다가 애굽에서 남유다를 도와주러 온다고 하여 바벨론이 잠시 예루살렘을 비웠을 때) 예레미야가 개인적인 일로 베냐민 땅에 방문하였다. 이때 예레미야는 베냐민 땅의 문지기인 하나냐의 손자인 이리야에게 붙잡혀 곤욕을 치른 적이 있다는 기록이 있다(렘 37:11-15). 여기서 주목할 점은 예레미야가 '베냐민 문'의 문지기인 이리야에게 붙잡혔다는 것이다. 물론 모르드개가 베냐민의 자손으로서 베냐민 땅에 거하였는지 베냐민 땅의 문지기였는지는 성경에 기록하고 있지는 않지만 다만 모르드개가 수산궁에서 문지기 업무를 수행하였고, 2차 포로로 끌려왔던 점을 고려하면 그와 그의 부친이 문지기였을 것으로 추정할 수 있다.

- B.C. 598년, 여고냐(여호야긴) 왕은 바벨론 2차 포로로 끌려갔다(왕하 24:12-13).
- B.C. 578년, 아하수에로 왕이 에스더를 왕후로 맞이했다(에 2:6).
※ 여고냐가 2차 포로로 끌려온 시기로부터 저자가 추정하는 에스더가 왕비가 되는 기간까지 20년의 차이가 발생하고 있다(표 8. 참조).

5.2.5. 에스더의 본명은 '하닷사'이다(에 2:7)

에스더의 본명은 '하닷사'인데, 이 이름은 상록 관목수이며 화석류나무50) '도금양51)'이란 뜻이 있으며, 「미드라쉬 입문」에서는 하닷사에 대해서 "향기가 달고 맛이 쓴 은매화52)"의 비유를 들어 표현하였다.

[그림 17] 은매화 (픽사베이)

에스더란 이름은 메대(메디아) 언어로 '은매화(myrtle tree)'를 뜻하는 'astra'에서 유래되었다는 것과 바사(페르시아) 언어로 '별'을 뜻하는 'setareh'에서 온 것으로 추론하고 있다(위키백과 출처). 아무래도 전자인 'astra'에서 왔다고 보는 것이 설득력이 있다. 왜냐하면 '하닷사'의 이름이 '도금양 또는 은매화'이기에 그 이름의 뜻으로 메대왕국의 언어로 번역하였을 가능성이 크기 때문

---

50) 화석류나무 : 광엽성 상록 관목으로 나뭇가지는 초막절에 세우는 장막의 지붕을 덮는데 사용되었다(느 8:14-15). 팔레스타인이나 수리아, 지중해 연안에서 흔히 볼 수 있는 이 나무는 이사야서에서 종말적인 회복의 상징으로 언급되며(사 41:19; 55:13), 스가랴 선지자의 환상 가운데도 나타난다(슥 1:8-11). (출처 : 「라이프성경사전」, 생명의 말씀사, 2006).

51) 도금양 : 도금랑나무, 도금양나무라고 하며, 높이는 2m정도 자라며, 꽃은 6월에 피고, 꽃잎은 5장으로 둥글고, 꽃받침조각도 5장이다. 그리고 연한 홍자색을 띤다(출처 : 두산백과).

52) 향기가 달고 맛이 쓴 은매화 : 「미드라쉬 입문」, 귄터 스템베르거, 이수민옮김, 바오로딸출판사, p208.

이다. 그리고 현재 에스더와 모르드개의 무덤이 '이란 중서부 하마단 주(이란의 수도 테헤란에서 약 400km 정도 떨어져 있다)'에 있는데 이곳은 고대 메디아의 수도[53]이다. 따라서 그들의 무덤이 있는 것으로 보건대 그들의 주 무대는 바사제국(아르다크세르크세 2세가 통치하였던 곳)이 아닌 메대왕국이었음을 증명하고 있다. 그리고 아하수에로 왕이 전국 127지방의 처녀들을 불러 모은 장소가 '도성 수산'이라고 기록하고 있다(에 2:3).

6. 결론

오늘날 우리가 알고 있거나 역사 또는 학계에서 분류하고 있는 것처럼 에스더서의 시대적 배경을 바사제국(페르시아제국)의 '크세르크세스 1세'로 보기에는 역사적인 사건과 모르드개와 에스더의 나이 등을 고려하면 성경과 배치되는 결과로 설득력이 떨어진다. 하지만 모르드개가 여고냐와 함께 끌려왔다는 성경 기록을 근거로 위에서 정리한 바와 같이(5. 참조) '메대왕국의 아스티아게스'로 보는 것이 더 설득력이 있다. 그리고 이에 따른 연도별 사건 내용은 아래와 같다.

[표 8] 새롭게 정리한 연대기와 주요 내용

BC	왕 (남유다/바벨론/메대/바사)		나이	주요 내용
629	(유)요시야제	11년		• (추정) 메대 왕국 아스티아게스 출생.
625	(메)키악시레스1세	원년		
612	(유)요시야 (메)키악시레스1세	제28년 제13년		• 앗시리아 멸망(메대와 바벨론 동맹). ★ 참고 : 키악시레스 1세의 딸(아미티스)과 느부갓네살 정략결혼(참고 : 공중정원 건립 배경).
609	(유)요시야 (유)여호아하스 (유)여호야김 (메)키악시레스1세	제31년 3개월 원년 제16년		• 갈그미스 전투(1) : 애굽(승) VS 남유다(패) → 요시야 죽다(대하 35:23; 왕하 23:29). • 여호아하스 애굽으로 끌려가고, 여호야김이 왕위에 올랐다(대하 36:4; 왕하 23:34).

---

53) 고대 메디아의 수도 : 하마단 주(출처 : 두산백과).

연도	왕 연대		비고
606	(유)여호야김 제3년 (벨)느부갓네살 원년 직전연도 (메)키악사레스1세 제19년		• 여호야김 제3년, 느부갓네살 예루살렘 성 포위(단 1:1-3). ✓ 왕족과 귀족들이 바벨론 포로로 끌려갔다(다니엘과 세 친구, 1차 포로). ✓ (추정) 다니엘 나이를 17세로 한다(요셉과 비교하여 추정). ✓ 성전 기구 중 일부가 바벨론으로 옮겨졌다(단 1:2).
605	(유)여호야김 제4년 (벨)느부갓네살 원년 (메)키악사레스1세 제20년		• 갈그미스 전투(2) : 바벨론(승) VS 애굽(패), (여호야김 제4년, 렘 46:2). • 여호야김 제4년 = 느부갓네살 원년(렘 25:1). • 예레미야 사역 23년째 해(렘 25:1-3). • 다니엘 공부 1년 차.
603	(유)여호야김 제6년 (벨)느부갓네살 제2년 (메)키악사레스1세 제22년	24	• 다니엘 공부 3년 차(단 1:4). • 느부갓네살 왕의 첫 꿈(금 신상, 단 2장) : 왕이 다스린 지 2년째 되는 해. • 다니엘이 총리가 되고, 세 친구는 지방 관료 되다(단 2장).
602	(유)여호야김 제7년 (벨)느부갓네살 제3년 (메)키악사레스1세 제23년	25	• 여호야김 왕이 바벨론을 배반하였다(왕하 24:1). ✓ 여호야김 왕이 3년간 바벨론 섬겼으나 그 이후(곧 4년 차 또는 다니엘이 총리가 된 이후)에 바벨론 왕을 배반하였다. ✓ 남유다 왕이 바뀌지 않은 것으로 보아 여호야김 왕은 바벨론에 끌려가지 않았다. ✓ 여호야김 왕의 배반으로 다니엘이 총리직에서 파직당했을 수도 있다(추정).
598	(유)여호야김 제11년 (유)여호야긴 3개월 (벨)느부갓네살 제7년 (메)키악사레스1세 제27년	31	• 2차 포로(3,023명, 렘 52:28). • 여호야김 왕 포로로 끌려갔다(대하 36:6). • 여호야긴 왕과 그의 어머니, 신복, 지도자, 대장장이, 용사 등 약 18,000명을 사로잡아 갔다(왕하 24:12-13) → 느부갓네살 제8년이라고 기록하고 있지만, 연대기를 계산할 때 맞지 않아 조정함(7년에 진짜 사로잡히고 그 이듬해 느부갓네살 왕에게 나아 간 것이다). • 에스겔(겔 1:1; 33:21), 모르드개 등(에 2:5-7).
597	(유)시드기야 원년 (벨)느부갓네살 제8년 (메)키악사레스1세 제28년	32	• 성전 보물과 금 그릇을 파괴하였다(왕하 24:13).
593	(유)시드기야 제4년 (벨)느부갓네살 제12년 (메)키악사레스1세 제32년	36	• 에스겔(30세)은 선지자로 부름 받음(여호야긴 왕이 사로잡힌 지 5년, 겔 1:1-2).
588	(유)시드기야 제9년 (벨)느부갓네살 제18년 (메)키악사레스1세 제38년	41	• 3차 침략(예루살렘 성 포위 시작, 토성 쌓다, 렘 52:4). ✓ 3년간 포위함(시드기야 9년~11년까지).
587	(유)시드기야 제10년 (벨)느부갓네살 제18년 (메)키악사레스1세 제38년	42	• 3차 포로 832명(렘 52:29).
586	(유)시드기야 제11년 (벨)느부갓네살 제19년 (메)키악사레스1세 제39년	43	• 3차 침략과 남유다 멸망. ✓ 성중에 기근 발생과 양식이 떨어졌다(렘 52:6). ✓ 성전과 왕궁과 성벽이 파괴되었다(렘 52:5-6, 12-14).

585	(메)키악사레스1세 (메)아스티아게스	제40년 원년	44	• 아스티아게스가 메대 왕국의 왕위에 오르다.
582	(벨)느부갓네살 (메)아스티아게스	제23년 제3년	47	• 4차 침략(4차 포로, 745명, 렘 52:30). ✓ 바벨론 왕이 팔레스타인과 이집트 원정 중이었다(렘 52:20; 　겔 29:1-6). ✓ 바룩은 이때 포로로 잡혀 와서 바룩서(외경)를 기록했다(바룩 1:2). ✓ 메대 왕국 아하수에로의 180일간의 잔치(에 1장). ✓ 메대 아하수에로 왕은 와스디 왕후를 폐위시켰다(에 1장).
580	(벨)느부갓네살 (메)아스티아게스 (바)캄비세스1세	제25년 제5년 원년	49	• 금 신상을 두라 평지에 세우고 낙성식을 열다(단 3장). ✓ 다니엘의 세 친구(사드락, 메삭, 아벳느고)가 풀무불에 　던져졌다.
578	(벨)느부갓네살 (메)아스티아게스 (바)캄비세스1세	제27년 제7년 제2년	51	• 아하수에로 왕이 에스더를 왕후로 맞이했다(에 2:6)
573	(벨)느부갓네살 (메)아스티아게스 (바)캄비세스1세	제32년 제12년 제7년	56	• 부림절의 기원이 되는 사건이 발생했다(에 8-9장).
571	(벨)느부갓네살 (메)아스티아게스 (바)캄비세스1세	제34년 제14년 제9년	58	• 느부갓네살 왕의 두 번째 꿈(광인, 단 4장).
570	(벨)느부갓네살 (벨사살 왕 원년) (메)아스티아게스 (바)캄비세스1세	제35년 제15년 제10년	59	• 느부갓네살 왕 광인 되다(단 4장). • 벨사살 왕이 왕위에 오르다(벨사살 왕 원년). ✓ 다니엘 환상(1) (4짐승, 벨사살 왕 원년, 단 7장).
568	(벨)느부갓네살 (벨사살 왕 제3년) (메)아스티아게스 (바)캄비세스1세	제78년 제17년 제12년	61	• 키루스 2세(고레스)는 외할아버지 나라(메대)에 　있었다(키로파에디아, 참고). ✓ 키루스 2세가 12세 때, 모친과 함께 외할아버지인 　아스티아게스를 방문하였다. • 느부갓네살 광인 2년.
567	(벨)느부갓네살 (벨사살 왕 제2년) (메)아스티아게스 (바)캄비세스1세	제38년 제18년 제13년	62	• 다니엘 환상(2) (숫양과 숫염소, 벨사살 왕 제3년, 단 8장). • 벨사살 왕의 잔치(제3년, 큰 잔치, 단 5장). ✓ 다리오 왕이 갈대아 나라를 얻었다(단 5:31). • 다니엘의 회개 및 환상(3) (70이레 예언, 단 9장). ✓ 다리오가 세움을 받은 첫해 = 통치 원년. • 광인 3년차 = 벨사살 왕 제3년 = 다리오 통치 원년.
566	(벨)느부갓네살 (벨사살왕 제3년 & 죽음) (메)아스티아게스 (바)캄비세스1세	제39년 제19년 제14년	63	• 다니엘이 사자 굴에 들어가다(단 6장). • 느부갓네살 광인 4년 차 = 다리오 왕 제1년.
563	(벨)느부갓네살 (메)아스티아게스 (바)캄비세스1세	제42년 제22년 제17년	66	• 광인 7년 & 회복 & 조서(단 4장 여호야긴 왕이 감옥에서 　풀려나는 원인).
562	(벨)느부갓네살 (메)아스티아게스 (바)캄비세스1세	제43년 제23년 제18년	67	• 느부갓네살 왕의 죽음.

561	(벨)에윌므로닥 (메)아스티아게스 (바)캄비세스1세	원년 제24년 제19년	68	• 에윌므로닥 즉위년. • 여호야긴 왕이 사로잡힌 지 37년 만에 감옥에서 풀려났다(렘 52:31). ✓ 느부갓네살 왕 제7년으로부터 37년은 B.C. 561년이다(렘 52:31).
559	(벨)네리글릿사르 (메)아스티아게스 (바)키루스2세	제1년 제26년 원년	70 21	• 키루스 2세(고레스)가 바사 왕위에 올랐다.
550	(벨)나보니두스 (벨사살 원년, 섭정왕) (메)아스티아게스 (바)키루스2세	제6년 제35년 제9년	79 30	• 메대 왕국 멸망(키루스 2세에 의하여 멸망했다). • 벨사살 왕이 바벨론 왕위에 올랐다. 이때부터 그의 부친 나보니두스와 함께 섭정왕으로 있었다.
539	(벨)나보니두스 (벨사살 제11년, 섭정왕) (바)키루스2세 (고레스왕 원년)	제17년 제20년	41	• 바벨론 멸망. • 고레스의 귀환 명령(성전 재건 명령, 스 1:1-2). ✓ 1차 귀환(세스바살, 스룹바벨, 여호수아)
536	(바)키루스2세 (고레스 제3년)	제23년	44	• 다니엘의 환상(4) (큰 전쟁, 단 10-12장). ✓ 다니엘이 바사 왕국의 힛데겔(티크리스 강)에서 환상을 보았다(단 10:4). ✓ 3이레 슬퍼함 & 바사왕국의 군주가 21일 동안 막음. ✓ 남방 왕과 북방 왕 사이의 전쟁(단 11장). ✓ 마지막 때의 예언(단 12장). • 성전건축 시작(성전 기초석을 놓다, 스 3:8-11).

* (유) 남유다 / (메) 메대 / (바)(바사) / (벨) 바벨론
* 나이 : 아스티아게스와 키루스 2세 나이

7. 추가 변론

한편, 독자들도 역사서 가운데에 왜 에스더서가 삽입되었는지(모르드개와 에스더의 인물이 등장하는 이유)를 생각해 보았으면 한다. 남유다가 멸망된 이후 하만의 계략에 의해 유대인들이 진멸될 위기에 놓인 적이 있었는데 이때 모르드개와 에스더를 통해 진멸되지 아니하고 구원을 얻게 되어 그 이후부터 유대인들이 지키는 절기 가운데 하나가 된 '부림절' 사건이다. 성경 66권 가운데 부림절 사건을 알려주기 위하여 에스더가 역사서에 포함된 것이 그 이유의 전부가 아니라는 것이다. 이외에 다른 목적이 있다고 저자는 생각하고 있다.

저자가 생각하는 다른 목적은 크게 두 가지로 생각한다.

첫째, 북이스라엘 백성들을 보호하고 그들을 다시 이스라엘 땅으로 돌려보내기 위하여 하만의 모략으로 유대인들이 진멸되지 않도록 일단 보호하는 것이었고, 후에 있을 고레스의 귀환 명령에 따라 귀환하게 하여 하나님께서 약속하신 것이 이루어졌음을 알려주기 위함이다.

북이스라엘은 앗수르의 살만에셀(아시리아)에 의하여 B.C. 722년 멸망하였고, 앗수르는 B.C. 612년 메대(메디아)가 이끈 연합군(바사와 바벨론)에 의하여 멸망했다. 북이스라엘 멸망 시 앗수르의 이주 정책으로 사마리아(북이스라엘) 땅에 외국인이 유입되면서 혼혈아가 생겨 정통 유대인들로부터 미움을 받는 계기가 되었지만(왕하 17:24; 요 4:9),[54] 북이스라엘에 머물러 있던 자들 또한 앗수르로 포로로 끌려갔다(왕하 17:5-6,28; 대상 5:26).[55] 그 이후 앗수르의 멸망으로 메대왕국에 속한 자들이 되었다. 그러한 가운데 하만의 계략으로 북이스라엘에서 왔던 유대인들이 몰살될 위기에 직면하자 하나님께서 이들을 보호하며 다시 이스라엘 땅으로 되돌려 보내기 위하여 모르드개와 에스더를 통해 일하셨던 것이며 이 일은 예레미야를 통해 말씀하신 약속을 이루기 위한 것이었다(렘 23:1-3; 30:3; 32:37). 따라서 하나님께서는 당신이 하신 약속을 이루었다는 것을 그의 백성들이 알 수 있도록 역사서에 에스더서가 기록되게 하신 것이다.

---

54) 에스라는 바벨론에서 포로 귀환한 자들 가운데 이방 여인들과 결혼한 제사장과 레위인이 있는 것과 특히 이 일에 방백과 고관들이 으뜸이었다는 것을 통회하며 회개하는 가운데 이방 여인을 내쫓는 것을 결의하며 인구조사를 한 바 있고(스 9:1-3; 10:17). 느헤미야는 이방 여자와 결혼한 제사장이 직임을 맡지 못하도록 쫓아내었다. 대표적으로는 성벽공사 시 양문을 건축하였던 대제사장이었던 엘리아십의 손자 요나단이 이방 여인과 결혼하여 제사장 직분에서 쫓겨났다(느 10:10-12; 13:28). 이 일들이 계기가 되었는지 모르겠지만, 유대인들은 사마리아 사람들과 상종하지 않기 위하여 사마리아를 통과하지 않고 우회하여 다녔었다. 그런데 예수님은 이들에게 복음을 전하기 위하여 사마리아를 통과하겠다 하시며 그곳에서 사마리아 여인을 만나 천국 복음을 전하였다. 그때 당시 유대인은 사마리아인과 상종하지 않는다고 기록하고 있다(요 4:3-9,).

55) 앗수르 왕 살만에셀이 B.C. 722년(북이스라엘 호세아 왕 제9년) 사마리아를 점령하고 북이스라엘 사람을 앗수르로 끌어다가 고산 강가에 있는 할라와 하볼과 메대 사람의 여러 고을에 두었다(왕하 17:5-6). 그리고 이보다 앞선 B.C. 743년 앗수르의 디글랏빌레셀 3세('불' 이라고도 불림)가 르우벤과 갓과 므낫세 반 지파를 사로잡아 할라와 하볼과 하라와 고산 강가에 옮긴 적이 있다(대상 5:26).

- "여호와의 말씀이니라 내 목장의 양 떼를 멸하며 흩어지게 하는 목자에게 화 있으리라 그러므로 이스라엘의 하나님 여호와께서 내 백성을 기르는 목자에게 이와 같이 말씀하시니라 너희가 내 양 떼를 흩으며 그것을 몰아내고 돌보지 아니하였도다 보라 내가 너희의 악행 때문에 너희에게 보응하리라 여호와의 말씀이니라 내가 내 양 떼의 남은 것을 그 몰려 갔던 모든 지방에서 모아 다시 그 우리로 돌아오게 하리니 그들의 생육이 번성할 것이며(렘 23:1-3)".
- "여호와의 말씀이니라 보라 내가 내 백성 이스라엘과 유다의 포로를 돌아가게 할 날이 오리니 내가 그들을 그 조상들에게 준 땅으로 돌아오게 할 것이니 그들이 그 땅을 차지하리라 여호와께서 말씀하시니라(렘 30:3)".
- "보라 내가 노여움과 분함과 큰 분노로 그들을 쫓아 보내었던 모든 지방에서 그들을 모아들여 이 곳으로 돌아오게 하여 안전히 살게 할 것이라(렘 32:37)".

둘째, 에스더는 아스티아게스의 왕비가 된 이후 부림절 사건과 연결이 되고, 에스더를 왕비로 맞이한 아스티아게스는 갈대아 나라를 얻으며 바벨론을 통치하면서 다니엘과 연결되며(PART 2. 참조), 다시 에스더와 아스티아게스는 바사의 고레스 왕(키루스 2세)과 연결되는 구조로 되어있다. 이 이야기는 곧 바벨론 멸망 시 포로로 잡혀 온 유대인들을 귀환하게 한 인물이 바로 '고레스'인데, 그에게 영향을 준 인물 중 한 명이 바로 에스더라는 것과 그가 영향을 받은 시점이 어느 때부터인가를 알려주고 있다는 것이다.

이에 대하여 좀 더 부연 설명하자면, 남유다 멸망하기 전, 여호와께서는 남유다 왕과 백성들에게 바벨론에 포로로 잡혀갈 것이지만 '내가 보호할 것이라고 하셨고, 다시 그들을 모아서 예루살렘으로 보낼 것이라는 약속'을 여러 차례에 걸쳐 말씀하셨다(렘 23:3; 24:5-6; 29:10,14; 30:3,18; 32:37). 여호와께서는 이 약속을 지키기 위하여 '에스더'가 메대왕국의 아하수에로의 왕비가 되도록 이끄셨다. 아하수에로 왕(아스티아게스)은 바사제국으로 시집보낸 딸(만데인)과 손자 고레스(키루스 2세)를 메대왕국으로 불러들인 적이 있었는데, 그때 에스더는 그를 양아들로 여겼다고 한다. 크세노폰이 지은 「키루스의 교육」[56] 제 1권 키루스의 소년 시절을 참조하면 키루스 2세의 어린 시절 외할아버지 아스티아게스와 대화하고 사냥하고 교육하는 장면들을 기록하고 있다.

고레스는 유다 자손들을 다시 예루살렘으로 돌아갈 수 있게 만든 인물로서 성경에서는 그를 '기름 부음을 받은 고레스' 라고도 부르고 있다(사 44:28-45:1). 이는 고레스가 이스라엘 백성에게 있어서 구원자의 의미를 내포하고 있다. 고레스에 대하여 예언한 이사야 선지자는 B.C. 739-680년경 사역을 하였는데 남유다가 멸망하기 전(곧 예루살렘 성전이 파괴되기 전)에 이미 성전이 파괴될 것을 예언하였고, 이후 고레스를 통해 예루살렘이 중건되고 기초가 놓일 것이라고 예언을 하였다(사 44:28-45:1). 그로부터 약 100년 정도 이를 때에 실제로 B.C. 586년경 예루살렘 성전이 파괴되었고(렘 52:12-14; 왕하 25:8-10; 대하 36:19), 고레스 원년 예루살렘 성전을 건축하라는 명령(대하 36:22-23; 스 1:1-4)이 실행되므로 그 예언이 성취되었다. 고레스는 바벨론 정복 후 예레미야의 말씀과 다니엘을 통해 알게 된 자신의 이름이 이미 100년 전부터 기록되어 있다는 사실에 놀라며 하나님의 섭리 앞에 그는 무릎 꿇을 수밖에 없었을 것이다(사 44:28-45:1; 대하 36:22-23; 단 6:28). 고레스는 족보상 외할머니이며 자신을 양아들로 삼았던 분이 에스더인 것도 우연이 아닌 하나님의 섭리로 이루어졌음을 알았을 것이다.

또한, 바벨론 멸망 시 예레미야의 책을 가지고 있던 다니엘을 만나서 직간접적으로 접했을 가능성도 있다(단 9:2; 대하 36:22). 그래서 고레스(키루스 2세)는 바벨론을 멸망시킨 이후 포로로 잡혀 온 유다 백성들이 예루살렘으로 귀환하여 성전을 다시 중건할 수 있도록 조서를 썼던 것이고, 이에 필요한 재정과 지원을 아끼지 않는 모습을 보였다.

---

56) 「키루스의 교육」 : 한길사, 크세노폰 지음, 2005 & 「키로파에디아」, 키루스의 교육, 김영사, 2018.

따라서 에스더는 아스티아게스 왕의 왕비가 된 이후 부림절로 유대인들을 진멸되지 않도록 보호하고, 아스티아게스가 바벨론제국에서 왕으로 세움을 받았을 때 다니엘이란 인물을 중용 및 신뢰할 수 있도록 연결고리가 되게 하며, 그의 족보상 외손주인 고레스에게 영향을 끼쳐 바벨론 멸망 시 유대인들을 귀환할 수 있도록 영향을 미쳤을 것이다.

즉, 위와 같은 이유로 에스더서가 역사서에 포함되었던 것으로 보이며 다니엘서와 같이 성경의 다른 부분들과도 연결고리 역할을 하고 있다. 따라서 다니엘서를 이해하기 위해서는 역사서(열왕기서, 역대서, 에스라서, 느헤미야서)와 선지서(예레미야서, 에스겔서, 학개서, 스가랴서)도 읽어야 하지만 이와 함께 에스더서도 같이 읽어야만 동시대를 이해할 수 있는 것이다.

이러한 성경 구조는 출애굽 한 이스라엘 백성 사이에 있었던 양상과 비슷한 모습을 보인다. 이스라엘 백성이 애굽에서 종노릇 하고 있었을 때 여호와 하나님은 모세라는 위대한 지도자를 보내어 구출하도록 하게 하신다(출애굽기 참조). 출애굽기를 보면 모세의 출생과정이 기록되어 있다. 이와 마찬가지로 바벨론에 끌려간 이스라엘 백성을 구원하기 위하여 여호와 하나님께서는 고레스를 통해 이스라엘 백성들을 예루살렘으로 귀환하게 하는 데 있어서 이 일의 시작은 아스티아게스와 에스더로부터였음을 알려 주고 있다.

그러므로 에스더서가 결코 우연히 역사서에 포함된 것이 아니라 앗수르와 메대왕국에 끌려왔던 북이스라엘 백성과 바벨론으로 끌려온 남유다 백성을 다시 예루살렘으로 돌아가게 하려고, 이것은 마치 애굽에 있던 이스라엘 백성을 가나안으로 이끌었던 것과 비슷한 과정으로 인도하신다는 것을 알려주기 위해 에스더서가 성경에 포함된 것이며 이 일은 하나님의 약속을 이루기 위함이기도 한다.

• "여호와의 말씀이 또 내게 임하여 이르시되 인자야 너는 막대기 하나를 가져다가 그 위에 유다와 그 짝 이스라엘 자손이라 쓰고 또 다른 막대기 하나를 가지고 그 위에 에브라임의 막대기 곧 요셉과 그 짝 이스라엘 온 족속이라 쓰고 그 막대기들을 서로 합하여 하나가 되게 하라 네 손에서 둘이 하나가 되리라 네 민족이 네게 말하여 이르기를 이것이 무슨 뜻인지 우리에게 말하지 아니하겠느냐 하거든 너는 곧 이르기를 주 여호와께서 이같이 말씀하시기를 내가 에브라임의 손에 있는 바 요셉과 그 짝 이스라엘 지파들의 막대기를 가져다가 유다의 막대기에 붙여서 한 막대기가 되게 한즉 내 손에서 하나가 되리라 하셨다 하고 너는 그 글 쓴 막대기들을 무리의 눈 앞에서 손에 잡고 그들에게 이르기를 주 여호와께서 이같이 말씀하시기를 내가 이스라엘 자손을 잡혀 간 여러 나라에서 인도하며 그 사방에서 모아서 그 고국 땅으로 돌아가게 하고 그 땅 이스라엘 모든 산에서 그들이 한 나라를 이루어서 한 임금이 모두 다스리게 하리니 그들이 다시는 두 민족이 되지 아니하며 두 나라로 나누이지 아니할지라(겔 37:15-22)".

결국, 위에서 정의하고 있는 바와 같이 모르드개는 '크세르크세스 1세'가 통치했던 시기가 아닌 '아스티아게스 왕'이 통치한 시기에 있었던 인물이라는 것이다.

p96. [표 7] 에스더서에 기록된 왕
p105. [표 8] 새롭게 정리한 연대기와 주요 내용

p98. [그림 15] 벨사살 왕의 가계도
p99. [그림 16] 바빌로니아의 공중정원(위키피디아).
p104. [그림 17] 은매화(픽사베이).

참고 문헌.

「마라톤 BC 490」, 니콜라스 센쿤다 지음. 정은비 옮김, 플레닛미디어, 2007.
「신구약중간사」, 찰스 F. 파이퍼, 조병수 옮김, 한국기독교 교육연구원, 1982.
「신구약중간사」, 통독원, 조병호, 2014.
「역사」 헤로도토스, 숲, 9권 107-115번.
요세푸스 제11권 제6장 1번 : 「요세푸스Ⅱ」, 생명의말씀사, 2019.
「포로기와 회복기와 역사의 조화」, 성경과학연구소(가출판), 유진 폴스티히 저, 2020.
「미드라쉬 입문」, 귄터 스템베르거, 이수민 옮김, 바오로딸출판사.
「키루스의 교육」, 한길사, 크세노폰 지음, 2005.
「키로파에디아」 키루스의 교육, 김영란. 2018.

주제어, KEYWORD.

에스더서, 에스더, 하닷사, 모르드개, 아하수에로, 크세르크세스, 와스디 아스티아게스, 요세푸스.

Esther, Hadassah, Mordecai, Xerxes, **Astiages**, Vashti, **Flavius Josephus**.

4

에스더와 느헤미야와 학개 선지자는 동시대 인물이었다?

바벨론제국이 멸망한 이후 바사의 고레스 왕의 귀환 명령에 따라 귀환하게 된 유대인들의 귀환 과정(1차~3차 귀환)에서 시대적으로 분류하고 있는 것과는 다르게 다수의 동일 이름들이 등장하고 있다. 이러한 동일 이름들이 반복해서 나타나는 현상이 단순히 역사적으로 반복되는 것인지 아니면 우리가 분류하고 있는 시대에 있어서 착오가 있었던 것이 아닌지를 밝혀주며 이 결과가 다니엘서에서 가장 큰 비밀 중의 하나인 '70이레'를 푸는 데 어떤 도움을 줄 수 있는지를 알아보는 연구이다.

[목 차]

1. 배경
2. 연구 목적
3. 문제 제기
   3.1. 역사서와 소 선지서 연대순 정리(현재 학설, 그림 18. 참조)
   3.2. 현재 학설의 모순(역사서와 소 선지서의 연대기 모순)
      3.2.1. 여호수아의 나이를 추정할 때 나타나는 모순
      3.2.2. 에스라의 나이를 추정할 때 나타나는 모순
      3.2.3. 위 두 인물을 통한 모순에 대한 정리
   3.3. 문제 제기 이유
4. 성경 본문 연구
   4.1. 설명
   4.2. 성경 본문 검토 : 역사서와 소 선지서에 공통된 이름이 있다
      4.2.1. 학개서와 스가랴서에 기록된 인물 : 스룹바벨과 여호수아
      4.2.2. 에스라서에 기록된 인물(1) : 스룹바벨과 여호수아(예수아)와 느헤미야
      4.2.3. 에스라서에 기록된 인물(2) : 여호사닥의 아들 여호수아(예수아)와 에스라
      4.2.4. 느헤미야서에 기록된 인물 : 에스라 그리고 귀환자 명단
5. 동시대 인물로 볼 수밖에 없는 견해 : 학개, 스가랴, 에스라, 느헤미야는 동시대 인물이다
   5.1. 학개 선지자는 스가랴 선지자와 동시대 인물이다(1차 귀환자들)
   5.2. 에스라는 학개와 스가랴 선지자와 동시대 인물이다(1 · 2차 귀환자들)
      5.2.1. 에스라서에 기록된 주요 내용
      5.2.2. 에스라와 학개 · 스가랴 선지자와의 공통분모
   5.3. 느헤미야는 에스라와 동시대 인물이다
      5.3.1. 느헤미야서에 기록된 주요 내용
      5.3.2. 느헤미야와 에스라의 공통분모
   5.4. 1차 귀환 시의 제사장과 느헤미야 때의 제사장 가운데 동일 인물이 있다
      5.4.1. 제사장과 인원
      5.4.2. 1차 귀환 때의 제사장들(느 12:1-7).
      5.4.3. 느헤미야 때의 제사장들(느 10:1-8; 12:1-7)
         5.4.3.1. 인봉했을 때 누락된 세 명은 에스라와 엘리아십과 엘리아십의 자녀 중 한 명이다

         5.4.3.2. 요야김 때 누락된 다섯 명은 엘리아십, 요하난, 스가랴, 엘리아김,
              요야김이다
         5.4.4. 느헤미야서에서 기록된 동시대 제사장들
    5.5. 에스라와 엘리아십의 가계도 비교(느 12:22-26; 대상 6:14-15)
6. 동시대의 인물로 봤을 때의 연대기
7. 검증 : 의문점 해결하기(메대와 바사의 왕의 기준으로 봤을 때도 동시대의 인물
    인가?)
   7.1. 역사 배경 이해
   7.2. 왕의 이름에 대한 이해
   7.3. 성경에 기록된 왕들의 이름을 찾아주기
         7.3.1. 다니엘서에 기록된 메대·바사 왕들
         7.3.2. 학개서와 스가랴서를 통해서 본 바사 왕들
         7.3.3. 에스라서와 느헤미야서를 통해서 본 바사제국의 왕들
         7.3.4. 에스더서를 통해서 본 '아하수에로 왕'의 이름
         7.3.5. 정리
8. 결론

1. 배경

다니엘 이후 나타난 중요한 인물들 가운데 대표적으로 에스라, 느헤미야, 에스더와 모르드개, 학개, 스가랴 선지자들이 있다. 이들은 남유다 멸망하기 전부터 바벨론제국 멸망 이후까지 등장한 인물이라는 공통점이 있다. 바벨론제국이 멸망한 이후 유대인들은 3차에 걸쳐 귀환하며 예루살렘 성전과 성벽을 건축하였는데, 현재 학설에 따르면 1차 귀환과 2차 귀환 사이에 약 81년이라고 하는 긴 시간을 두고 있다. 하지만 이렇게 오랜 시간이 지났음에도 불구하고 동일 이름들이 자주 나타나고 있다.

2. 연구 목적

현재 학설에 따르면, 유대인들은 바벨론제국이 멸망한 이후 예루살렘으로 귀환하기까지 오랜 기간을 두고 귀환하였다고 분석하고 있다. 하지만 성경을 고찰하여 보면 동일 인물들로 추정되는 이름들이 자주 등장하고 있다는 것과 몇몇 인물들의 나이를 추론하여 보면 그들의 나이가 매우 고령이라는 문제들이 도출되고 있다. 따라서 이러한 문제들을 성경과 역사적인 자료를 통해 시대적 분류를 재정립하고자 한다. 그리고 1차 귀환부터 3차 귀환까지의 시대적 재정립을 통해 다니엘서에서 알려주고 있는 '70이레' 기한을 푸는 데 어떤 영향을 끼치고 있는지를 살펴보고자 하는 연구이다.

3. 문제 제기

1차 귀환부터 3차 귀환까지의 귀환 사이에 있는 대표적인 인물들을 살펴보기 위하여 먼저, 현재 학설에서 분류하고 있는 귀환 연도를 연대순으로 정리하고, 다음으로는 그 귀환 시기에 대표적인 인물들의 나이 등을 언급하며 문제를 제기하고자 한다.

3.1. 역사서와 소 선지서 연대순 정리(현재 학설, 그림 18. 참조)

현재 우리가 알고 있는 상식(또는 현재 학설)으로 역사서와 소 선지서를 연도순으로 분류하면 아래와 같고, 1차 귀환부터 3차 귀환 후 성벽 완공까지의 기간은 총 107년이라는 아주 긴 시간이 소요된다.

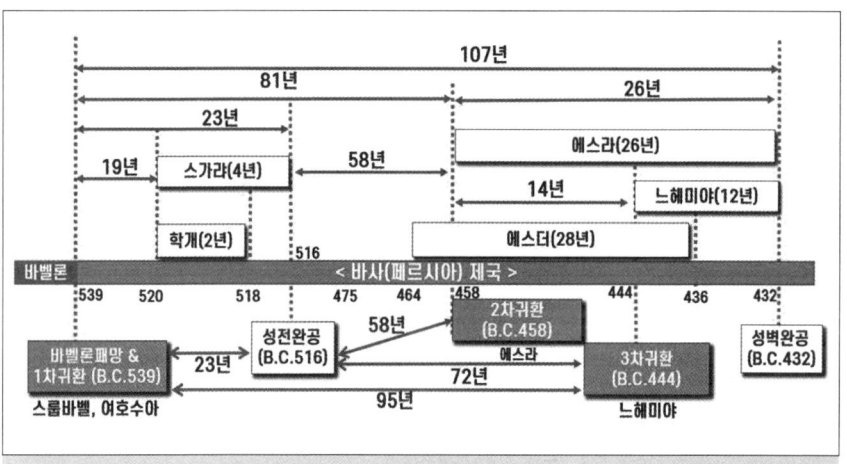

[그림 18] 소 선지서의 연대표(현재 학설) - 스가랴서: 1~8장까지의 연대(9장 이후의 연대는 제외)

- B.C. 539년, 1차 귀환(스룹바벨과 여호수아, 고레스 왕 원년, 스 1:1-2).
- B.C. 516년, 예루살렘 성전 완공(스 6:16-18).
- B.C. 458년, 2차 귀환(에스라, 아닥사스다 왕 제7년, 스 7:1-8).
- B.C. 444년, 3차 귀환(느헤미야, 아닥사스다 왕 제20년, 느 2:1-11).
- B.C. 432년, 예루살렘 성벽 완공(느 8:1-2).

그리고 남유다 멸망 이후에 발생한 주요한 사건들을 연대순으로 정리하면 아래와 같다.

[표 9] 남유다 포로기 이후 연대별 주요 사건(현재 학설)

BC	왕	특징	주요 내용
586	남유다(시드기야 왕) 바벨론(느부갓네살 왕)	남유다 멸망	• 남유다 멸망 및 예루살렘 성전 파괴(왕하 25:1-26; 대하 36:13-21; 렘 52:3-33). • 바벨론은 총 4차례(1차 606년, 2차 598~597년, 3차 588~586년, 4차 582년)에 걸쳐 남유다 사람들을 포로로 잡아갔으며, 남유다는 B.C. 586년에 멸망하였다((성전파괴와 왕권 폐지 및 총독제도 신설, 단 1:1-2; 렘 52:28-30).
539	고레스 왕(원년)	1차 귀환	• (바벨론을 멸망시킨) 바사의 고레스 왕(원년)이 조서를 내려 예루살렘 성전을 건축하라고 하였다(스 1:1-2). • 1차 귀환자 명단에 스룹바벨과 여호수아가 포함되었다(2:1-2).
536	고레스 왕(3년)	성전 기초석	• 1차 귀환자들이 예루살렘에 도착한 지 2년 2개월 후 공사가 시작되어 기초석을 놓았다(스 3:8-12). ✓ 기초석을 놓은 연도를 B.C 536년이라고 한 것은 바벨론에서 예루살렘으로 이동한 기간 고려하여 추론하였다.[57]
?~520	고레스 왕(?년) ~ 다리오 왕 제2년	공사중단	• 유다와 베나민의 대적자들에 의하여 성전공사는 아닥사스다 왕의 조서(초본)로 중단되었다(스 4:1,23-24).
520	다리오 왕 제2년	공사 재개	• 여호와의 영이 학개 및 스가랴 선지자에게 임하여 스룹바벨과 여호수아에게 중단된 성전건축을 재개할 것을 말씀하셨다(스 5:1-2; 학 1:1; 슥 4:9). ✓ 다리오 왕 제2년 여섯째 달 24일에 공사 시작(학 1:14-15).
516	다리오 왕 제6년	성전완공 및 봉헌식	• 다리오 왕 제6년 아달월 3일에 성전 일을 마쳤고 그 이후 성전 봉헌식이 있었다(스 6:16-18).
458	아닥사스다 왕 제7년	2차 귀환	• 에스라가 예루살렘으로 귀환한 시기이다(스 7:1-8).[58] ✓ 에스라의 족보.[59]
444	아닥사스다 왕 제20년	3차 귀환	• 느헤미야가 귀환하였다(느 2:1-11).
432	아닥사스다 왕 제32년	성벽건축	• 느헤미야가 성벽건축 완공한 이후 에스라에게 율법책을 읽도록 하였다(느 8:1-2).

---

57) 기초석을 … 고려하여 추론하였다 : 에스라가 바벨론에서 예루살렘으로 귀환할 때 4개월 걸렸다(스 7:9).

58) 에스라의 귀환 시기(스 7:6-8) : "이 에스라가 바벨론에서 올라왔으니 그는 이스라엘의 하나님 여호와께서 주신 모세의 율법에 익숙한 학자로서 그의 하나님 여호와의 도우심을 입음으로 왕에게 구하는 것은 다 받는 자이더니 아닥사스다 왕 제칠년에 이스라엘 자손과 제사장들과 레위 사람들과 노래하는 자들과 문지기들과 느디님 사람 중에 몇 사람이 예루살렘으로 올라올 때에 이 에스라가 올라왔으니 왕의 제칠년 다섯째 달이라(스 7:6-8)".

59) 에스라의 족보 : "바사 왕 아닥사스다가 왕위에 있을 때에 에스라라고 하는 자가 있으니라 그는 스라야의 아들이요 아사랴의 손자요 힐기야의 증손이요 살룸의 현손이요 사독의 오대 손이요 아히둡의 육대 손이요 아마랴의 칠대 손이요 아사랴의 팔대 손이요 므라욧의 구대 손이요 스라히야의 십대 손이요 웃시엘의 십일대 손이요 북기의 십이대 손이요 아비수아의 십삼대 손이요 비느하스의 십사대 손이요 엘르아살의 십오대 손이요 대제사장 아론의 십육대 손이라(스 7:1-5)".

3.2. 현재 학설의 모순(역사서와 소 선지서의 연대기 모순)

1차 귀환의 중심인물은 여호수아와 스룹바벨이고 2차 귀환의 중심인물은 에스라이다. 이 인물들 가운데 여호수아와 에스라는 모두 3차 귀환 때까지 있었던 대표적인 인물들이며 또한 숙부와 조카라는 특수 관계(친인척)라는 것이다. 그런데 이들의 나이를 추정하여 계산하게 되면, 현재 학설(바벨론으로 포로로 잡혀간 자들이 오랜 기간을 두고 귀환하였다)에 의해 시대적으로 분류하는 것 사이에 모순이 발견된다는 것이다. 그 모순된 내용에 대하여 아래와 같이 자세히 설명하고자 한다.

3.2.1. 여호수아의 나이를 추정할 때 나타나는 모순

바벨론제국이 멸망한 이후 고레스의 귀환 명령에 의거해 귀환하게 된 인물들 가운데 대표적인 인물이 스룹바벨과 여호수아이다. 여호수아는 2차 귀환과 3차 귀환한 에스라와 느헤미야 때에도 등장한다. 다시 말하면, 1차 귀환과 3차 귀환 시기까지 약 81년~107년의 기간이 흘렀음에도 불구하고 여호수아가 나타나고 있는데, 그의 귀환 때의 나이를 추정하여 생각하면 이해하기가 어렵다는 생각이 든다. 그래서 다시 한번 성경의 기록들을 통해서 그가 동일인물인지 아니면 우리가 시대를 잘못 분류하고 있는 것이 아닌지 검토하고자 한다. 참고로 여호수아[60]는 제사장 가문의 출신으로 그의 부친은 여호사닥[61]이며, 할아버지는 스라야[62]이다. 그리고 그의 숙부는 2차 귀환을 하게 된 에스라로서 학자 겸 제사장으로 소개되고 있다(스 7:1-12).

---

60) 여호수아 : '예수아(여호와는 구원이시다)'라고도 하는데 '여호수아'의 이름을 아람어로 표현한 것이다. 여호수아는 남유다로 귀환 시 제사장으로 귀환하였고, 성전 완공 전후 시점에는 대제사장이었지만(학 1:1; 슥 3:1), 그의 아들 요야김은 제사장의 역할을 맡지 않았다. 그 이유는 이방 여인과 결혼을 하였기 때문이다(스 10:18; 느 12:12-26). 그리고 여호수아의 부친은 여호사닥이며, 할아버지는 스라야이다.

61) 여호사닥 : '요사닥(스 3:2; 5;2; 느 12:26)'이라고도 한다. 그의 부친은 스라야이며, 그의 자녀는 여호수아이다. 바벨론 멸망 시 스라야(부친)는 립나에서 죽임을 당하였고, 여호사닥(본인)은 바벨론 포로로 끌려갔으며(대상 6:14-15; 학 1:12), 여호수아(자녀)는 1차 귀환하며 성전 재건하는데 중심에 서 있었던 제사장이다.

62) 스라야 : 여호사닥의 아버지이며, 여호수아의 할아버지이다. 그는 남유다의 마지막 왕인 시드기야 때 대제사장이었는데, 그는 바벨론 군사령관인 느부사라단에 의해 예루살렘에 잡혀 하맛 땅 립나에서 죽임을 당하였고(렘 52:24), 그의 아들 여호사닥은 바벨론으로 끌려갔다(대상 6:14-15).

1) 성경에서 기록하고 있는 여호수아와 관련된 부분(요약)

- **스룹바벨과 여호수아는 1차 귀환하였다 (B.C. 539년).**
바사(페르시아)의 고레스 왕은 바벨론을 멸망시킨 이후 칙령(B.C. 539년)을 내려 포로로 잡혀 온 유대인들을 귀환시켰는데 이때 세스바살이 남유다 총독으로 귀환하였다(스 1:1,8). 세스바살과 함께 1차 귀환의 중심에 있었던 인물들 가운데 대표적인 인물은 스룹바벨과 여호수아이다.

[그림 19] 스라야의 가계도

- **여호수아는 스룹바벨과 함께 성전 기초석을 쌓는 데 있어서 중추적인 역할을 하였다.**
1차 귀환자들이 성전공사를 시작하였는데, 이들은 예루살렘에 도착한 지 2년 2개월 만에 성전공사를 시작하여 기초석을 쌓을 수 있었다(스 3:8,11). 학개서에서는 스룹바벨이 성전의 기초를 놓았다고 기록하고 있고 그를 통해서 성전 공사가 마무리 지을 것이라고 하였다(스 4:9). 이후 스룹바벨은 성경에서 사라졌다.

- **귀환 시부터 성전 봉헌식이 있을 때까지 총 23년의 세월이 흘렀다(B.C. 539년 ~ 516년).**
성전 공사가 반대자들에 의하여 다리오 왕 제2년까지 중단되었다가 여호와께서 학개와 스가랴 선지자를 통해 말씀하셔서 다시 시작하였는데, 이때 스룹바벨과 여호수아를 총독과 대제사장으로 부르고 있다(학 1:1; 2:2; 슥 3:1,6). 그들이 언제부터 총독과 대제사장으로 불렸는지는 알 순 없으나 그때로부터 즉 1차 귀환으로부터 19년이 지난 뒤에는 총독과 대제사장이 되어 있었다. 그리고 성전 공사가 재개된 이후로부터 3년 6개월 뒤 다리오 왕 제 6년 아달월 3일(B.C. 516년)에 성전 공사가 끝났고, 성전 봉헌식이 있었다(스 6:15-16). 따라서 귀환 시부터 성전 봉헌식이 있을 때까지 총 23년이라는 시간이 흘러갔다.

- **에스라가 이방 여인과 결혼한 사람을 조사할 때 여호수아가 있었다(스 10:18, B.C. 458).**
에스라는 아닥사스다 왕 7년에 귀환하였는데, 현재 학설에 따르면 이때는 B.C. 458년이다. 1차 귀환 이후부터 계산하면 81년이 지난 시점이다. 위에서와같이 여호수아의 귀환 시점(B.C. 539년)의 나이를 32세라고 한다면, 81년 지난 이때 나이는 113세가 될 것이지만 이것은 가장 적은 나이로 계산하였을 때의 나이이고 실제로는 그 이상일 가능성이 크다.

✓ "제사장의 무리 중에 이방 여인을 아내로 맞이한 자는 예수아 자손 중 요사닥의 아들과 그의 형제 마아세야와 엘리에셀과 야립과 그달랴라(스 10:18)".
   - 예수아는 여호수아의 아람식 표현이며, 요사닥은 여호사닥을 가리킨다. 따라서 요사닥의 아들은 여호수아를 가리킨다.

2) 여호수아 나이를 추정할 수 있는 단서들

여호수아(예수아)가 1차 귀환 당시 과연 몇 살이었는지 성경은 기록하고 있지 않다. 다만 그의 나이를 가늠할 수 있는 단서들이 몇 가지가 있다.

- 단서 1 : 1차 귀환한 자들이 예루살렘 성전공사를 처음 시작할 때 레위인들을 감독자로 세웠는데 그때 20세 이상인 자를 선정하여 세웠다(스 3:8).

- 단서 2 : 성전공사가 방해자들에 의하여 잠시 중단된 적 있었다. 그때 여호와께서는 학개와 에스라 선지자를 통해 성전을 건축하라는 말씀으로 중단된 성전공사가 재개되었는데 이때가 B.C. 520년(다리오 왕 제2년)이었고, 이때 여호와께서는 여호수아를 대제사장으로 불렀다(학 1:1; 슥 3:8).

- 단서 3 : 여호수아가 레위인으로서 [그림 19]과 같이 제사장 가문 출신이었고, 귀환 당시에는 대제사장으로는 불리기 전이었기에 일반 제사장이었을 것이다[스 3:2, 8, 12, B.C. 539 ~ 성전 기초석을 쌓을 때(B.C. 536년경)].

그리고 그의 나이를 추정하는데 참고되는 말씀은 출애굽 한 이스라엘 백성이 광야에서 여호와로부터 말씀을 받을 때 레위인에 대하여 아래와 같이 말씀하셨다.

- 레위인은 태어난 지 1개월 이상으로 남자를 계수하라(민 3:14-15).
- 레위인은 25세에서 50세까지 회막에서 복무하라(민 8:24).
- 회막에서 일하는 사람 중 30세 이상인 자만 계수하라(25세부터 29세까지는 복무는 하지만 일하는 사람의 계수에는 포함하지 않는다, 민 4:3-49).
- 50세부터는 회막에서 복무는 하지 않지만 도우라(민 8:24-25).

- 인구조사 시 20세 이상은 성소의 세겔로 여호와께 드렸다(민 3:14-15; 출 30:12-14).
- 인구조사 시 회막에서 일하는 자는 30세 이상 50세까지만 계수하였다.
  - ✓ 여호와께서 모세에게 레위인을 계수하라고 할 때 태어난 지 1개월 이상의 남자로 계수하라고 하면서(민 3:14-15), 그중 20세 이상은 성소의 세겔로 반 세겔로 여호와께 드리라고 하였다(출 30:12-14).
  - ✓ 레위인 중 25세 이상부터 50세까지 회막에서 복무하고 봉사하라고 하면서(민 8:24), 레위인들은 중 회막에서 일하는 사람에 대해서는 30세 이상 50세까지의 사람만 계수하라고 하였다[민 4:3-49; 고핫 자손(민 4:2,35) / 게르손 자손(민 4:23, 39) / 므라리 자손(민 4:43)].
  - ✓ 50세부터는 그 일을 쉬어 봉사하지 아니할 것이라고 하였고 대신 회막에서 도우라고 하셨다(민 8:24-25).
- 싸움에 나갈만한 자를 계수할 때 20세 이상을 계수하였다(민 1:3).

3) 여호수아가 1차 귀환 당시 32세 이상이었을 것이다(B.C. 539년)

위와 같은 세 가지 단서와 출애굽기와 민수기 말씀을 통해 여호수아의 나이를 추정할 수 있을 것이다. 성전 공사 시 감독자를 세울 때 레위인을 세우고 20세 이상인 사람으로 정했던 것으로 보아 귀환 당시에도 광야 기간에 받은 제사법을 준수하였던 것으로 볼 수 있다. 여호수아는 성전공사가 처음 시작할 때에 그가 제단을 쌓는 등 레위인으로서 중추적인 역할을 맡았고, 그의 이름이 기록(계수) 되었으며(스 3:2,8), 성전 중단된 이후 다시 시작할 때에 그를 대제사장(학 1:1; 슥 3:8)으로 부르고 있다. 따라서 성전 공사 재개 시점(다리오 왕 제2년, B.C. 520년, 스 4:24)에 그는 대제사장이었기에 회막에서 복무하는 일에 있어서 은퇴하였을 것이다. 이때 그의 나이를 최소 51세로 가정한다면, 그가 귀환하였을 때인 B.C. 539년에는 32세가 된다. 이러한 계산으로 귀환 당시 여호수아의 나이는 32세 이상이었을 것이다.

4) 여호수아의 나이로 추정하여 계산할 때 나타나는 모순

여호수아는 1차 귀환하여 성전 기초석을 쌓기도 하고 성전 완공과 성전 봉헌식에 참여하여 그 맡은 소임을 다하며 2차 귀환자인 에스라와 동시대를 살았던 인물이다. 그런데, 위와 같이 1차 귀환과 2차 귀환 사이에는 무려 81년의 차이가 발생한다고 할 때, 여호수아가 32세에 귀환하여 81년이 지난 시점에 그의 나이는 최소 113세이었을 것이다. 여호수아가 정말 이렇게 오래 살았을까 하는 의문점이 들기는 하지만 모세가 120세, 아론은 123세, 여호야다는 130세까지 살았던 것을 고려하면 어느 정도는 이해할 수도 있을 것 같다(신 34:7; 민 33:39; 대하 24:15). 하지만 위 [그림 19]과 같이 스라야의 가계도를 참조하면 그가 에스라의 조카라는 것이 확인되는데 에스라가 어떻게 여호수아와 함께 그렇게 오래 살았을까 하는 의문점이 발생한다.

[표 10] 남유다 포로기 이후 연대별 주요 사건(현재 학설)

구분	B.C.	주요 내용
1차 귀환	539년	• 고레스 왕 원년, 스룹바벨과 여호수아는 1차 귀환하였다(스 1:1; 2:1-2).
직분	520년	• 다리오 왕 제2년, 스룹바벨은 남유다 총독, 여호수아는 대제사장이다(학 1:1).
에스라와 여호수아	458년	• 아닥사스다 왕 제7년 이후, 에스라가 이방 여인과 결혼한 사람을 조사할 때 여호수아가 있었다(스 10:18). ✓ "제사장의 무리 중에 이방 여인을 아내로 맞이한 자는 예수아 자손 중 요사닥의 아들과 그의 형제 마아세야와 엘리에셀과 야립과 그달랴라(스 10:18)." ✓ 예수아는 여호수아의 아람식 표현이며, 요사닥은 여호사닥을 가리킨다. 따라서 요사닥의 아들은 여호수아를 가리킨다.

3.2.2. 에스라의 나이를 추정할 때 나타나는 모순

두 번째로 이해하기 어려운 부분은 에스라에게 나타난다. 그의 나이를 추정하여 계산해 볼 때 몇 가지 모순되는 문제점이 발견된다. 에스라가 바벨론으로 언제 끌려갔다는 기록은 없지만, 그의 부친 스라야는 남유다 패망 시(B.C. 586년) 립나에서 죽임을 당하였고, 그의 아들이며 스라야의 형제인 요사닥(여호사닥)은 이때 끌려갔다고 성경은 기록하고 있다(대상 6:15; 학 1:12).

이를 바탕으로 에스라의 나이를 추정하자면, 남유다가 멸망한 때를 기준으로 그의 나이가 비록 1세였다고 가정하더라도 2차 귀환(B.C. 458년) 때의 나이는 128세에 이르게 되며, 성벽 완성 이후에도 등장하는데 이때는 B.C. 432년경으로 154세에 이르게 된다. 이것은 가장 적은 나이로 계산하였을 경우이고 그의 부친 스라야가 당시 대제사장이었던 것을 고려하면 실제로는 이보다 더 많을 것이다.

따라서, 에스라 나이를 고려할 때 매우 현실적이지 않고 이해하기 어려운 아래와 같은 문제들이 있다는 것을 발견하게 된다(표 11. 및 민 8:24-25; 스 3:3, 8; 6:18; 7:6; 느 10:29, 34 참조).

- 첫째, 하나님이 정하신 인간의 수명[63]을 초월할 수 있는가?
- 둘째, 비록 그가 성벽 완공 이후까지 살아있었다고 해도 154세가 넘는 노인이 백성 앞에서 율법책을 읽고 해석하는 등 제사장 겸 학사로 활발한 활동을 할 수 건강과 체력을 유지할 수 있었겠는가?
- 셋째, 모세의 율법에 익숙한 자였고 이스라엘 사람에게 율례와 규례를 가르치기 위해 귀환하였으며 율법에 따라 제사 지냈는데, 정작 자신은 제사법에서 정한 성막에서 일할 수 있는 나이를 훨씬 벗어나서 제사장 겸 학사로 있을 수 있었는가?

---

63) 하나님이 정하신 인간의 수명 : 여호와께서는 사람의 수명을 120년으로 정하였고, 시편 기자는 강건하면 80이라고 하였다 (창 6:3; 시 90:10).
- "여호와께서 이르시되 나의 영이 영원히 사람과 함께 하지 아니하리니 이는 그들이 육신이 됨이라 그러나 그들의 날은 백이십 년이 되리라 하시니라(창 6:3)".
- "우리의 연수가 칠십이요 강건하면 팔십이라도 그 연수의 자랑은 수고와 슬픔뿐이요 신속히 가니 우리가 날아가나이다 (시 90:10)".

[표 11] 에스라와 관련된 시대별 주요 내용(현재 학설)

BC	주요 내용
586	에스라의 부친 스라야는 립나에서 죽임을 당했다(왕하 25:18-21; 스 7:1-5; 학 1:12). 에스라의 형제인 여호사닥(요사닥)이 바벨론으로 끌려갔다(대상 6:14-15).
458	에스라가 귀환하였다(2차 귀환, 스 7:8-9). 에스라를 하나님의 율법에 완전한 학자 겸 제사장이라고 기록하고 있다(스 7:12).
432	느헤미야가 성벽을 완공한 이후 에스라에게 율법책을 읽도록 하였다(느 8:1-18). 에스라를 제사장 겸 학사로 기록하고 있다(느 8:9; 12:26).

3.2.3. 위 두 인물을 통한 모순에 대한 정리

1차 귀환은 스룹바벨과 여호수아(예수아)가 주도적으로 했고, 2차 귀환은 에스라가 했으며, 3차 귀환은 느헤미야에 의해 이루어졌다. 그런데 1차, 2차, 3차 귀환 시기를 현재 우리가 알고 있는 시점으로 생각한다면 위에서 검토한 바와 같이 여호수아와 에스라 사이에 나타나는 나이·건강·삼촌과 조카라는 친족 관계, 그리고 제사법에 있어서 상당한 모순이 있다는 것을 발견하게 된다.

[표 12] 학설로 분류하고 있는 연대기 분류 문제점

성경	연대(현재 학설)	기록된 인물
학개서 & 스가랴서	B.C. 520년 (1차 귀환 후)	스룹바벨, 여호수아(이들은 B.C. 539년 1차 귀환하였다).
에스라서	B.C. 458년 (2차 귀환)	스룹바벨, 여호수아(예수아), 느헤미야. 에스라 - 여호수아의 부친 여호사닥은 남유다 멸망 시(B.C. 586 년) 바벨론으로 끌려갔고, 여호수아는 1차 귀환(B.C. 539년)하였다.
느헤미야	B.C. 444년 (3차 귀환)	에스라, 귀환자 명단(에스라서와 느헤미야서에서 귀환자가 동일하게 기록되었다.
문제 제기 (모순)		(1) 81년의 기간(1차~2차 귀환)이 경과하는 가운데 스룹바벨과 여호수아가 어떻게 생존하고, 직분을 유지할 수 있었을까? (2) 에스라의 나이를 추론할 때, 여호수아와 느헤미야 등과 어떻게 동시대에 살 수 있었을까?(에스라 부친은 남유다 멸망 시 죽임을 당하였고, 에스라는 2차 귀환하였으며 느헤미야 성벽 완공 시 율법을 가르쳤다. 그런데 남유다 멸망(B.C 586년) 시기부터 성벽 완공(B.C. 432년)까지의 기간은 154년이 간격이 생기는데, 인간의 수명과 대중 앞에서 율법을 강론할 정도의 건강과 제사법에 정한 나이를 초과하며 학자 겸 제사장으로 불린 점에서 의문점이 발생한다.

우리에게 알려진 귀환 시기에 대해 모순이 있다는 것을 독자들도 쉽게 이해할 수 있도록 몇 가지 질문을 제시하고자 한다. 아래 질문은 정확하게 계산할 필요도 없는 것으로 대충 어림짐작하여 생각해도 상당한 모순이 있다는 것을 알게 될 것이다.

- 질문 1) 스룹바벨과 여호수아가 귀환했을 때의 나이?
  - ✓ (참고) B.C. 539년 귀환 / 총독과 대제사장(B.C. 520년) / 성전 건축 시 20세 이상 감독자
- 질문 2) 에스라가 귀환했을 때의 나이?
  - ✓ (참고) B.C. 458년 귀환 / 아닥사스다 왕으로부터 인정받음 / 여호수아 삼촌
- 질문 3) 1차 귀환과 2차 귀환 사이의 간격은 81년의 차이가 있다. [그림 18]을 참조하면 여호사닥과 여호수아는 부자지간이고 에스라는 여호수아의 삼촌이다. 그런데 여호사닥은 바벨론 포로로 끌려갔고, 여호수아는 1차 귀환했으며, 에스라는 2차 귀환하여 느헤미야 때까지 제사장으로 있었다. 이것이 가능한가?
  - ✓ (참고) B.C. 586년 남유다 멸망과 함께 여호사닥은 바벨론으로 끌려감 / 여호수아 1차 귀환(B.C. 539년) / 에스라는 B.C. 458년 귀환하여 B.C. 432년까지 제사장 겸 학사였다.
- 질문 4) 느헤미야서에 기록하고 있는 1차 귀환 당시의 제사장과 3차 귀환 이후의 제사장 인물을 비교하면 동일 이름을 가진 자들이 여럿(르훔, 긴느돈, 빌개, 스라야, 스마야, 아마랴, 아비야, 예레미야)이 있다. 이렇게 다수의 사람이 과연 동명이인일 수 있을까?
- 질문 5) 귀환했던 자들은 레위인을 뽑아 성전 공사 시 감독자로 세우고 모세의 율법에 따라 번제를 드리며 절기를 지켰는데, 율법에서 정한 나이를 어겨가며 여호수아와 에스라를 예외로 제사장으로 있도록 했을까?

3.3. 문제 제기 이유

역사서에 등장하는 '에스라, 느헤미야, 에스더'와 소 선지서에서 나오는 '학개, 스가랴' 인물들은 다니엘과 동시대를 살았던 인물로 비치지만 현재 학설에 의하면 동시대의 인물로 볼 수 없도록 시기적으로 너무 멀리 떨어뜨려 놓았다. 그러다 보니 위에서와 같이 모순되는 현상들로 인하여 성경을 이해하는데 어려움과 혼란을 겪는 부분들이 생기고 있는 것도 사실이다. 그리고 이

것이 미치는 영향은 다니엘서의 70이레를 푸는데 한계점에 봉착한다는 것이다. 이 부분은 'PART 5'에서 심도 있게 다루겠지만, '고레스의 중건령부터 곤란한 동안에 성이 중건되고 광장과 거리가 세워진다' 라고 하는 '70이레'를 푸는 데 있어서 그 시기를 어느 때로 선정해야 하는 것이 고민이고 또한, 학자마다 '70이레'의 기한에 대해서도 다르게 분석하고 있으며 그 연수도 정확히 떨어지지 않는 문제들이 나타나고 있다는 것이다(단. 9:24-27; PART 5. 참조).

만약 위 인물들이 동시대의 인물이라고 한다면, 성경을 읽고 해석하는 데 어려움이 없을뿐더러 성경에 기록된 말씀들이 진실과 역사에 맞게 기록돼 있다는 사실에 다시 한번 놀라고 하나님의 섭리 앞에 무릎을 꿇게 될 것이고 성경을 더욱더 확고하게 믿게 될 것이다. 그런데 이것은 '만약'이 아니라 정말로 이들은 동시대의 인물이라는 것이며 '70이레'도 정확하게 들어맞는 현상이 나타나게 된다는 것이다. 그렇기에 위 인물들이 다니엘과 동시대를 살았다는 것을 밝히기 위하여 성경에 나오는 기록들과 역사적 사실을 토대로 정리하여 이를 증명하고자 한다.

4. 성경 본문 연구

4.1. 설명

역사서(역대서, 열왕기서, 에스라서, 느헤미야서)와 소 선지서(학개서, 스가랴서)에 대표적으로 등장하는 인물로는 스룹바벨, 여호수아, 에스라, 느헤미야, 학개, 스가랴 등이다. 이 인물들에 대해서 위 [그림 18]과 같은 시대로 분류할 경우 인간의 수명 등을 고려하여 상식적으로 이해하기 어려운 문제가 노출되고 있다는 것을 발견할 수 있었다.

만약 동명이인이거나 아니면 의미적인 이름으로 표현하였다면 모르겠지만 말이다. 그런데 성경은 성령에 감동되어 쓰인 하나님의 말씀으로서(딤후 3:16) 아무렇게나 또는 의미 없이 말씀을 기록하고 있지 않다. 그리고 동명이인 중 성경 속에서 아주 뛰어나거나 중요한 인물로 계속해서 반복되어 사용되는 경우는 아주 드물다는 것이다. 그래서 이제부터는 성경에 기록된 말씀들을 찾아보면서 다시 정리하고자 한다. 그러다 보면 에스라서와 느헤미야서에서도 학설에 모순되는 것을 더 발견할 수 있다.

4.2. 성경 본문 검토 : 역사서와 소 선지서에 공통된 이름이 있다

4.2.1. 학개서와 스가랴서에 기록된 인물 : 스룹바벨과 여호수아

스룹바벨과 여호수아가 학개와 스가랴 선지자와 동시대 인물이라는 것은 에스라서와 학개서, 그리고 스가랴서에서 확인할 수 있다. 학개서와 스가랴서(1차 귀환자)를 살펴보면 여호와께서 말씀하시길 학개와 스가랴 선지자를 통해 스룹바벨과 여호수아에게 말씀하셨다는 것을 확인할 수 있다(학 1:1; 슥 4:9; 8:9). 여호와께서는 학개 선지자를 통해서 스룹바벨과 여호수아에게 성전을 건축할 시기가 되었다고 말씀하시면서 성전은 황폐하였는데 너희는 판벽한 집에서 살 수 있느냐고 하였고, 자기 집을 짓는 것이 빨랐다고 질책하였으며(학 1:1-11), 스가랴 선지자에게는 스룹바벨이 성전 지대를 쌓았으므로 성전공사를 마무리 지을 것이라고 예언적인 말씀과 함께 성전 짓는 자들에게는 성전 짓는 것을 견고히 하라고 동기 부여의 말씀도 하셨다(슥 4:9; 8:1-8). 따라서 스룹바벨과 여호수아는 학개와 스가랴 선지자와 동시대 인물이라는 것을 알 수 있다.

4.2.2. 에스라서에 기록된 인물(1) : 스룹바벨과 여호수아(예수아)와 느헤미야

에스라서에는 남유다 백성들의 귀환부터 성전공사에 관한 내용을 기록하고 있다. 그 기록 가운데 성전건축이 있었다가 잠시 중단된 사실과 다시 시작하는 것을 언급할 할 때, 바사제국의 왕의 영(令)이 아닌 여호와의 명령으로 먼저 시작되었다고 기록하고 있다. 이때 중단된 성전공사를 다시 시작한 사람은 스룹바벨과 예수아(여호수아)였으며 하나님의 선지자들(학개와 스가랴를 말함)이 도왔다고 말씀하고 있다(에 5:1-2). 그 이후 성전완공은 다리오 왕 제6년에 끝났으며, 완공한 이후 성전 봉헌식과 유월절을 지켰다고 성경은 기록하고 있다(스 6:15~19).

그리고 성전 봉헌식 이후 에스라가 등장하며 그가 학자 겸 제사장으로 예루살렘에 귀환하게 된 목적을 알 수가 있다. 그는 성전 봉헌식 이후 유대인들에게 여호와의 율법을 가르치기 위한 것이 주된 목적이었다는 것을 알 수 있다(에스라 7:12-28에 기록된 '아닥사스다 왕'의 조서 내용 참조). 에스라는 '아닥사스다 왕'이 인정할 정도로 율법에 익숙한 학자로서 여호와의 율법과 율례와 규례를 이스라엘 사람들에게 가르치기 위함이라고 기록하고 있다(스 7:6,10). 따라서 에스라는 성전 재건이 이루어진 이후, 곧 성전완공이 되었다는 소식을 듣고 '아닥사스다 왕'의 명령에 따라 유다 백성들을 여호와의 율법과 법도를 가르치기 위하여 내려왔다.

그래서 에스라는 성전 재건이 이루어지는 과정(고레스 원년의 예루살렘 귀환 명령 → 성전 기초석 놓음 → 성전 공사중단 → 성전 공사재개 → 성전완공 → 성전 봉헌식)들을 에스라 1장 1절부터 비교적 상세히 기록하고 있는 것이며 귀환자 명단에 자신과 함께 대표적으로 스룹바벨, 예수아, 느헤미야 등을 언급하였던 것이다(스 2:2).

4.2.3. 에스라서에 기록된 인물(2) : 여호사닥의 아들 여호수아(예수아)와 에스라

에스라는 스라야의 아들로서 사독의 5대 손자이고 대제사장 아론의 16대 손자이며 본인이 아닥사스다 왕에게 구하는 것을 모두 받을 수 있다고 기록하고 있다(스 7:1-5; 가계도 3 참조). 에스라의 부친 스라야는 바벨론의 느부갓네살 왕의 남유다 3차 침략 시 립나에서 죽임을 당하였고, 그의 아들 '여호사닥(또는 요사닥, 스 3:2; 5:2; 느 12:26)'은 바벨론 포로로 끌려갔다(대상 6:15; 학 1:12). 여호사닥의 아들은 성전 재건 명령에 따라 스룹바벨과 함께 예루살렘으로 귀환한 '예수아(스 2:2; 3;2,8; 5:1-2)'이며 "여호수아"라고도 부르기도 한다(슥 6:11). 정리하면 여호사닥이 바벨론에 끌려간 이후 그의 후손들이 여러 대에 걸쳐서 예루살렘으로 귀환한 것이 아니라 바로 그의 아들 여호수아가 귀환한 것이며 여호수아의 숙부인 에스라는 여호사닥과 함께 바벨론으로 끌려갔다가 다시 귀환한 인물이라는 것을 알 수 있다. 따라서 여호수아, 에스라는 동시대의 인물이며 이 둘은 숙부와 조카 관계이다.

4.2.4. 느헤미야서에 기록된 인물 : 에스라 그리고 귀환자 명단

느헤미야서를 간략히 요약하면, 느헤미야는 아닥사스다 왕 제20년일 때 술관원으로 있다가 성전이 불탔다는 소식에 금식 기도한 이후 왕의 허락을 받고 남유다 총독으로 내려왔다. 그는 예루살렘에 와서 무너진 성벽을 건축하고 성읍에 거주할 사람들을 지정하였으며 이스라엘 백성들이 절기(초막절)와 안식일을 지키도록 종교 개혁하였다. 그리고 이때 성벽 완공 이후 2차 귀환한 에스라를 불러서 말씀을 읽도록 하였다.

그런데 여기서 재미있는 사실은 느헤미야서와 에스라서에서 기록된 귀환자들의 명단들이 거의 동일하게 기록하고 있다는 것이다. 느헤미야가 3차 귀환하였음에도 불구하고 그와 함께 귀환한 자들의 명단은 기록되어 있지 않고 오히려 2차 귀환한 에스라가 기록한 명단을 반복적으로 기록하고 있다(느 7:5-72; 스 2:1-70). 즉 느헤미야와 함께 귀환한 3차 귀환자들의 명단은 없다는 것인데, 이것이 시사하는 의미는 느헤미야가 남유다 총독으로 귀환하였을 당시 그가 여러 사람을 이끌고 귀환하지 않고 단독으로 귀환하였을 것으로 추정할 수 있다. 그가 단독으로 귀환하게 된 이유는 포로로 끌려갔던 유대인들이 이미 두 차례(1차, 2차)에 걸쳐 예루살렘으로 귀환했기 때문이다. 그리고 마소라 본문과 70인 역 등은 에스라서와 느헤미야서를 한 권의 책[64]으로 묶여 있고, 에스라서와 느헤미야서에 기록된 '아닥사스다 왕'의 이름이 같으며 연도도 순차적으로 이루어지고 있기에 에스라와 느헤미야는 동시대의 인물이라는 것을 알 수 있다. 그래서인지 에스라는 자신과 함께 귀환한 명단에 대표적으로 스룹바벨, 여호수아(예수아)를 언급할 때에 느헤미야도 같이 언급하고 있다(스 2:2).

[표 13] 귀환자 명단 비교(느헤미야와 에스라서)

번호	직분	귀환족속	느 7:5-69	스 2:1-67	차이	비고
1	일반 회중 (가계별)	바로스 자손	2,172명	2,172명	0명	
2		스바댜 자손	372명	372명	0명	
3		아라 자손	652명	775명	-123명	
4		바핫모압 자손 곧 예수아와 요압 자손	2,818명	2,812명	6명	
5		엘람 자손	1,254명	1,254명	0명	
6		삿두 자손	845명	945명	-100명	
7		삭개 자손	760명	760명	0명	
8		빈누이(또는 바니) 자손	648명	642명	6명	(느) 빈누이 = (스) 바니
9		브배 자손	628명	623명	5명	
10		아스갓 자손	2,322명	1,222명	1,100명	
11		아도니감 자손	667명	666명	1명	
12		비그왜 자손	2,067명	2,056명	11명	
13		아딘 자손	655명	454명	201명	
14		아델 자손 곧 히스기야 자손	98명	98명	0명	

---

64) 한 권의 책 : 마소라 본문과 70인 역 등은 에스라서와 느헤미야서를 한 권의 책으로 취급했으나 벌게이트 성경 이후부터 분리되어 오늘에 이른다(「톰슨Ⅱ 주석성경」, 기독지혜사, 1988, p711).

15	일반 회중 (가계별)	하숨 자손	328명	223명	105명	
16		베새 자손	324명	323명	1명	
17		하립(또는 요라) 자손	112명	112명	0명	(느)하립 = (스)요라
18	일반 회중 (지역별)	기브온(또는 깁발) 사람	95명	95명	0명	(느)기브온 = (스)깁발
19		베들레헴과 느도바 사람	188명	179명	9명	
20		아나돗 사람	128명	128명	0명	
21		(벧)아스마웻 사람	42명	42명	0명	(느)벳아스마웻 = (스)아스마웻
22		기럇여아림(또는 기랴다림)과 그비라와 브에롯 사람	743명	743명	0명	(느)기럇여아림 = (스)기랴다림
23		라마와 게바 사람	621명	621명	0명	
24		믹마스 사람	122명	122명	0명	
25		벧엘과 아이 사람	123명	223명	-100명	
26		느보 사람	52명	52명	0명	
27	일반 회중	엘람 자손	1,254명	1,254명	0명	
28		하림 자손	320명	320명	0명	
29		여리고 자손	345명	345명	0명	
30		로드와 하딧과 오노 자손	721명	725명	-4명	
31		스나아 자손	3,930명	3,630명	300명	
32	제사장	여다야 자손(예수아의 집)	973명	973명	0명	
33		임멜 자손	1,052명	1,052명	0명	
34		바스훌 자손	1,247명	1,247명	0명	
35		하림 자손	1,017명	1,017명	0명	
36	레위인	호드야(또는 호다위야) 자손 곧 예수아와 갓미엘 자손	74명	74명	0명	(느)호드야 = (스)호다위야
37	노래 하는 자	아삽 자손	148명	128명	20명	
38	문지기	살룸, 아델, 달문, 악굽, 하디다, 소배 자손	138명	139명	-1명	
39	수종자	느디님 사람	392명	392명	0명	
40		솔로몬 신하 자손	392명	392명	0명	
41	계보 불명	들라야 자손	642명	652명	10명	
42		호바야(또는 하바야) 자손	?	?		(느)호바야 = (스)하바야
43		막비스 자손		156명	156명	
	성경에 기록된 자손들의 합계 B		31,089명	29,818명	1,271명	
	성경에 기록된 총수(공식 집계) A		42,360명	42,360명		
	차이 (A - B)		11,271명	12,542명	1,271명	

※ 성경에 기록된 총수(A)와 자손들의 합계(B)가 다른 것은 느헤미야와 에스라가 임의로 생략하여 누락된 자들이 많은 것으로 생각한다(출처 : 「톰슨Ⅱ 주석성경」, 기독지혜사, 1988, p737).

5. 동시대 인물로 볼 수밖에 없는 견해 : 학개, 스가랴, 에스라, 느헤미야는 동시대 인물이다

위에서 정리한 바와 같이 학개, 스가랴, 에스라, 느헤미야, 스룹바벨, 여호수아(예수아) 등의 인물들이 우리가 알고 있는 시대순으로 구분할 때는 이해하기 어려운 문제점이 있다는 것을 발견하였고(위 3. 참조), 본문 검토(위 4. 참조)를 통해서는 여호수아와 에스라 두 인물이 1차 귀환부터 3차 귀환까지 기록하고 있는 역사서와 소 선지서에 반복적으로 나타난다는 것을 확인하였다. 따라서 이 인물들이 동시대의 인물일 수도 있다고 추론할 수도 있을 것이다. 그래서 이제부터는 이들이 동시대에 살았던 인물이라는 것을 성경에서 기록된 말씀을 통해 알아보고자 한다.

5.1. 학개 선지자는 스가랴 선지자와 동시대 인물이다(1차 귀환자들)

하나님은 다리오 왕 때 학개 선지자와 스가랴 선지자에게 말씀하셨는데 같은 연도에 월(月)만 교차하여 말씀하셨다. 그리고 이들에게 공통으로 언급되고 있는 인물은 스룹바벨과 여호수아이며, 단어는 "성전 지대를 쌓던 날(또는 성전의 기초를 놓았으니, 학 2:18; 슥 4:9)"이다. 그 내용은 아래 [표 14]에서 확인할 수 있으며, 따라서 이들은 모두 동시대의 인물이라는 것을 쉽게 알 수 있다.

• 동시대 인물 : 다리오 왕, 학개, 스가랴, 스룹바벨(유다 총독), 여호수아(대제사장)

[표 14] 학개서와 스가랴서 비교

성경	학개서	스가랴서
시기	·다리오 왕 제2년(학 1:1; 2:1,10,24). - 여섯째 달, 일곱째 달, 아홉째 달	·다리오 왕 제2년 여덟째 달(슥 1:2). ·다리오 왕 제2년 열한째 달(슥 1:7). ·다리오 왕 제4년 아홉째 달(슥 7:1).
대상	·유다 총독 스룹바벨과 대제사장 여호수아(학 1:1).	·여호와의 성전 지대를 쌓던 날에 있었던 자들(슥 8:1-8).
주제	·여호와의 전을 건축하라(학 1:8). · **성전 지대를 쌓던 날**에 여호와께서 학개 선지자에게 오늘부터 복을 주시겠다고 하셨다(학 2:18). ·여호와께서 유다 총독인 스룹바벨을 택하였다(학 2:10-23). * 성전 지대를 쌓던 날(아홉째 달 24일, 학 2:10).	·스룹바벨이 **성전의 기초를 놓았으니** 그 손으로 일을 마칠 것이다(슥 4:9). - 이때는 다리오 왕 제2년 열한째 달 24일경이다(슥 1:7). ·성전 지대를 쌓는 자들에게 성전 짓는 것을 견고히 하라(슥 8:9-13). - 이때는 다리오 왕 제4년 아홉째 달 4일경이다(슥 7:1).

5.2. 에스라는 학개와 스가랴 선지자와 동시대 인물이다(1·2차 귀환자들)

에스라가 학개 선지자와 스가랴 선지자와 함께 동시대에 살았던 인물이라는 것을 알아보기 위하여 서로 연관된 부분들을 살펴보고자 한다. 학개와 스가랴 선지자의 주요 내용은 위에 있는 [표 14]를 참조하면서 에스라서에 기록된 주요 내용을 살펴보고자 한다.

5.2.1. 에스라서에 기록된 주요 내용

바사의 고레스 왕 원년에 귀환 명령에 따라 스룹바벨과 여호수아가 예루살렘에 올라왔고(스 2:2), 성전건축은 1차 귀환자가 도착한 지 2년 후 둘째 달에 시작하였으며, 레위인 중 20세 이상인 자가 성전건축하는 일에 감독을 맡았다(스 3:8). 성전건축은 성전 기초석을 쌓은 이후 방해자들에 의하여 성전건축이 중단되는 일이 발생하였다. 그 이후 바사의 다리오 왕 제2년에 여호와의 말씀이 학개와 스가랴 선지자들을 통하여 스룹바벨과 예수아(여호수아)에게 전달되어 성전공사가 재개되었다(스 4:24-5:1; 학 1:1; 슥 1:7). 재개된 성전공사는 스룹바벨과 예수아가 주도하는 가운데 학개와 스가랴 두 선지자가 그 일을 도와 다리오 왕 제6년 아달월 3일에 성전건축 공사가 완료되었으며, 그 이후 성전 봉헌식이 있었다(스 5:1-6:22).

에스라는 성전 봉헌식이 있고 난 이후 아닥사스다 왕 제7년에 예루살렘에 올라오면서, 제사장, 레위인, 노래하는 자들, 문지기들이 동행하여 올라왔는데, 이때를 2차 귀환이라고 한다(스 7:7; 8:1-15). 에스라는 예루살렘으로 올라오는 과정에 레위인들이 한 사람도 참여하지 않은 것을 알고 '아하와 강'에서 멈추어 가시뱌 지방에 있는 잇도 족장을 찾아가서 예루살렘에 같이 올라갈 것을 요청하였다. 그래서 잇도 족장으로부터 느디님 사람 220명과 레위인 약 40명이 동행하여 예루살렘에 올라왔고(스 8:15-20), 이들이 귀환자 명단에 포함되었던 것이다(스 2:1-67; 느 7:5-69). 참고로 잇도 족장의 손자가 바로 스가랴서에 나오는 스가랴 선지자이다.

에스라는 율법에 익숙한 학자로서 그가 예루살렘에 귀환하고자 했던 이유는 여호와의 율법을 연구하여 준행하는 가운데 이를 이스라엘 자손들에게 가르치기 위함이었는데(스 6:10), 아닥사스다 왕은 에스라가 원하는 일을 할 수 있도록 조서를 써주었다. 그가 써 준 조서를 보면, 에스라에게 성전에서 제사 드리도록 궁중 창고에 있는 그릇을 가져갈 수 있게 하였고, 제사에 필요한 제물을 지원받도록 하였으며, 성전에서 일하는 자들에게는 세금을 면제받도록 하였다. 그리고 더 나아가 하나님의 율법을 아는 법관과 재판관을 세우는 임명권까지 부여해주었다(스 7:11-28, 조서에 담긴 내용 참조).

그런데 그가 귀환하여 예루살렘에 도착하여 보니, 유대인들이 이방 여인과 결혼한 것을 알고 통곡할 때 스가랴가 와서 그를 도와 이방인들과 결혼한 자들을 3개월 동안 조사하였다. 그중에는 제사장들도 포함되어 있었는데, 그중에는 예수아의 자손 중 요사닥의 아들과 그의 형제들 마아세야와 엘리에셀과 야립과 그달랴도 포함되었다고 기록하고 있다(스 10:1-18). 여기서 요사닥(요호사닥)의 아들은 곧 예수아(여호수아)를 가리키고 있으므로 예수아도 이방인 여자와 결혼하였다는 것을 알 수 있다. 또한, 여호수아와 에스라가 동시대 인물이라는 것을 알 수 있다.

5.2.2. 에스라와 학개 · 스가랴 선지자와의 공통분모

학개서와 스가랴서에서 확인할 수 있는 것은 스룹바벨과 여호수아가 1차 귀환자이고, 성전 기초를 놓았던 자로서 중단된 성전을 다시 건축한 인물들로 소개하고 있다는 것으로써 이들은 동시대 사람이라는 점이다(표 13. 참조). 그리고 위 에스라서를 검토한 바와 같이 에스라는 성전 완공 및 성전 봉헌식이 있은 이후에 귀환하였고(2차 귀환), 에스라가 유대인들 가운데 이방 여인과 결혼한 사람을 조사하던 중 여호수아도 포함되었던 것으로 확인되었기에 여호수아와 에스라가 동시대 인물이라는 것을 알 수 있었다(스 10:18). 이로써 추론할 수 있는 것은 아닥사스다 왕이 성전 완공과 성전 봉헌식이 이루어졌다는 소식을 듣고 에스라를 예루살렘에 보낸 것으로 볼 수 있다는 것이다. 그래서인지 성경은 "이 일 후에(스 7:1)"라고 하면서 바로 이어서 '아닥사스다 왕'의 내린 조서를 기록하고 있다.

하지만 성경을 다시 돌아가서 관찰하면 성전완공 시에는 '다리오 왕(스 6:13; 학 1:1)' 때라고 설명하고 있는 데 반하여 에스라와 느헤미야가 귀환할 때는 '아닥사드닥 왕(스 7:1)'이라고 기록하고 있다는 것이다. 이렇듯 왕의 이름이 서로 다르다 보니 이들의 시대가 동시대 인물로 볼 수 없는 것이 아닌가 하는 생각도 든다. 그런데 에스라서에 여호수아의 이름이 나타나 있고 여호수아는 또한 에스라와 숙부와 조카 관계이다 보니 이들이 동시대 인물인지 아니면 그렇지 않은지 혼동이 일어나고 있다.

이 문제를 해결하는 오직 한 가지 방법으로 다리오 왕과 아닥사스다 왕이 과연 누구인지를 알면 쉽게 이 문제가 해결할 수 있을 것이다. 이 부분에 대해서는 하단(7.3.)에서 자세히 검토하겠지만, 여기서는 간략하게 정리하면 '다리오'와 '아닥사스다'는 이름이 아니라 왕이 가지고 있는 권세를 표현하는 호칭이라는 것이다. 그렇기에 '다리오'와 '아닥사스다'라고 표현을 하고 있지만, 그는 한 사람을 가리키고 있고 그는 '다레이오스 왕'을 가리킨다(7.3. 참조). 이를 토대로 연대기를 배열하게 되면,

- 성전 공사는 다리오 왕 제2년에 다시 시작하였고(학 1:1; 슥 1:7),
- 성전 완공은 다리오 왕 제6년에 완공되었으며(스 6:15),
- 에스라는 아닥사스다 왕 제7년에 귀환하였다(스 7:7).

위에 있는 성전 완공 시기와 에스라의 귀환 시기를 비교하면 연대기에 있어서 1년의 차이를 두고 있으며 왕의 이름만 다르게 표현하고 있다는 것을 확인할 수 있다.

이를 다시 정리하면, 에스라는 성전 완공(다리오 왕 제6년, B.C. 516년, 스 6:15)이 있은 이듬해 B.C. 515년(아닥사스다 왕 제7년, 스 7:7)에 예루살렘에 올라왔다. 그래서 그가 기록한 에스라서에서 예수아(요사닥의 아들)가 있을 수 있었다(스 10:18). 이를 통해 확인할 수 있는 것은 왕의 이름을 표현만 다르게 할 뿐(다리오 왕과 아닥사스다 왕) 동일한 사람이라는 것이다. 이 부분에서는 하단에서 좀 더 심도 있게 다룰 것이다(7.3. 참조).

- 동시대 인물 : 다리오(아닥사스다, 다레이오스), 학개, 스가랴, 에스라, 스룹바벨, 여호수아(예수아), 느디님 사람

이같이 에스라는 성전 완공 이후(B.C. 515년)에 올라왔기에 고레스 왕이 내

린 왕의 조서부터 시작하여 성전 중단 · 재개 · 완공 및 성전 봉헌 등을 상세히 기록할 수 있었고(스 1-6장) 또한, 그가 귀환자에 대해서 상세히 기록할 수 있었던 이유도 여기에 있다. 그리고 에스라가 기록한 귀환자 명단(스 2:1-67; 느 7:5-69) 가운데 느디님 사람이 포함(스 2:43-54; 느 46-54)된 것은 1차 귀환자와 2차 귀환자들이 동시대의 인물이라는 반증이다.

- 2차 귀환자인 학자 겸 제사장인 에스라는 1차 귀환자들 가운데 성전 기초석이 놓인 것을 보고 대성통곡하였다는 것을 기록하고 있다. 에스라는 대성통곡하는 이들에 대해서 '나이가 많은 자들로서 제사장들과 레위 사람들과 족장들'이라고 알려주고 있으며 이들이 "첫 성전"을 보았던 사람이라고 하였다. 첫 성전은 곧 솔로몬 성전을 말하는데, 바벨론이 남유다를 멸망시키면서 예루살렘 성전을 파괴하였다(스 3:12). 결국, 1차, 2차 귀환자들과 에스라는 동시대 인물이며 귀환자들 가운데에는 바벨론에 끌려갔다가 다시 돌아온 자들이 있는 것이다.

5.3. 느헤미야는 에스라와 동시대 인물이다

느헤미야가 에스라와 동시에 살았던 인물이라는 것은 다른 역사서와 비교할 때보다 비교적 쉽게 설명할 수 있을 것인데 그것은 우리가 알고 있는 바도 느헤미야와 에스라가 동시대의 인물이라는 것을 알고 있기 때문이다. 그럼에도 불구하고 에스라서와 느헤미야서를 살펴보면서 다시 한번 정리하고자 하며 에스라서는 위에 있는 내용(5.2. 참조)을 참조하면서 느헤미야서를 아래와 같이 살펴보고자 한다.

5.3.1. 느헤미야서에 기록된 주요 내용

느헤미야는 아닥사스다 왕 제20년일 때 술관원이었고, 왕의 허락을 받아 아닥사스다 왕 제20년부터 제32년까지 예루살렘 총독으로 있었다(느 1:1; 2:1; 5:14). 그는 성벽건축 완공 후 유대인들을 모아서 초막절을 지키도록 하였고 또한, 제사장 겸 학사 에스라를[65] 불러서 모인 무리 앞에서 율법책을 읽도록 하며 깨닫도록 하였다. 그리하여 모인 무리가 에스라가 설명하는 말씀을 듣고 난 후 율법의 말씀을 깨닫고 울었다고 기록하고 있다(느 7:53-8:18).

5.3.2. 느헤미야와 에스라의 공통분모

느헤미야와 에스라는 동시대의 인물이라는 사실은 현재 학설에서도 부인하지 않고 있는데, 에스라서와 느헤미야서를 살펴보면 당시 왕을 '아닥사스다 왕'으로 동일하게 표현하고 있으며 귀환자 명단도 거의 동일하게 기록하고 있다(표 17. 참조, p88). 그리고 느헤미야가 성벽 완공 후 초막절을 지내기 위하여 유대인들을 불러 모은 다음 에스라를 그 앞에서 율법책을 읽도록 하며 깨닫도록 하였을 때(느 7:53-8:18), 그 자리에 요사닥(여호사닥)의 아들 예수아(여호수아)가 있었다(느 8:7). 결국, 에스라와 느헤미야가 동시대의 인물이라는 것을 알 수 있지만, 예수아도 동시대 인물이라는 것도 알 수 있다.

- 동시대 인물 : 느헤미야, 에스라, 예수아(여호수아), 엘리아십[66] 등.
- 에스라는 아닥사스다 왕 제7년에 귀환하였고, 느헤미야는 아닥사스다 왕 제20년에 수산궁에 술관원으로 있으며 왕의 허락을 맡은 후 유다 총독으로 예루살렘에 귀환하였다 (13년 간격).

참고로, 마소라 본문 및 70인 역 등은 에스라서와 느헤미야서를 한 권의 책으로 취급했으나 벌게이트 성경 이후부터 분리되어 오늘에 이른다.[67]

---

65) 에스라서에서는 아닥사스다 왕이 써준 귀환과 관련된 조서 내용이 있고, 그 가운데 에스라의 인물평으로 '하늘의 하나님 율법에 완전한 학자 겸 제사장이며 왕과 일곱 자문관으로부터 보냄을 받은 자'라고 기록되어 있으며(스 7:11-12), 느헤미야서에는 에스라를 제사장 겸 학사라고 기록하고 있다(느 8:9).
66) 엘리아십 : 엘리아십은 제사장으로서 느헤미야가 성벽을 건축하는 과정에 양문을 건축하였고(느 3:1), 후반기에는 엘리아십은 대제사장이었으며(느 13:28) 그 자녀도 제사장이었다(느 12:22-23). (그림 20. 참조, p90).
67) 「톰슨Ⅱ 주석성경」, 기독지혜사, 1988, p711.

5.4. 1차 귀환 시의 제사장과 느헤미야 때의 제사장 가운데 동일 인물이 있다

느헤미야서에는 1차 귀환 때와 느헤미야 자신이 총독으로 있을 때의 제사장을 기록하고 있으며 느헤미야 때의 제사장의 인물들 가운데 대부분이 1차 귀환 때의 제사장의 가문에서 배출되는 것을 살펴볼 수 있다. 그러나 이중 몇몇은 세월이 많이 흘렀음에도 불구하고 그 가문의 후손이 되는 것이 아니고 여전히 그 자신이 제사장으로 있는 것을 볼 수 있다. 이것이 첫째로 의미하는 것은 1차 귀환자의 제사장들과 느헤미야 때의 제사장들은 동시대의 인물들이라는 것이며, 둘째는 누구누구 족속이라 하며 이름이 언급되는 인물들은 그 족속의 아들을 가리킨다는 것이다. 이 같은 내용에 대하여 아래와 같이 자세히 살펴보고자 한다.

5.4.1. 제사장과 인원

제사장은 여호와께 제사를 드리고 유대인들에게 신앙과 하나님의 뜻을 전달하는 임무를 맡은 자로서 대표적인 인물은 아론이며 제사장은 하나님께 구별된 거룩한 존재로서 아론의 자손들에게 세습되었다.[68] 다윗 왕 때에 제사장의 인원을 아론의 자손들 가운데 24명을 정하며 그들이 순차대로 성전에서 그 직무를 섬기도록 하였는데, 아론에게는 나답과 아비후와 엘르아살과 이다말이 있었지만 나답과 아비후는 여호와께 다른 불을 드리다가 죽었고 그들에게는 아들이 없었다. 그래서 엘르아살 자손 가운데 16명, 이다말 자손 가운데는 8명을 뽑아서 섬기도록 하였으며 그 이름들은 아래와 같다(대상 24:1-19; 레 10:1-72).

- 여호야립, 여다야, 하림, 스오림, 말기야, 미야민, 학고스, 아비야, 예수아, 스가냐, 엘리아십, 야김, 훕바, 예세브압, 빌가, 임멜, 헤실, 합비세스, 브다히야, 여헤스겔, 야긴, 가물, 들라야, 마아시야(대상 24:7-18).

---
[68] 「라이프성경사전」, 생명의말씀사, 2006.

그리고 24명의 제사장을 대표하는 대제사장이 있었으므로 제사장은 대제사장을 포함하여 총 25명이었다. 이를 언급하고 있는 말씀을 찾아보면, 남유다의 멸망을 예언하는 에스겔서에서 25명의 제사장이 나온다. 에스겔은 환상 중에 예루살렘 성전에서 "이보다 더 큰 가증한 일(성전에서 태양을 숭배하는 행위)"을 하는 제사장들을 보며 이들의 인원을 25명이라고 하였다(겔 8:16).

5.4.2. 1차 귀환 때의 제사장들(느 12:1-7)

남유다 멸망 시 바벨론으로 끌려간 유대인들은 바벨론제국이 멸망한 이후 고레스의 귀환과 성전 건축 명령에 따라 다시 예루살렘으로 귀환하여 무너진 성전을 다시 건축하며 성전 봉헌식을 했다. 이때 성경은 제사장을 분반대로, 레위인들은 순차대로 정하여 하나님을 섬기며 모세의 책에 기록된 것과 같이 행하였다고 기록하고 있다. 여기서 '제사장이 분반' 대로 하였다는 의미는 제사장들이 24명이었다는 뜻이기도 하다(스 6:17-18). 그리고 이 이전인 귀환자들이 성전 건축을 처음 시작할 때에도 제사장을 선정한 것을 알 수 있다. 귀환한 자들이 모세의 율법에서 기록한 것과 같이 매일 아침과 저녁으로 번제와 초막절 절기를 지켰던 것과 당시 제사장 가운데 요사닥의 아들 예수아와 그의 형제들이 있다고 기록하고 있는 것 그리고 제사장이라고 말하는 이들 중에서 하바야 자손과 학고스 자손과 바르실래 자손이 제사장 계보에 들었다는 기록이 없어서 그들을 제사장 임무를 맡지 못하도록 하였다는 사실로 미루어 봐도 귀환 당시에는 24명의 제사장을 선정하였음을 알 수 있다(스 2:61-62; 3:1-6; 느 7:63-64). 이들의 명단은 느헤미야서에서 아래와 같이 기록하고 있다(느 12:1-7).

- 스알디엘의 아들 스룹바벨과 예수아와 함께 돌아온 제사장들과 레위 사람들은 이러하니라 제사장들은 ⑩스라야와 ⑱예레미야와 ⑮에스라[69]와 ⑫아마랴와 ④말룩과 ㉑핫두

---

69) 에스라 : 여기에 기록한 에스라는 2차 귀환한 학사 겸 제사장으로 소개된 에스라가 아니고, 스룹바벨과 예수아와 함께 돌아온(1차 귀환) 제사장이다. 그리고 그의 후손(족장)이 므술람인데 그가 요야김 때 제사장이 되었다(느 12:13).

스와 ⑨스가냐와 ②르훔과 ⑤므레못과 ⑳잇도와 ①긴느도이와 ⑭아비야와 ⑥미야민과 ③마아댜와 ⑦빌가와 ⑪스마야와 ⑲요야립과 ⑯여다야와 ⑧살루와 ⑬아목과 ㉒힐기야와 ⑰여다야니 이상은 예수아 때에 제사장들과 그들의 형제의 지도자들이었느니라(총 22명, 느 12:1-7).

그리고 당시 총독(세스바살, 스 1:8)이 우림과 둠밈을 가진 제사장[70]이 일어나기 전에는 지성물을 먹지 말라고 하였던 것으로 보아 그때 당시는 대제사장이 아직 정해지지 않았을 것이다(스 2:63; 느 7:65).

그렇다면 여기에 기록되지 않은 두 사람은 누구일까? 그들이 누구인지를 성경 안에서 찾아보면 두 사람을 추정할 수 있는데, 한 명은 '여호수아'이고 다른 한 사람은 '엘리아십'이다. 제사장 가운데 첫 번째로 포함시킨 여호수아(예수아)는 스룹바벨과 같이 예루살렘으로 귀환한 1차 귀환자로서 귀환 시 하나님의 제단을 만들고 율법대로 번제로 드리려고 할 때 그가 중추적인 역할을 맡아 수행하였고(스 3:1-3), 다리오 왕 제2년 공사가 재개될 때는 학개서와 스가랴서에서 대제사장이라고(학 1:1; 슥 1:7) 부르고 있으므로 그때 당시 그는 제사장이었을 것이다. 두 번째로 포함될 인물로는 엘리아십인데, 그는 귀환자 명단에는 포함되어 있지는 않지만, 느헤미야가 성벽 건축 시 제사장에게 맡긴 이 '양문'을 맡은 자가 엘리아십이며 그를 대제사장이라고 소개하고 있다(느 3:1). 따라서 엘리아십은 귀환자가 아닌 것과 느헤미야 때 대제사장이었던 것으로 보아 그는 예루살렘에 남아 있었던 제사장이었을 것이며 다윗 왕이 24명의 제사장을 뽑을 때 '엘리아십'이란 인물과 동일 이름을 가지고 있는 것으로 보면 그는 그 가문 족속으로 보인다. 그리고 이 두 인물이 살았던 시대와 대제사장 시기를 정리하면 아래 표와 같다.

---

70) 우림과 둠밈을 가진 제사장 : '우림과 둠밈'은 하나님의 뜻을 물을 때 사용하는 도구로서 재질이나 형태가 오늘날까지 정확히 알려지지 않고 있지만, 일종의 매끄러운 돌로 추정하고 있다. 그리고 우림과 둠밈을 가진 제사장이라고 하는 것은, 여호와께서 모세를 통해 아론 제사장에게 '여호와 앞에 들어갈 때와 성소에 들어갈 때는 "우림과 둠밈"을 판결 흉패 안에 있어야 한다.'라는 말씀을 참조하여, 당시는 성전을 짓기 전으로서 막 번제단을 쌓으며 성전 기초석만 놓인 상태였을 시기로 보이기에 성소에 들어갈 대제사장이 없었을 것이다(출 28:29-30).

[표 15] 여호수아와 엘리아십 대제사장 시기

시기	직무	
	여호수아	엘리아십
B.C. 539년(1차 귀환 시) ~ B.C. 536년(번제단 설치 및 성전 기초석을 놓을 때)	일반제사장	일반제사장
B.C. 520년(성전 공사 재개 시점) ~ B.C. 516년(성전완공 및 성전 봉헌식)	대제사장	일반제사장
B.C. 502년(3차 귀환) ~ B.C. 490(성벽 완공)	은퇴	대제사장

1차 귀환 당시에는 위에서 정리한 바와 대제사장이 없었겠지만 중단된 성전 공사가 다시 시작될 때에 여호와께서는 여호수아를 대제사장이라고 부르고 있으므로(학 1:1; 슥 1:7), 이때는 대제사장을 포함하여 제사장의 수가 25명이 었을 것이다.

5.4.3. 느헤미야 때의 제사장들(느 10:1-8; 12:1-7)

느헤미야 때의 제사장의 명단은 두 군데에서 기록하고 있는데, 하나는 성벽 완공 이후 백성들이 죄를 회개하고 첫 예물과 십일조와 절기 등을 지키겠다고 그들이 '견고한 언약을 세워 기록하고 인봉' 하였을 때 제사장들의 명단이 기록되고 있으며 다른 한 곳은 요야김(여호사닥의 손자, 여호수아의 아들) 때의 제사장들이다. 그러나 그 인원을 살펴보면 아래와 같이 22명과 20명으로 위에서 이야기하는 24명의 제사장과는 각각 2명과 4명이 부족하다.

- (인봉했을 때의 제사장, 22명, 느 10:1-8) ⑮시드기야, ⑫스라야, ⑱아사랴, ⑲예레미야, ⑩바스훌, ⑯아마랴, ④말기야, ㉒핫두스, ⑭스바냐, ⑤말룩, ㉑하림, ⑥므레못, ⑳오바댜, ②다니엘, ①긴느돈, ⑨바룩, ⑦므술람, ⑰아비야, ⑧미야민, ③마아시야, ⑪빌개, ⑬스마야.

- (요야김 때의 제사장, 20명 느 12:12-22) ⑦스라야 족속 므라야, ⑯예레미야 족속 하나냐, ⑬에스라 족속 므술람, ⑩아마랴 족속 여호하난, ②말루기 족속 요나단, ⑨스바냐

족속 요셉, ⑲하림 족속 아드나, ③므라욧 족속 헬개, ⑱잇도 족속 스가랴, ①긴느돈 족속 므술람, ⑫아비야 족속 시그리, ④미냐민 곧 모아댜 족속 빌대, ⑤빌가 족속 삼무아, ⑧스마야 족속 여호나단, ⑰요야립 족속 맛드내, ⑭여다야 족속 웃시, ⑥살래 족속 갈래, ⑪아목 족속 에벨, ⑳힐기야 족속 하사뱌, ⑮여다야 족속 느다넬.

5.4.3.1. 인봉했을 때 누락된 세 명은 에스라와 엘리아십과 엘리아십의 자녀 중 한 명이다

인봉했을 때의 시기는 성벽 완공 직후였기에 B.C. 490년이었다(느 8:1; 9:1). 당시 제사장은 대제사장을 포함하여 25명이었을 것인데, 그 이유는 중단된 성전공사가 재개되는 시점(B.C. 520년)에 여호수아를 대제사장이라고 부르고 있기 때문이다(학 1:1; 슥 3:1). 참고로 인봉했을 때와 중단된 성전공사가 재개될 때의 간격은 30년의 차이를 두고 있다. 따라서 이때 기록에서 제외된 3명(대제사장과 2명의 일반 제사장)은 위에서 제기한 바 있는 에스라와 엘리아십이고, 남은 한 명은 엘리아십의 자녀로 추정한다. 그 이유는 아래와 같다.

- 첫 번째 인물(에스라) : 그는 제사장 겸 학사라고 느헤미야가 기록하고 있기 때문이다(느 8:9). 그는 2차 귀환자로서 3차 귀환한 느헤미야와 13년의 차이밖에 나지 않고 있고 성벽 완공 후 느헤미야의 요청에 따라 유대인들에게 여호와의 말씀을 전하였던 기록으로 보아(느 8:1) 그는 제사장 인원에 포함되어야 할 첫 번째 인물이다. 또한, 그는 요야김 때 제사장이 된 므술람의 아버지로 추정된다.
- 두 번째 인물(엘리아십) : 위에서 검토한 바 있는 '엘리아십'이다(5.4.2. 참조). 그는 성벽 공사 시 대제사장이라고 불린 인물이었기에 그도 25명의 인원에 포함될 인물이다.
- 세 번째 인물(엘리아십 자녀 중 요하난) : 엘리아십이 대제사장이었기에 그의 아들 중의 한 명이 제사장 인원에 포함될 것이다. 그의 아들이 포함되어야 하는 이유는 제사장 직분이 그 가문으로 상속되기 때문이다. 엘리아십의 집안에는 요야다와 요하난이 있었지만 역대지략에 레위 자손의 족장들의 이름을 기록할 때 "엘리아십의 아들 요하난 때까지(느 12:22-23)"라고 기록한 것과 에스라가 성전 앞에서 일어나 엘리아십의 아들 여호하난(요하난)의 방 안으로 들어간 것(스 10:6)과 엘리아십의 손자이며 요야다의 아들 요나단이 이방 여인과 결혼한 것을 느헤미야 알고 제사장직에서 쫓아낸 것으로 추정하건대(느 12:10-11, 22; 13:28-29) 요야다와 요하난 중 요하난이 제사장의 임무를 맡았을 것이다.

- 위와 같이 인봉했을 때 기록에서 제외된 인물은 에스라, 엘리아십 그리고 엘리아십의 아들 요하난일 것으로 추정한다.

5.4.3.2. 요야김 때 누락 된 다섯 명은 엘리아십, 요하난, 스가랴, 엘리아김, 요야김이다

요야김 때 제사장으로 선정한 20명의 인원 외에 포함될 제사장으로는 총 다섯 명이며 그 명단은 아래와 같다. 참고로 위에서 언급한 세 명의 인물[에스라, 엘리아십(대제사장), 엘리아십의 아들 요하난, 5.4.3.1. 참조]이 있지만 에스라는 '에스라 족속 므술람'이라고 위 20명 안에 이미 포함되어 있기에 그는 추가될 제사장 인원에서 제외되어야 한다.

- 엘리아십과 엘리아십의 아들 요하난 : 위 5.4.3.1. 참조.
- 스가랴와 엘리아김 : 성벽을 봉헌할 때 제사장이라고 언급하고 있다(느 12:35,41).
- 요야김(추정) : 요야김은 아론의 직계 후손으로서 그의 아버지는 성전 재건 시 대제사장이라고 불린 여호수아(예수아, 학 1:1; 슥 3:8; 느 12:26)이며, 그의 증조할아버지 스라야는 남유다 마지막 시드기야 왕 시절의 대제사장이었기에(왕하 25:18) 그도 가문을 이어 제사장이었을 것으로 보인다.
- ※ 위와 같이 요야김 때 20명 이외에 추가될 제사장으로는 엘리아십(대제사장), 엘리아십 족속 요하난, 스가랴, 엘리아김 그리고 요야김 이렇게 다섯 명이 반영되어야 할 인물로 추정한다.

5.4.4. 느헤미야서에서 기록된 동시대 제사장들

위에서 정리한 다윗왕 때와 느헤미야가 기록한 제사장들의 이름을 가나다순으로 정리하면 아래 표와 같고, 괄호 안에 있는 이름들은 추가로 반영될 제사장들의 이름들이다(5.4.1.~5.4.3. 참조).

[표 16] 느헤미야서에 기록된 제사장 명단(가나다순)

구분	다윗왕때 (대상 24:1-19) 제사장	1차 귀환때 (느 12:1-7) 제사장	인봉할때 (느 10:1-8) 제사장	요야김때(이방 사람을 떠난 후) (느 12:12-22; 13:30)	
				족속	제사장
1	가물	긴느도이	긴느돈	긴느돈	므술람
2	들라야	르훔	다니엘	말루기	요나단
3	마아시야	마아댜	마아시야	므라욧	헬개
4	말기야	말룩	말기야	미냐민 (곧 모아댜)	빌대
5	미야민	므레못	말룩	빌가	삼무아
6	브다히야	미야민	므레못	살래	갈래
7	빌가	빌가	므술람	스라야	므라야
8	스가냐	살루	미야민	스마야	여호나단
9	스오림	스가냐	바룩	스바냐	요셉
10	아비야	스라야	바스훌	아마랴	여호하난
11	야긴	스마야	빌개	아목	에벨
12	야김	아마랴	스라야	아비야	시그리
13	엘리아십	아목	스마야	에스라	므술람
14	여다야	아비야	스바냐	여다야	웃시
15	여헤스겔	에스라	시드기야	여다야	느다넬
16	여호야립	여다야	아마랴	예레미야	하나냐
17	예세브압	여다야	아비야	요야립	맛드내
18	예수아	예레미야	아사랴	잇도	스가랴[71]
19	임멜	요야립	예레미야	하림	아드나
20	하림	잇도	오바댜	힐기야	하사뱌
21	학고스	핫두스	하림	(요나단)	(스가랴)
22	합비세스	힐기야	핫두스	?	(엘리아김)
23	헤실	(여호수아)	(에스라)	(여호수아)	(요야김)
24	훕바	(엘리아십)	(엘리아십 아들)	(엘리아십)	(요하난)
대※	-		(엘리아십)	(엘리아십)	엘리아십

대※ : 대제사장의 줄임말

위 표를 참고하면 1차 귀환 때부터 요야김 때까지 동일 인물들이 반복되어 기록되어 있는 것을 볼 수 있으며 이것을 정리하면 아래 표와 같이 정리할 수

---

71) 스가랴 : 잇도 족장의 손자인 스가랴 선지자를 가리키지 않을 것으로 보인다. 왜냐하면 스가랴 선지자는 1차 귀환자들이 성전 건축 과정 시 방해자들에 의하여 중단되었을 때 학개와 같이 성전을 건축하라고 여호와의 말씀을 전한 선지자였는데(스 5:1; 슥 1:1), 이때는 에스라가 2차 귀환하기 이전의 일이기 때문이다. 그리고 스가랴 선지자의 할아버지 잇도 족장은 에스라가 2차 귀환하면서 레위인들이 한 사람도 참여하지 않은 것을 알고 성전에서 섬길 수 있는 사람을 동행할 수 있도록 가시뱌 지방에 있던 잇도 족장에게 요청하였던 인물이었기에 그가 1차 귀환자 제사장 명단에 포함될 수가 없기 때문이다(스 8:15-17; 느 12:4,16).

있다. 그리고 아래 표를 해석하는 데 있어서 주의 깊게 검토해야 할 부분은 1차 귀환 시의 연도와 인봉하였을 때의 연도이다. 학계에서 분류하고 있는 연도는 1차 귀환 시기와 인봉하였을 때, 즉 성벽 완공 시까지의 기간 차이가 약 107년의 차이가 발생하고 있다는 것인데 여기서 이들의 생존 여부와 제사장으로 그 직무를 수행할 수 있었을까 하는 의문이 든다는 것이다.

좀 더 쉽게 설명하자면, 1차 귀환자들이 제사장으로 기록되었다는 것은 모세의 율법에 따라 그들이 계수가 되었다는 것으로 볼 수 있기에 그들 모두가 30세는 넘었으리라는 것이며(민 4:3-49; 8:24-25), 성벽 완공 때는 107년이 지났기에 그들이 약 140세에 가깝다고 볼 수 있다는 것이다. 이처럼 11명의 사람(표 17의 1~11번 참조)이 1차 귀환 때부터 인봉했을 때까지 살아있었을까 하는 점과 제사장의 직무를 맡았을까 하는 의문점이다. 그러나 저자가 분류하고 있는 연대는 일곱 이레(7이레) 기간으로 49년의 차이밖에 나지 않고 있기에 그들이 충분히 생존할 수 있었고, 제사장의 직무도 충분히 수행할 수 있었을 것이다.

[표 17] 느헤미야서에 기록된 제사장 명단(동일 이름 연결)

구분	1차 귀환 때 (느 12:1-7) 제사장	인봉할 때 (느 10:1-8) 제사장	요야김 때(이방 사람을 떠난 후) (느 12:12-22; 13:30) 족속	
학계	B.C. 539년	B.C. 432년	B.C. 432년	
저자	B.C. 539년	B.C. 490년	B.C. 490년	
1	긴느도이	긴느돈	긴느돈	므술람
2	빌가	빌개	빌가	삼무아
3	스라야	스라야	스라야	므라야
4	스마야	스마야	스마야	여호나단
5	아마랴	아마랴	아마랴	여호하난
6	아비야	아비야	아비야	시그리
7	예레미야	예레미야	예레미야	하나냐
8	미야민	미야민		
9	므레못	므레못		
10	말룩	말룩		
11	핫두스	핫두스		

12	마아댜			미냐민(곧 모아댜)	빌대
13	아목			아목	에벨
14	여다야			여다야	느다넬
15	여다야			여다야	웃시
16	에스라			에스라	므술람
17	요야립			요야립	맛드내
18	잇도			잇도	스가랴
19	힐기야			힐기야	하사뱌
20	살루			살래	갈래
21	르훔				
22	스가냐				
			스바냐	스바냐	요셉
			하림	하림	아드나
			다니엘		
			마아시야		
			말기야		
			므술람		
			바룩		
			바스훌		
			시드기야		
			아사랴		
			오바댜		
				말루기	
				므라욧	헬개
				(요나단)	(스가랴)
				?	(엘리아김)
	(여호수아)		(에스라)	(여호수아)	(요야김)
	(엘리아십)		(엘리아십 아들)	(엘리아십)	(요하난)
대제사장	-		(엘리아십)	(엘리아십)	엘리아십

- **동시대 인물** : 위 표(표 16, 17. 참조)에서 확인할 수 있듯이 1차 귀환 때와 느헤미야 때의 제사장으로 동시에 선정된 자는 추가로 언급된 엘리아십을 제외하더라도 긴느도이, 빌가 등 11명의 사람이 있다는 것인데, 이 의미는 1차 귀환과 느헤미야의 귀환 시기가 아주 오랜 세월이 흐르지 않았다는 것을 증명하는 것으로서 모두 동시대의 사람이라는 것을 말하는 것이다.
  ✓ 동시대 인물(11명, 1차 귀환 때와 인봉했을 때)) : 긴느도이(긴느돈), 빌가, 스라야, 스마야, 아마랴, 아비야, 예레미야, 미야민 므레못, 말룩, 핫두스.

5.5. 에스라와 엘리아십의 가계도 비교(느 12:22-26; 대상 6:14-15)

에스라와 엘리아십의 두 가문을 비교하여 보면 이들이 동시대의 사람인 것을 확인할 수 있다.

우선 에스라 가문을 먼저 살펴보고자 하는데 위에서도 언급한 바 있으나 다시 이야기하자면, 에스라는 바벨론에서 유대 백성들이 귀환할 때 주도적인 역할을 한 학자 겸 제사장으로서 2차 귀환하였다(B.C. 515년, 스 7:7,21). 그의 부친은 스라야이며 남유다 멸망 시기인 시드기야 왕 때에 대제사장이었으며 느부갓네살 왕에 의하여 하맛 땅 립나에서 죽임을 당하였다(B.C. 586년, 렘 52:24-27). 그리고 스라야의 아들이며 에스라의 형제인 여호사닥(또는 요사닥)은 바벨론 포로로 끌려갔고(대상 6:14-15), 여호사닥의 아들이며 에스라의 조카인 여호수아는 스룹바벨과 함께 1차 귀환할 때 제사장으로 내려왔고 그의 아들은 요야김이다(느 12:26, 그림 20. 참조).

그리고 엘리아십의 가계도를 살펴보면, 그는 제사장으로서 느헤미야를 도와 성벽을 건축하는 과정에 양문과 함메아 망대에서부터 하나넬 망대에 이르기까지 맡아서 건축하였고(느 3:1), 그의 후반기에는 대제사장으로 있었다(느 13:28). 그리고 그의 자녀도 부친을 이어서 제사장이 되었다(느 12:22-23, 그림 20. 참조).

에스라와 엘리아십 이 두 가문이 느헤미야가 유다 총독으로 있을 당시에 동시대 인물이라는 것을 밝혀줄 수 있는 인물이 느헤미야서 12장 12절과 26절에서 기록하고 있는 "요야김"이란 인물이다. 그는 스라야의 4대 손자이며 여호수아(1차 귀환)의 아들이다. 느헤미야가 제사장과 레위인들을 기록하면서 표현하기를 '요야김이 있었고, 엘리아십과 그의 자손들도 있었다' 라고 성경은 기록하고 있다(느 12:12,22-26; 13:28). 결국, 에스라와 엘리아십은 느헤미야가 총독으로 있었을 때 동시대 인물이라는 것을 알 수 있다.

- "**요야김 때**에 제사장, 족장 된 자는 스라야 족속에는 므라야요 예레미야 족속에는 하나냐요(느 12:12)".
- "엘리아십과 요야다와 요하난과 얏두아 때에 레위 사람의 족장이 모두 책에 기록되었고 바사 왕 다리오 때에 제사장도 책에 기록되었고 레위 자손의 족장들은 엘리아십의 아들 요하난 때까지 역대지략에 기록되었으며 …… 이상의 모든 사람들은 요사닥의 손자 예수아의 아들 요야김과 총독 느헤미야와 제사장 겸 학사 **에스라 때에 있었느니라**(느 12:22-26)".
- 동시대 인물 : 스라야 족속(에스라, 여호수아, 요야김)과 엘리아십 족속(엘리아십, 요하난, 요야다, 요나단, 얏두아).

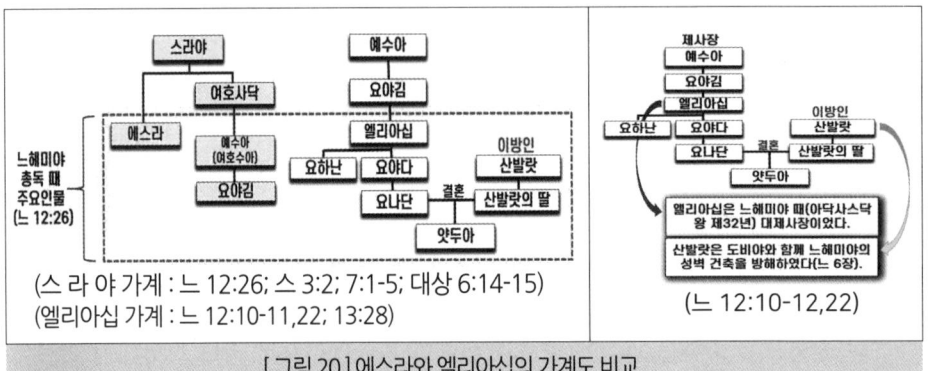

[그림 20] 에스라와 엘리아십의 가계도 비교

6. 동시대의 인물로 봤을 때의 연대기

1차 귀환자부터 3차 귀환자까지의 주요 인물들을 위에서 검토한 바와 같이 이들 모두가 동시대의 인물이라는 것을 알 수 있었으며, 이러한 내용을 반영하여 연대기를 재정립하여 표시하면 아래 [그림 21]와 같다.

PART 4 • 에스더와 느헤미야와 학개 선지자는 동시대 인물이었다?   153

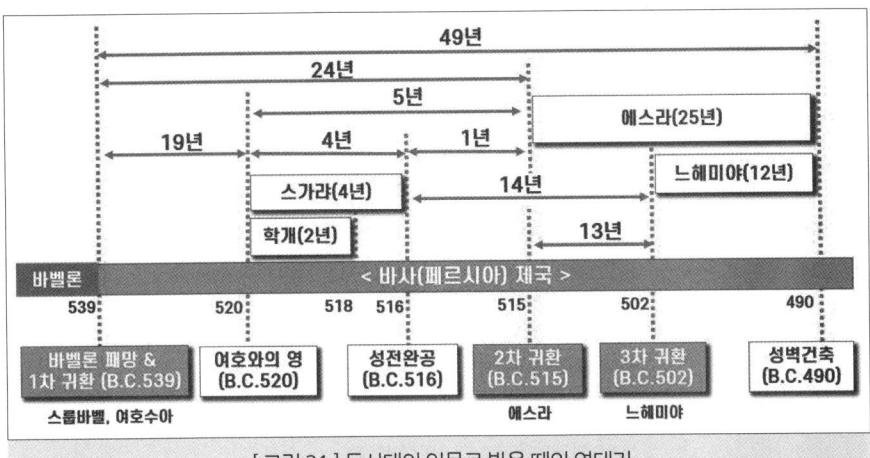

[그림 21] 동시대의 인물로 봤을 때의 연대기

위 그림과 같이 새롭게 정립한 연대기를 참조하면, 고레스의 귀환 명령에 의거 1차 귀환한 시기부터 느헤미야가 아닥사스다 왕에 의해 귀환하여 성벽 공사를 마치기까지 49년이란 기간이 소요될 뿐이다. 현재 우리가 알고 있는 학설(107년)과 차이는 58년의 기간이 줄게 되며 이를 통해서 이들 모두가 동시대의 인물이라는 것을 확인할 수가 있다.

새롭게 정리한 내용을 반영하여 역사적인 주요사건들을 연도별로 정리하면 아래 [표 18]과 같다.

[표 18] 성경에 기록된 주요 사건들(연도별 정리)

연대	내용	성경
B.C. 539년 (고레스 왕 원년)	• 1차 귀환(스룹바벨, 여호수아, 세스바살)	스 1:1
B.C. 536년 (고레스 왕 제4년)	• 이동 기간 4개월(추정 : 에스라가 귀환했을 때의 기간) • 성전 공사 착공 ✓ 바벨론에서 예루살렘에 도착한 지 2년 둘째 달 • 성전 기초석을 놓다.	스 7:9 스 3:8 스 3:12

연대	사건	성경
? ~ 520년 (고레스 ~ 다리오) (아하수에로 왕) (아닥사스다 왕)	• 성전 공사 중단(고레스 ~ 다리오 왕 즉위 때까지) 　✓ 바사 왕 고레스 ~ 바사 왕 다리오 왕이 즉위할 때까지 관리들에게 뇌물을 　　주어 계획을 막았다. 　✓ 성전건축 방해자들이 아하수에로가 즉위할 때에 성축하는 자들을 　　고발하였다. 　✓ 성전건축 방해자들이 바사 왕 아닥사스다에게 글을 올려 진술하였다. 　✓ 성전건축 방해자들이 아닥사스다 왕의 조서 초본으로 예루살렘에 와서 　　공사를 중단시켰다.	스 4:1-24 스 4:5 스 4:6 스 4:7 스 4:23
B.C. 520년 (다리오 왕 제2년)	• 성전 재개(학개: 성전건축할 시기가 이르렀다.) 　✓ 다리오 왕 제2년 여섯째 달 1일: 여호와의 말씀 　✓ 다리오 왕 제2년 여섯째 달 24일: 공사 재개 　✓ 다리오 왕 제2년 일곱째 달 21일: 힘을 내라. 　✓ 다리오 왕 제2년 아홉째 달 24일: 성전 지대 완공 • 성전 재개(스가랴: 성전 짓는 중에 말씀하셨다.) 　✓ 다리오 왕 제2년 여덟째 달: 조상들을 본받지 말라. 　✓ 다리오 왕 제2년 열한째 달: 노한 지 70년 　✓ 〃　　　　：**성곽(성벽) 없는 성읍이 될 것이다.** 　✓ 〃　　　　：스룹바벨이 성전공사를 마칠 것이다. 　✓ 다리오 왕 제4년 아홉째 달 4일: 70년 동안 금식 　✓ 〃　　　　：**성전 지대를 쌓던 자들에게 말씀** • 성전 재개(학개, 스가랴, 스룹바벨, 여호수아) 　✓ 여호와의 말씀 때문에 성전 공사 재개(학개와 스가랴 선지자가 예언으로 　　공사 시작) • 다리오 왕 제2년 성전 재개 조서	학 1:2 학 1:2 학 1:15 학 2:4 학 2:18 슥 1:1- 슥 1:1-6 슥 1:7-12 슥 2:1-4 슥 4:7 슥 7:5 슥 8:9 스 5:1-2 스 6:8
B.C. 516년 (다리오 왕 제6년)	• 성전완공 및 성전 봉헌식(남유다 멸망한 지 70년) 　✓ 다리오 왕 제6년 아달월 3일	스 5:3-6:22
B.C. 515년 (아닥사스닥 왕 제7년) (= 다리오 왕 제7년)	• 2차 귀환(에스라 귀환) 　✓ 아닥사스다 왕 제7년 첫째 달 초하루 출발하여 다섯째 달 초하루에 　　도착(이동 기간: 4개월)	스 7:7-9
B.C. 502년 (아닥사스닥 왕 제20년) (= 다리오 왕 제20년)	• 3차 귀환(느헤미야 귀환)	느 1:1
B.C. 490년 (아닥사스닥 왕 제32년) (= 다리오 왕 제32년)	• 성벽 완공 및 성읍 거주자 선정(느헤미야, 에스라)	느 11:1-36

7. 검증 : 의문점 해결하기(메대와 바사의 왕의 기준으로 봤을 때도 동시대의 인물인가?)

여호수아, 에스라, 느헤미야 등이 동시대의 인물이라는 것을 새롭게 제시하고 있는 것이 과연 올바른 것인지 확인할 필요가 있는데, 이를 검증하는 과정으로 성경에 기록하고 있는 왕들을 통해서 확인할 수 있을 것으로 생각한다.

[표 19] 메대(메디아)왕국 연대표

	통치자(성경 이름)	연도(B.C.)
1	데이오에스	728-675
2	프라오르테스	675-653
3	스키타이의 마디우스	653-625
4	키악사레스 1세 (다니엘서) 아하수에로	625-585
5	아스티아게스*	585-550

*아스티아게스 : 에스더서에서는 아하수에로, 다니엘서에서는 다리오로 불리고 있다.

그래서 선지서(다니엘, 학개, 스가랴)와 역사서(에스라, 느헤미야, 에스더)에 기록된 왕들(다리오, 아하수에로, 아닥사스다)이 과연 어느 시대의 왕인지에 대해서 살펴볼 필요가 있다. 당시 왕들을 시대적으로 올바르게 정리하지 않으면 위에서 분류한 인물들이 살았던 시대와 사건들도 달라질 수도 있고 또한, 성경을 이해하는데도 오해를 일으킬 수 있다. 따라서 왕들이 어느 시대를 살고 있었는지를 올바르게 분류하는 것이 성경을 제대로 이해할 수 있을 것이다.

[표 20] 바사(페르시아)제국 연대표[72]

	통치자(성경 이름)	연도(B.C.)
0	캄비세스 1세	
1	키루스 2세 (고레스, Cyrus)	559-530
2	캄비세스 2세 (Cambyses)	530-522
2-1	스메르디스(Pseudo-Smerdis)	522
3	다레이오스 1세* (Darius I Hystaspes)	522-486
4	크세르크세스 1세 (Xerxes or Ahasuerus)	486-464
5	아르다크세르크세스 1세	464-423
6	다레이오스 2세	423-404
7	아르다크세르크세스 2세	404-359
8	아르다크세르크세스 3세	359-338
9	아르다크세르크세스 4세	338-335
10	다레이오스 3세	335-330

*다레이오스 1세 : 에스라서에서는 다리오 또는 아하수에로 또는 아닥사스다로 불리고 있으며, 느헤미야서에서는 아닥사스다로 불리고 있다.

이런 측면을 고려하여 현재 학설과 저자가 분류한 것 사이에 오류가 없는지 여부를 또한 검증할 필요가 있기에 위 인물들이 살았던 시대, 곧 메대(메디아)와 바사(페르시아)의 왕들을 좀 더 세밀하게 관찰하면서 분류할 필요도 있다. 성

---

[72] [표 19과 표 20]의 연대표 : 「구약의 연대기표」, 존 H. 왈턴 지음, 성광문화사, 1992, p77)와 「신구약중간사」, 조병호, 통독원, 2014, p65).

경에 기록된 말씀과 역사를 통해 이야기할 것인데, 메대와 바사의 왕들을 분류 및 검증 과정에서 에스더가 살았던 시대도 같이 알아보게 될 것이다.

7.1. 역사 배경 이해

메대와 바사 왕들을 분류하기에 앞서 먼저 역사적인 배경을 사전에 이해하고 있어야 메대와 바사 왕들을 분류하는 데 도움이 될 것으로 보인다.

역사적으로 보면, 메대왕국의 키악사레스1세(B.C. 625년 ~ B.C. 585년)는 슬하에 아스티아게스와 딸 아미티스를 두었는데, 딸을 느부갓네살 왕과 정략결혼 시켰고 아스티아게스는 부친이 40년간 통치한 메대왕국을 이어받아 약 35년 (B.C. 585 - B.C. 550)간 통치하였다. 아스티아게스 왕은 아들 '키악사레스 2세'와 딸 '만데인'을 두었고, 딸 '만데인'을 바사제국의 캄비세스 1세에게 시집 보냈으며 이 둘 사이에서 키루스 2세(고레스)가 태어났다.

B.C. 553년, 키루스 2세는 외조부의 나라인 메대왕국의 아스티아게스에게 반란을 일으켰고, B.C. 550년에는 메대왕국의 수도 하마단을 점령하여 메대왕국을 정복하였다.[73]

키루스 2세(고레스)의 역사적인 사료들 가운데 「나보니두스 연대기」에 따르면 B.C. 539년 10월, 바벨론의 변절자 고르비야스(Gorbyas)를 앞세워 물줄기를 틀어 마른 강바닥을 통해 바벨론 도성 안으로 들어갔으며, 고레스는 그가 바벨론을 앞서 침공하고 2주 뒤 입성하였다.

[그림 22] 나보니두스 연대기
(대영박물관 소장, 위키피디아)

---
73) 「이란사」, 한국외국어대학교 출판부, 2001, p17.

바벨론인들과 제사장들은 나보니두스 왕이 바벨론의 신(마르둑, Marduk)을 버리고 달의 신(신, Sin)을 섬기는 것을 불만을 품고 있었다. 고레스는 그런 불만을 가진 그들을 위하여 평화를 선포하고, 그들의 신들을 신전으로 안치시키는 일을 하여 환대를 받을 수 있었는데 바벨론인들은 고레스를 해방자로 생각했을 정도라고 한다. 1879년 호르무즈드 라삼(Hormuzed Rassam)에 의해 바벨론의 마르둑 신전에서 발견된 고레스 실린더(Cyrus Cylinder) 안에는 전투 없이 바벨론을 사로잡았고, 포로들을 그들의 고국으로 돌려보내고, 보물들을 원래 있던 성전으로 복귀시킨 내용이 기록되어 있다.[74]

7.2. 왕의 이름에 대한 이해

두 번째로 살펴봐야 할 것은 성경에 나오는 이름들의 의미이다. '아하수에로, 아닥사스다, 다리오'의 이름들은 왕의 공식적인 명칭이 아니라 단순한 왕의 호칭으로서 그 뜻은 아래와 같다.

- 아하수에로(Ahaserus, 아하수에루스)
  ✓ the Mighty(강자)의 의미로서, 다니엘서, 에스라서와 에스더에 이름이 나온다.

- 아닥사스다(Artaxerxes, 아르타크세르세스)
  ✓ '대왕(Great King)' 혹은 '왕국(Kingdom)'을 의미하며, '아르타크샤스트(Artachsha-st, 대왕)'의 동의어이다. 오늘의 '샤(Shah)'에 해당한다. '아닥사스다'의 이름은 에스라서와 느헤미야서에 나온다.

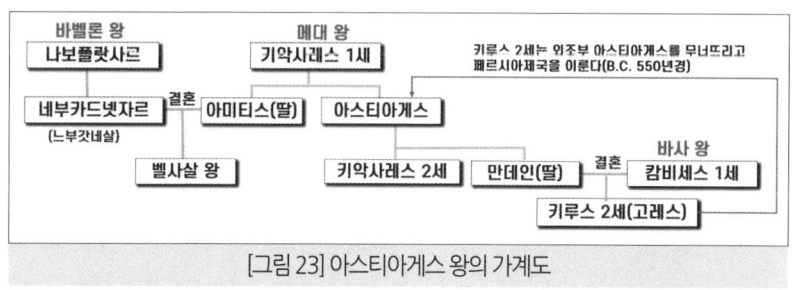

[그림 23] 아스티아게스 왕의 가계도

---

74) 「포로기 및 회복기의 역사의 조화」, 유진 폴스틱, 성경과학연구소(가제본 출판), 2020. p114-120.-「History, Harmony, The Exile & Returrn」, E. W. Faulstich, & 「소리 지르는 돌들」, 남대극, 삼육대학교 출판부, 2008. p15-19.

- 다리오(Darius, 다리우스)
    ✓ '억압자(Restrainer)' 혹은 '관리자(Maintainer)'라는 의미를 지닌 이 용어는 본래 '왕(King)', '통치자(Ruler)'라는 총칭이다. 그리고 '다리오'란 이름은 히브리어로 Daryawesh, 아카드어와 엘람어 Dariawus, 고대 페르시아어 Darayavaus와 그리스어 Dareios에서 유래되었다고 한다. 이 단어는 Zenddara에서 유래되었고 '왕'이라는 의미를 가지고 있다. '다리오'라는 명칭이 이집트의 '파라오', 로마의 '카이사르', 러시아의 '차르'와 유사히 단순히 '왕'을 의미한다.[75] '다리오'의 이름은 에스라서, 다니엘서, 학개서, 스가랴서에 이름이 나온다.

위와 같이 '아하수에로, 아닥사스다, 다리오'의 이름의 뜻은 왕에 대한 위엄과 권능 등을 알 수 있도록 부르는 호칭의 의미가 있을 뿐 실제 이름은 아니다. 이에 대한 예로 들 수 있는 것이 '고레스의 실린더'[76]와 '베히스트 비문'[77]을 참조하면, 키루스 2세(고레스)에 대한 기록들이 있는데, '고레스 왕'은 자신에 대해서 '왕 중의 왕이요, 위대한 왕이요, 능력의 왕이요'라고 표현을 하고 있다. 여기서 확인할 수 있는 것은 '고레스 왕'도 '다리오 왕'이라고 '베히스트 비문'에 새겨져 있다.

[고레스 실린더(Cyrus Cylinder) 제20~22행 내용]

영어 번역	(20행) I am Cyrus, king of the universe, the great king, the powerful king, king of Babylon, king of Sumer and Akkad, king of the four quarters of the world, (21행) son of Cambyses, the great king, king of the city of Anshan, grandson of Cyrus, the great king, ki[ng of the ci]ty of Anshan, descendant of Teispes, the great king, king of the city of Anshan,	 [그림 24] 고레스 실린더(Cyrus Cylinder) (위키피디아 / 대영박물관 소장).

75) 「포로기와 회복기와 역사의 조화」, 성경과학연구소(가출판), 유진 폴스티히 저, 2020, p48.
76) 고레스의 실린더 : BC 6세기 만들어진 것으로 1879년 메소포타미아(이라크)의 바빌론 유적지에서 발견되었다. 고레스 실린더(가로 10cm×세로 23cm의 크기)는 원통 모양의 진흙 토기이며, B.C. 539년 바벨론을 정복했던 페르시아 왕 키루스 2세(고레스, B.C. 559-530)의 기록이 새겨져 있다(대영박물관 소장, 출처 : 위키피디아).
77) 베히스트 비문 : 비문은 바빌로니아와 메디아의 수도 바빌론과 엑바타나를 잇는 고대 도로에 있는 절벽(높이가 150미터에 폭이 100m의 석회암 절벽)에 있다. 고대 페르시아어 글은 5칼럼에 414줄로 되어있고 엘람어 글은 8칼럼에 593줄 분량이며, 바빌로니아어 글은 112줄이다(출처 : 위키피디아).

영어 번역	(22행) the perpetual seed of kingship, whose reign Bel(Marduk) and Nabu love, and with whose kingship, to their joy, they concern themselves. When I went as harbinger of peace i[nt]o Babylon
한글 번역	(20행) 나는 고레스이다, 우주의 왕이요, 위대한 왕이요, 능력의 왕이요, 바빌론의 왕이요, 수메르와 아카드의 왕이요, 넷으로 나뉜 전 세계의 왕이요, (21행) 캄비세스의 아들이요, 위대한 왕이요, 안샨 도시의 왕이요, 고레스의 손자요, 위대한 왕이요, 안샨 도시의 왕이요, 테이스페스의 후예요, 위대한 왕이요, 안샨의 왕이요, (22행) 영원한 왕권의 씨앗이다. 벨(마르둑)과 나부는 나의 통치와 나의 왕권을 사랑하며 그들의 기쁨이다. 내가 바벨론에 평화의 선구자로 갔을 때 벨과 나부 그들이 여기에 직접 관여했다.

• 베히스트 비문

[그림 25] 베히스툰 비문(livius.org 출처)

번역문	(1행) adam \ Dârayavau \ x âyathiya \ vazraka \ x âyathiya \ x âyathiy (2행) ânâm \ x âyathiya \ Pârsaiy \ x âyathiya \ dahyûnâm \ Vi t (3행) âspahyâ \ puça \ Ar âmahyâ napâ \ Haxâmani iya \ thâtiy \
영어 번역	(1행) I am Darius, the great king, king of kings, the king of Persia, the king of countries, the son of Hystaspes, the grandson of Arsames, the Achaemenid. (2행) King Darius says: My father is Hystaspes; the father of Hystaspes was Arsames; the father of Arsames was Ariaramnes; the father of Ariaramnes was Teispes; the father of Teispes was Achaemenes. (3행) King Darius says: That is why we are called Achaemenids; from antiquity we have been noble; from antiquity has our dynasty been royal.
한글 번역	(1행) 나는 대왕 다리우스(다리오), 위대한 왕, 왕의 왕, 페르시아의 왕, 만국의 왕, 히스타스페스의 아들이요, 아르사메스의 손자이며, 아케메네스인입니다. (2행) 대왕 다리우스(다리오) 왕은 말합니다: 아버지는 히스타스페스입니다. 히스타스페스의 아버지는 아르사메스였습니다. 아르사메스의 아버지는 아리아라메스인입니다. 아리아라메스인의 아버지는 테이스페스였습니다. 테이스페스의 아버지는 아케메네스인입니다. (3행) 다리우스 왕은 말합니다: 우리가 아케메네스인이라 불리는 이유는 고대부터 우리는 고귀했습니다. 고대부터 우리 왕조는 왕실이었습니다.

7.3. 성경에 기록된 왕들의 이름을 찾아주기

이제부터는 역사서와 선지서에 기록된 메대·바사 왕들의 이름을 살펴보면서 이들의 정확한 이름을 찾아가 보고자 한다.

- 선지서 : 다니엘, 학개, 스가랴
- 역사서 : 에스라, 느헤미야, 에스더

7.3.1. 다니엘서에 기록된 메대·바사 왕들

성경에 기록된 이름을 찾아가기에 앞서 성경의 시대적 흐름을 먼저 이해를 하는 것이 도움이 될 것이기에 개략적으로 설명하면서 다니엘서에 기록된 메대·바사 왕들의 이름을 찾아가 볼 것이다.

1) 역사적인 개요(1) : 바벨론의 남유다 침략 때부터 바벨론 멸망 때까지

바벨론 느부갓네살 왕은 남유다를 4번의 침략을 통하여 왕족과 귀족과 관리와 백성들을 바벨론으로 끌고 갔다. 남유다는 바벨론의 네 번의 침략 가운데 세 번째 침략으로 패망하였고 이때가 B.C. 586년이다. 남유다 백성들은 바벨론 포로로 끌려가서 생활하다가 바벨론제국이 멸망한 이후 예루살렘으로 귀환하였다. 바벨론 포로로 끌려간 대표적 인물 중의 한 명이 다니엘이며 그는 바벨론 왕과 메대·바사제국의 왕들을 섬기며 형통하였다고 성경은 기록하고 있다(단 6:28). 여기까지가 성경(열왕기서, 역대서, 예레미야서, 에스겔서, 다니엘서)에 기록된 내용이다.

- B.C. 606년, 1차 침략(왕족과 귀족 : 다니엘과 세 친구)
- B.C. 598~597년, 2차 침략(신하, 지도자 용사 등 : 여호야김, 여호야긴, 모르드개, 에스겔)
- B.C. 588~586년, 3차 침략(일반 백성, 왕궁과 성전파괴). *남유다 멸망
- B.C. 582년, 4차 침략(바룩)
- B.C. 539년, 바벨론 멸망 및 바사의 고레스 왕의 귀환 명령

2) 역사적인 개요(2) : 예루살렘 귀환(1~3차 귀환)

이후부터는 바사 왕 고레스가 바벨론제국을 멸망시킨 후 포로를 귀환하라는 조서가 내리면서 이스라엘 백성들이 예루살렘으로 세 차례에 걸쳐 귀환하면서 예루살렘 성과 성벽을 재건하는 과정을 학개서, 스가랴서, 에스라서, 느헤미야서에서 기록하고 있다.

- B.C. 539년, 1차 귀환 (바벨론 멸망 및 바사의 고레스 왕의 귀환 명령 : 스룹바벨, 여호수아)
- B.C. 516년, 스룹바벨 성전완공 및 성전 봉헌식
- B.C. 515년, 2차 귀환 (아닥사스다 왕 제7년, 에스라)
- B.C. 502년, 3차 귀환 (아닥사스다 왕 제20년, 느헤미야)
- B.C. 490년, 성벽건축 완공

3) 메대왕국과 바사제국 이해

역사에서도 알 수 있듯이(7.1 참조) 메대와 바사제국은 초기엔 2개의 왕국으로 존재하고 있었지만 후에 바사제국으로 통일되었다. 성경 본문(표 21. 참조)에서도 '메대 족속', '메대 사람' (단 9:1; 11:1)이라고 기록하고 있는 것이 특징인데, 이 시기는 바벨론이 멸망하기 전 느부갓네살 왕이 광인이 되었던 시기에 그의 아들 벨사살 왕이 통치하던 때이다.[78] 벨사살 왕은 제3년에 잔치를 베푸는 가운데 갑자기 죽음을 맞이하자 벨사살 왕의 모친인 아미티스가 메대왕국의 오빠인 아스티아게스(다리오)에게 잠시 나라를 통치할 것을 요청하여 다리오 왕이 바벨론의 왕으로 세움을 입었다(B.C. 566년, 단 5:31; 9:1; 표 21. 및 PART 2. 참조). 그래서 당시에는 메대왕국과 바사제국이 존재하고 있었기에 다니엘서에 '메대'라는 표현을 사용하였다. 그리고 느부갓네살 왕의 꿈과 다니엘이 환상을 본 장면에서도 메대와 바사제국이 존재하다가 하나의 제국으로 이루어지고 있는 것을 볼 수 있다.

---

[78] PART 2. 참조.

- B.C. 603년, 느부갓네살 왕 꿈(느부갓네살 제2년, 금신상 & 다니엘 총, 단 2장).
- B.C. 570년, 다니엘의 환상(벨사살 원년, 네 짐승, 단 7장).
- B.C. 567년, 다니엘의 환상(벨사살 제3년, 숫양과 숫염소, 단 8장)
  ✓ 금 신상에 있는 두 팔은 메대와 바사제국이며, 두 팔은 가슴으로 연결되면서 하나의 나라(바사제국)로 이루어진다(다니엘서 2장, 7장, 8장).
- B.C. 550년, 메대왕국 멸망(바사의 고레스에 의하여 메대왕국 멸망)

4) 다니엘 인물의 중요성

다니엘이란 인물은 유대인들에게 있어서 중요한 인물이기도 하지만, 이 시기를 이해하는데 있어서 알아야 할 가장 중요한 인물이다. 그 이유는 남유다 멸망하기 전부터 시작하여 메대왕국과 바벨론제국의 멸망, 그리고 바사제국 고레스 제3년까지 그 과정을 직접 거쳐왔고, 때론 총리와 박수장까지 지냈으며 그 격변하는 시대에 중심에 서 있던 인물 중의 한 명이 바로 다니엘이기 때문이다. 따라서 다니엘서를 이해하고 있어야 동시대에 살았던 메대 왕들과 바사 왕들의 이름을 파악할 수 있다. 그래서 가장 먼저 다니엘서에 기록된 메대왕국과 바사제국의 이름을 먼저 살펴볼 것이고, 그다음에는 다른 소 선지서 등에 기록된 메대와 바사제국 왕들의 이름을 찾아가 보고자 한다. 그러다 보면 우리가 찾고자 하는 것을 쉽게 발견할 수 있을 것이다.

[표 21] 다니엘서에 기록된 메대와 바사 왕들

왕	성경 말씀
다리오	메대 사람 다리오가 나라를 얻었는데 그 때에 다리오가 62세였더라(단 5:31).
다리오	다리오가 자기의 뜻대로 고관 120명을 세워 전국을 통치하게 하고(단 6:1).
다리오, 고레스	다니엘이 다리오 왕의 시대와 바사 사람 고레스 왕의 시대에 형통하였더라(단 6:28).
아하수에로, 그의아들	메대 족속 아하수에로의 아들 다리오가 갈대아 나라 왕으로 세움을 받던 첫해(단 9:1).[79]
고레스	바사 왕 고레스 제3년에 한 일이 벨드사살이라 이름한 다니엘에게 나타났는데 그 일이 참되니 곧 큰 전쟁에 관한 것이라 다니엘이 그 일을 분명히 알았고 그 환상을 깨달으니라(단 10:1).
다리오	내가 또 메대 사람 다리오 원년에 일어나 그를 도와서 그를 강하게 한 일이 있었느니라(단 11:1).

---

[79] 다리오가 갈대아 나라 왕으로 세움을 받던 첫해 : 다리오는 메대왕국의 아스티아게스 왕을 말하며, 벨사살 왕이 큰 잔치를 베푸는 가운데 죽음을 맞이하자 다리오가 그때 바벨론제국의 왕으로 세움을 입었다(벨사살 왕 제 3년, B.C. 566년).

5) 벨사살 왕 제3년(B.C. 567년) 당시의 바벨론과 메대와 바사의 통치자들

다니엘서 5장에 나오는 벨사살 왕은 부친 느부갓네살이 광인이 되자 그는 부친의 통치권을 이어받아서 바벨론제국을 다스리게 되며 섭정왕으로 있었다. 그래서 첫째 통치자와 둘째 통치자는 느부갓네살과 벨사살이고, 다니엘은 셋째 통치자이다(단 5:29).

- B.C. 571년, 느부갓네살의 꿈(광인 예고, 단 4장).
- B.C. 570년, 느부갓네살이 광인이 되고 그의 아들 벨사살이 통치권을 이어받다.
- B.C. 570년, 다니엘의 환상(벨사살 원년, 네 짐승, 단 7장).
- B.C. 567년, 다니엘의 환상(벨사살 제3년, 숫양과 숫염소, 단 8장).
- B.C. 567년, 귀족 천 명을 위한 잔치와 벨사살 죽음(벨사살 제3년, 단 5장).
- B.C. 567년, 다니엘의 환상(다리오 첫해, 다니엘의 회개, 70이레, 단 9장).

[표 22] 벨사살 왕 제3년 때의 주변 통치자 현황

나라	왕의 이름 (재위 기간)	비고
바벨론	네부카드넷자르(느부갓네살, B.C. 605-562)	-
	벨사살(B.C. 570-567)*	• 부친(느부갓네살)이 광인으로 있을 때 통치했다(단 5장 및 PART 2. 참조).
	나보니두스(B.C. 556-539) 벨사자르(벨사살, B.C. 550-539)	• 벨사쟈르(벨사살)는 바벨론 마지막 왕이며 부친(나보니 두스)와 함께 통치하였다.
메대	아스티아게스(다리오, B.C. 585-550)	-
바사	키루스 2세(고레스, B.C. 559-530)	-

* 성경에서 벨사살을 느부갓네살의 아들로 다섯 번 불렀던 것을 참조하여 연대기에 삽입하였다(PART 2. 참조).

위 내용을 바탕으로 다니엘서에 기록된 왕들의 이름을 찾아주면, 아래와 같이 분류할 수 있다.

- 메대 사람 '다리오'(단 5:31; 6:1; 6:28; 11:1) ➔ 메대왕국의 '아스티아게스'
- 메대 족속 '아하수에로'(단 9:1) ➔ 메대왕국의 '키악사레스 1세(아스티아게스 부친)'
- 바사의 '고레스'(단 10:1) ➔ 바사의 '키루스 2세'

B.C. 550년에는 바사제국의 고레스(키루스 2세)가 메대왕국(고레스에게는 외할아버지의 나라)을 공격하여 바사제국으로 흡수하였기에 바벨론 멸망할 당시(B.C. 539년)는 이미 메대왕국은 역사 속에 사라진 상황이었다.

[표 23] 바사(페르시아)제국 연대표.[80]

	통치자(성경 이름)	연도(B.C.)
0	캄비세스 1세	
1	키루스 2세 (고레스, Cyrus)	559-530
2	캄비세스 2세 (Cambyses)	530-522
2-1	스메르디스 (Pseudo-Smerdis)	522
3	다레이오스 1세* (Darius Ⅰ Hystaspes)	522-486
4	크세르크세스 1세 (Xerxes or Ahasuerus)	486-464
5	아르닥세르크세스 1세	464-423
6	다레이오스 2세	423-404
7	아르닥세르크세스 2세	404-359
8	아르닥세르크세스 3세	359-338
9	아르닥세르크세스 4세	338-335
10	다레이오스 3세	335-330

* 다레이오스 1세: 에스라서에서는 다리오 또는 아하수에로 또는 아닥사스다로 불리고 있으며, 느헤미야서에서는 아닥사스다로 불리고 있다.

키루스 2세(고레스)의 모친은 '만데인'이고 메대왕국의 아스티아게스 왕의 딸이기도 하다(그림 23. 참조). 위에서 분류한 것과 같이 다니엘서에서는 아스티아게스의 호칭을 '다리오'라고 부르고 있지만, 이 '다리오'는 에스더서에 나오는 '아하수에로 왕'과 같은 인물이다(에 1:1; PART 3. 참조).

참고로, 에스더서에서는 '아하수에로 왕'은 왕후 와스디가 왕의 명령을 따르지 않는다고 하여 그녀를 폐위시키는 일이 발생하였고, 그 왕후의 자리에 모르드개의 조카 에스더가 황후가 되었다. '아하수에로 왕'의 이름이 세 곳(다니엘서, 에스더서, 에스라서)에서 나오는데, 이 부분은 뒤에서 다루겠지만 다니엘서에 나오는 '아하수에로 왕'은 메대왕국의 '키악사레스 1세'이고, 에스더에 나오는 '아하수에로 왕'은 메대 왕국의 '아스티아게스'이며, 에스라서에 나오는 '아하수에로 왕'은 바사제국의 '다레이오스 1세'이다(PART 3.: 7.3.3.과 7.3.4. 참조).

---

80) [표 23]의 연대표 : 「구약의 연대기표」(성광문화사, 존 H. 월턴 지음, 1992, p77)와 「신구약중간사」(통독원, 조병호지음, 2014, p65).

- 아하수에로(다니엘서) ➔ 메대왕국의 '키악사레스 1세'
- 아하수에로(에스더서) ➔ 메대왕국의 '아스티아게스'
- 아하수에로(에스라) ➔ 바사제국의 '다레이오스 1세'

7.3.2. 학개서와 스가랴서를 통해서 본 바사 왕들

학개와 스가랴 선지자는 바벨론에서 예루살렘으로 1차 귀환한 스룹바벨(총독)과 여호수아(대제사장)와 함께 동시대에 살았던 인물이다. 성전 공사가 중단되었던 시기에 여호와의 말씀이 학개와 스가랴 선지자에게 임하였는데, 하나님께서 스룹바벨과 여호수아에게 중단된 성전 공사를 다시 시작하라고 말씀하였다(학 1:1-15; 스 5:1-2). 학개서와 스가랴서에서 기록하고 있는 '다리오'의 이름은 '왕' 또는 '통치자'에 대한 호칭이며, 다리오의 진짜 이름은 '키루스 2세(고레스)'의 손자이며 캄비세스 2세를 이어 왕위에 오른 '다레이오스 1세(B.C. 522-486)'이다.

- 학개서와 스가랴서에서의 기록된 다리오 왕은 '다레이오스 1세'를 가리킨다.

[표 24] 학개서와 스가랴서에 기록된 왕들

왕	성경 말씀
다리오	다리오 왕 제2년, 여호와께서 학개를 통해 스룹바벨과 여호수아에게 말씀하였다(학 1:1).
다리오	다리오 왕 제2년, 스가랴에게 말씀하셨다(슥 1:1).
다리오	다리오 왕 제4년, 벧엘에 있는 사람들이 스가랴에게 금식의 절기를 물어보기 위해 왔다(슥 7:1).

잠시 역사를 살펴보면, 키루스 2세(고레스)의 죽음에 대해서 크세노폰과 헤로도토스 역사가는 서로 다른 주장을 하고 있는데, 크세노폰은 키루스 2세가 나이가 많은 상태에서 환영(幻影)을 보고 죽었다고 한다(꿈에 위엄있는 사람이 나타나 '고레스야, 준비하여라. 네가 곧 신들에게 떠나겠다' 라고 말했다고 한다). 그러나 헤로도토

스는 마사게타이 땅에서 전투에서 전사했다고 한다. 아무튼, 키루스 2세(고레스)가 죽었을 때(B.C. 522)는 권력 다툼이 있었고, 그의 아들 캄비세스는 이집트에 있었는데 임종했다는 소식을 듣고 왕권을 되찾기 위해 나섰지만 고국에 이르기 전에 죽었다. 결국, 그는 페르시아를 다스리지 못했다. 그의 아들 '다레이오스 1세(다리오 히스타스페)'는 캄비세스와 함께 귀환 길에 있었고 그는 마침내 2년간의 반란을 진압하여 왕의 칭호인 '아닥사스다'로 번갈아 알려졌다고 한다.[81] 결국, 고레스 죽음 이후부터 다리오 왕 2년까지 바사제국에는 정치적인 혼란이 있었던 시기로서 성경에서 말하는 성전 중단과 긴밀한 연관성이 있다는 것을 알 수 있다.

7.3.3. 에스라서와 느헤미야서를 통해서 본 바사제국의 왕들

에스라서와 느헤미야가 동시대의 인물이라는 것은 위(5. 참조)에서 정의한 바와 같이 에스라는 성전 봉헌 이후 이스라엘 백성에게 여호와의 율례와 규례를 가르치기 위하여 예루살렘에 2차 귀환하였고(스 7:10), 그로부터 13년 뒤인 느헤미야는 예루살렘 성벽을 건축하기 위하여 귀환하였으며(느 6:15), 느헤미야는 성벽 건축을 완공한 뒤 학사 겸 제사장인 에스라를 불러 초막절 절기를 지키도록 하였다(느 8장). 에스라와 느헤미야가 동시대의 인물이라고 확인할 수 있는 것은 에스라서와 느헤미야서에 공통으로 등장하는 '아닥사스다 왕'으로도 알 수 있다(표 25. 참조).

[표 25] 에스라서와 느헤미야서에 기록된 왕들

왕	성경 말씀
고레스 다리오 아하수에로 아닥사스다	"바사 왕 고레스의 시대부터 바사 왕 다리오가 즉위할 때까지 관리들에게 뇌물을 주어 그 계획을 막았으며 또 아하수에로가 즉위할 때에 그들이 글을 올려 유다와 예루살렘 주민을 고발하니라 아닥사스다 때에 비슬람과 미드르닷과 다브엘과 그의 동료들이 바사 왕 아닥사스다에게 글을 올렸으니 그 글은 아람 문자와 아람 방언으로 써서 진술하였더라 방백 르훔과 서기관 심새가 아닥사스다 왕에게 올려 예루살렘 백성을 고발한 그 글에(스 4:5-8)".

---

81) 「포로기 및 회복기와 역사의 조화」, 유진 폴스틱, 성경과학연구소(가제본 출판), 2020. p124-125, p133 ; 「History, Harmony, The Exile & Returrn」, E. W. Faulstich).

고레스 다리오 아닥사스다	"유다 사람의 장로들이 선지자 학개와 잇도의 손자 스가랴의 권면을 따랐으므로 성전건축하는 일이 형통한지라 이스라엘 하나님의 명령과 바사 왕 고레스와 다리오와 아닥사스다의 조서를 따라 성전을 건축하며 일을 끝내되(스 6:14)".
아닥사스다	"이 일 후에 바사 왕 아닥사스다가 왕위에 있을 때에 에스라 하는 자가 있으니라 그는 스라야의 아들이요 아사랴의 손자요 힐기야의 증손이요(스 7:1)".
아닥사스다	"아닥사스다 왕 제7년에 이스라엘 자손과 제사장들과 레위 사람들과 노래하는 자들과 문지기들과 느디님 사람들 중에 몇 사람이 예루살렘으로 올라올 때에 이 에스라가 올라왔으니 왕의 제칠년 다섯째 달이라(에 7:7-8)".
아닥사스다	"하가랴의 아들 느헤미야의 말이라 아닥사스다 왕 제20년 기슬르월에 내가 수산 궁에 있는데(느 1:1)".

그런데 에스라서를 읽어보면 여러 왕의 이름들(고레스, 다리오, 아하수에로, 아닥사스다)이 나타나고 있는데, 이 이름들의 진짜 왕의 이름을 찾아주어야만 소 선지서에 활동했던 시대를 올바르게 이해할 수 있을 것으로 보인다. 그러기 위해서는 에스라서를 이해하고 해석하는 게 중요할 것이기에 아래와 같이 성경을 정리하였고(스 4:1-7:12), 때에 따라서는 의문점을 제시하면서 왕의 이름을 찾도록 하였다.

1) 성전 건축을 방해하는 기간이 나와 있다(스 4:5).

에스라서에서는 성전 건축 방해가 고레스 왕 재임 기간 중 언제 시작했는지는 정확히 알 수는 없지만, 성전 건축 방해자들에 의하여 '고레스 왕 재임 기간부터 다리오 왕의 즉위할 때'까지 성전 건축을 막고자 하였다고 기록하고 있다.

• 성전 건축 중단 기간 : 고레스 왕 재임 기간 중 어느 날(?) ~ 다리오 왕 제2년(B.C. 520년)

[성전 건축을 막았던 마지막 연도와 '다리오 왕'의 이름 찾아주기]

바사제국의 '다리오'란 이름을 가진 왕은 위 [표 25]와 같이 두 명의 다리오란 인물이 있지만, 에스라서에 나오는 '다리오'는 시기적으로 '다레이오스 1세'를 가리킨다(저자 기준). 그러나 현재 학설에 따르면, 에스라가 살았던 시대를 '아르다크세르크세스 1세(아닥사스다, B.C. 464-423년이다)'로 보고 있는 것을 고려하여 '다리오(중단된 성전 건축이 다시 시작할 시점에 '다리오 왕'이라 하였다, 스 6:12)'의 이름을 가진 자를 '고레스 왕 때부터 아르다크세르크세스 1세' 사이에 찾아보면, 오직 "다레이오스 1세(B.C. 522-486) 밖에 없다. 결국, 성전 건축을 방해했던 마지막 연도는 공사가 재개될 때로 '다레이오스 1세(다리오)'가 통치하고 있을 시기인 B.C. 520년이 될 것이다(학 1:1; 슥 4:9).

** 성전 건축을 막았던 마지막 연도와 '다리오 왕'의 이름
- 성전 건축 방해 기간 : 고레스 왕 재임 기간 중 ~ 다리오 왕 즉위년(B.C. 522년)까지
- 성전 건축 중단 기간 : 고레스 왕 재임 기간 중 ~ 다리오 왕 제2년(B.C. 520년)까지
- '다리오' 왕은 '다레이오스 1세'를 가리킨다.

2) 성전 건축 방해는 고발과 진술의 과정을 통해 이루어졌다(스 4:6-16).

성전 건축을 방해하는 자들이 성전 건축을 방해하기 위하여 바사 왕에게 고발하고 진술도 하는 과정이 있었는데 그 내용은 아래와 같다.

- 고발은 아하수에로 왕에게, 진술은 아닥사스다 왕에게 하였다.

① 고발은 '아하수에로 왕이 즉위할 때'에 이루어졌다(스 4:6).
고발을 누가 주도적으로 했는지는 에스라 4장 6절에서 언급하고 있지 않지만, 8절에서 구체적으로 언급하고 있다. 고발했던 자들은 방백 르훔과 서기관 심새이며, 이들이 '아닥사스다 왕'에게 고발하였다고 기록하고 있다(참고로, 방백 르훔은 1차 귀환자 명단에 들어있던 인물이며, '느훔'이라고도 한다, 스 2:2, 느 7:7). 그리고 이들이 고발한 내용은 에스라서 4장 11절부터 16절까지 나와 있다.

방백 르훔과 서기관 심새가 고발한 것이 승인되어 아닥사스다 왕의 조서(방백 르훔과 서기관 심새의 손에 아닥사스다 왕의 조서 초본이 들려 있다, 스 4:23)를 가지고 와서 성전 건축하는 사람들에게 중단할 것을 요구했다. 결국, 이때로부터 시작하여 다리오 왕 제2년까지라고 성전 건축이 중단되었음을 알려주고 있다(스 4:24).

에스라서 4장 5절에서는 성전 건축을 다리오 왕 즉위년까지 막았다고 하지만, 실제적으로는 공사가 재개되는 다리오 왕 제2년까지 중단되었다(스 4:24; 학 1:1; 슥 4:9). 이 두 문장을 이해하기 위해서는 5절의 의미를 살펴볼 필요가 있다. 5절에서 '그 계획을 막았으며'의 의미는 곧 성전 건축을 방해하기 위해 고레스 왕부터 다리오 왕이 오르기 전까지 뇌물을 통해 성전 건축을 막을 수 있었지만, 다리오 왕 때부터는 뇌물이 통용되지 않아 성전 건축을 방해할 수 없었음을 보여주는 것이다.

② 진술은 '아닥사스다 왕'에게 하였다(스 4:6-7).
비슬람과 미드르닷과 다브엘 등이 (고발한 것에 대하여, 6절) 아람 문자와 아람 방언으로 '아닥사스다 왕'에게 진술하였다(스 4:6-7).

> **[문제 제기] 성전 건축을 방해하기 위하여 고발한 사람에게 두 명의 왕이 나타나고 있다(?).**
>
> (배경) 에스라서 4장에서, 방백 르훔과 서기관 심새가 고발한 내용을 중점적으로 살펴보면 특이하게도 두 명의 왕의 이름이 나온다. 방백 르훔과 서기관 심새는 '아하수에로 왕'에게 고발하였고, 고발한 연도는 왕이 즉위할 때라고 알려주고 있다. 그런데 23절에서는 방백 르훔의 손에 '아하수에로 왕의 조서'가 아닌 '아닥사스다 왕의 조서 초본이'이 들려 있었다. 정리하자면, 고발하는 사람(르훔)은 같은 사람이지만 왕의 이름이 다르게 나온다는 것이다.
>
> 그렇다면 왕의 이름이 다르게 나온다는 것은 곧 두 가지로 추론할 수 있을 것 같다. 하나

는 ⓐ 왕을 서로 다른 인물로 보는 것으로서 방백 르훔이 '아하수에로 왕'에게 고발하였지만, '아하수에로 왕'으로부터 내려오는 조서는 없었으며 그 이후 '아닥사스다 왕'에 의해 조서가 내려왔다고 추정하는 것이고, 다른 하나는 ⓑ '아하수에로 왕'과 '아닥사스다 왕'을 동일 인물로 추정하는 것이다. 저자는 서로 동일 인물로 보는 것이 바람직하다고 생각하고 있는데, 만약 이 둘이 서로 다른 인물로 인식해야 한다면, 이해하기가 쉽지 않은 문제들이 아래와 같이 발생한다.

☑ (가정) 아하수에로 왕과 아닥사스다 왕은 서로 다른 인물이다(현재 학설에 따르는 것이다).
  • '아하수에로 왕' → '크세르크세스 1세(B.C. 486-464)' (학설)
  • '아닥사스다 왕' → '아르다크세르크세스 1세(B.C. 464-423)' (학설)

위에서와 같이 아하수에로 왕과 아닥사스다 왕이 서로 다른 인물이라고 한다면, 고발하는 자들(방백 르훔)은 통치자들이 바뀔 때마다 고발했었을 것이다. 그러나 이것이 불가능한 것은 다음과 같이 세 가지를 들어서 설명할 수 있을 것 같다.

첫째, 위 ①에서 정의한 것처럼, 성전 중단은 '다리오 왕이 즉위할 때(B.C. 522)'까지라고 이미 정의한 바와 같이 시기적으로 맞지 않는다(고발자들이 크세르크세스 때와 아르타크세르크세스 때에 고발한 것으로 봐야 하기에 이들의 연대기와 다리오 왕의 즉위할 때와 비교하면 시기적으로 맞지 않는다. 표 23. 참조; 바사제국 연대기).

둘째, 방백 르훔은 '아하수에로 왕'이 즉위할 때 고발하였는데, 이때는 '아하수에로 왕'을 '크세르크세스 1세'라고 추정하고 있기에 그의 즉위 연도는 곧 B.C. 486년이다. 그리고 24년 뒤 '아닥사스다 왕'이라고 추정하는 '아르다크세르크세스 1세(B.C. 464)'가 왕위에 오르기 때문에 '르훔'이 이때까지 방백의 지위를 가지고 있었을 가능성은 충분하다. 하지만 여기서 생각해야 할 부분은 '방백 르훔'이 1차 귀환자라는 것이다(스 2:2, 느 7:7). 결국, 1차 귀환자인 방백 르훔(스 2:2)이 동일한 직분으로 '고레스 왕' 원년부터 66년[82]이 지나간 '아르다크세르크세스 1세'가 즉위할 할 때까지 그 자리를 지키고 있을 가능성이 희박하고 또한 그의 나이[83]를 고려해도 설명하기가 쉽지 않다.

셋째, 에스라는 예레미야와 에스겔과 같은 예언적인 사역을 한 것이 아니라 학자 겸 제사장(스 7:21), 그리고 율법에 익숙한 자로서 이스라엘 백성들을 여호와의 율례와 법도

---

82) 66년 : 고레스 말년(B.C.530) - 아르다크세르크세스 1세 즉위년(B.C. 464) = 66년
83) 그의 나이 : 방백 르훔의 나이를 추정해보자? → 1차 귀환했을 때(B.C. 539)의 나이와 아르타크세르크세스 1세(B.C. 464-423)가 생존했을 때의 나이)를 추정해보자.

를 따르도록 하는 가르치는 사역을 하였고, 이방 아내와 자녀들을 쫓아내는 등 이스라엘 자손들을 개혁과 계몽하는 인물이었다. 에스라서를 살펴보아도 역사적인 사실들을 기록하였을 뿐 그가 미래에 일어날 예언적인 사역을 하였다는 기록은 없다.

'아하수에로 왕'과 '아닥사스다 왕'이 서로 다른 인물로 가정하였을 때는 위와 같은 세 가지 문제가 제기된다. 따라서 이들을 서로 다른 인물이 아니라 동일 인물로 보는 것이 오히려 설득력이 있다. 그리고 이들이 서로 동일 인물이어야만 에스라서 4장 8절에서 비슬람 등이 진술한 왕('아닥사스다 왕')과도 일치할 수 있게 된다.

❖ **성전 건축을 방해하기 위하여 고발한 사람에게 있어서의 두 명의 왕은 누구인가?**
- 아하수에로와 아닥사스다 왕은 서로 다른 사람이 아니고 서로 같은 사람으로서 '다레이오스 1세'를 가리킨다. 이는 에스라서 4장 5절에 기록하고 있는 '다리오'와도 같은 사람이다.
- 아하수에로 = 아닥사스다 = 다리오(다레이오스 1세)

그러면 아하수에로 왕과 아닥사스다 왕은 동일 인물로 볼 수밖에 없을 것도 같은데, 그렇다면 이 인물은 에스라서 4장 5절[위 1) 참조]에 나오는 '다리오 왕'과는 어떤 관계가 있느냐 하는 것이다. 만약 다리오 왕도 서로 같은 인물일 경우는 별 어려움이 없지만, 만약 그렇지 않을 때는 미로에 빠질 수 있기 때문이다. 따라서 이 문제를 해결하기 위하여 잠시 성경(사 9:6)을 살펴볼 필요가 있다.

- "이는 한 아기가 우리에게 났고 한 아들을 우리에게 주신 바 되었는데 그의 어깨에는 정사를 메었고 그의 이름은 기묘자라, 모사라, 전능하신 하나님이라, 영존하시는 아버지라, 평강의 왕이라 할 것임이라(사 9:6)".

여호와께서 이사야 선지자를 통해 장차 태어날 한 아기 즉 예수님에 관하여 말씀하시면서 그가 가진 능력과 권세에 대하여 위와 같이 다양한 표현으로 말씀하셨다. 이는 예수님에 대한 속성과 권능을 표현한 것이고 모든 표현이 한 분을 지칭하고 있다는 것을 알 수 있다. 이와 마찬가지로 바사제국의 왕들도 이사야 말씀을 벤치마킹(benchmarking)한 듯 그 자신의 상징적인 다양한 이름들을 고레스 실린더와 베히스트 비문 등에 새겨 넣은 것을 볼 수 있다(그림 24, 25. 참조). 이를 근거로 에스라서 4장에 기록하고 있는 '다리오(5절)', '아닥사스다(6절)', '아하수에로(7절)'를 살펴보면, ㉠그 이름들이 연이어서 나오고 있고 ㉡방해자들은 고발은 아하수에로에게 하고 진술은 아닥사스다에게 하였고(스 4:6-7) ㉢뇌물을 다리오가 즉위할 때까지 주었다고 하면서 그다음 절에 다시 아하수에로가 즉위하였다고 기록하고 있으며(스 4:5-6) ㉣아닥사스다 왕의 조서로 금

> 지시키고 난 뒤 다시 다리오가 등장하고 있는 것이다(스 4:23-24). 이러한 이유를 고려할 때 이들은 모두 한 사람을 가리키고 있는 것으로 해석해야 할 것이다.
>
> • 아하수에로 = 아닥사스다 = 다리오(다레이오스 1세)

3) 중단된 성전 건축이 1차 귀환자들에 의하여 다시 시작되었다(스 5:1-2).

성전 건축이 중단된 이후 성전 건축 재개는 다리오 왕 제2년 여호와의 말씀으로 시작되었으며, 이때 여호와의 말씀이 학개 선지자와 스가랴 선지자의 입술을 통해 1차 귀환자인 총독 스룹바벨과 대제사장 예수아(요사닥의 아들)에게 선포되었고, 그 내용은 학개서와 스가랴서에도 기록되어 있다(스 5:1-2,7; 학 1:1-2; 슥 1:1). 그리고 성전 건축이 재개되었을 때 또 고발자가 있었으며 고발은 다리오 왕에게 하였다(스 5:6).

> • 학개서와 스가랴서에서 중단된 성전 건축 재개의 시기를 '다리오 왕 제2년'이라고 기록하고 있으며(학 1:1-2; 슥 1:1), 닷드내 총독과 스달보스내와 아바삭 사람이 중단된 성전 건축이 재개됨을 보고 다리오 왕에게 고발하였다(스 5:6). 그리고 그 고발한 내용은 에스라 5장 7절에서 17절까지 기록되어 있다.
>
> ** 성전 건축 재개 시점은 다리오 왕 제2년(B.C. 520년)이므로 '다레이오스 1세'가 통치하고 있을 때이다.

4) 고발을 접수한 다리오 왕은 고발 내용을 조사하였다(스 6:1-2).

다리오 왕은 고발된 내용을 확인하기 위하여 메대(궁성)와 바벨론(창고)에서 자료를 찾도록 지시하였고(스 6:1-2), 메대와 바벨론 창고에서 두 개의 기록물을 찾을 수 있었다. 첫 번째 기록물은 메대의 악메다 궁성에서 하나의 두루마리를 찾아냈는데, 거기에는 고레스 원년에 내린 조서 내용이 있었다. 그 내용은 에스라서 5장 3-4절에 기록되어 있다. 그리고 두 번째 기록물은 바벨론 창고에서 발견하였는데 그 문서에는 느부갓네살 왕이 예루살렘에 돌려보내라는 기록이 있고 그 내용은 에스라서 5장 5절에 기록되어 있다.

[문제 제기] 방해자들은 아하수에로 왕 때 고발하고 아닥사스다 왕 때에 진술하며 아닥사스다의 조서로 성전 건축을 금지하도록 만들었다[위 2) 참조]. 그런데, 다리오 왕이 조사했을 때 고레스와 느부갓네살 왕의 조서만 발견되었을 뿐, 이들이 내린 조서는 발견되지 않았다. 만약 아하수에로 왕과 아닥사스다 왕이 서로 다른 인물이라고 한다면 이들의 조서도 발견되어야 하지 않았을까?

☞ 에스라서 4장 6~8절을 보면, 고발자들이 '아하수에로 왕과 아닥사스다 왕'에게 고발과 진술을 거쳐서 조서(초서)를 가지고 성전 건축을 중단하였다고 하였으므로(이 경우는 아하수에로 왕과 아닥사스다 왕이 다른 인물로 보았을 때이다) 다리오 왕이 조사할 때 이들이 내린 조서가 발견되었어야 하는 것이 아닌가 한다. 하지만 성경에서는 이들의 조서에 대해서 언급되고 있지 않다. 이에 대해서는 조서가 있었지만 사라졌거나 아니면 기록하지 않거나 하는 등 여러 가지 가능성이 있겠지만 앞에서 고발하는 사람들이 구체적으로 누가 누구에게 고발했는지를 기록하고 있는 것으로 봐서 에스라가 이 부분을 제외하였을 것 같지 않다. 또한, 그들이 기록물을 찾을 때 아주 오래된 바벨론 시대와 고레스 원년의 기록까지 찾았을 정도였다면, 이보다는 훨씬 최근 자료를 찾지 못했다고 하는 것은 이해하기가 쉽지 않다. 그리고 성전 공사가 하나님의 말씀과 조서를 통해 완공하였기 때문에 이들의 조서(아하수에로 왕과 아닥사스다 왕의 조서)는 성전 공사를 막는 조서들이었으므로 기록할 필요가 없다고 말할 수 있을지 모르겠지만, 성경을 관찰하여 보면 수많은 하나님의 백성이 행한 치부(살인, 음행, 불순종 등) 등을 기록하고 있기에 이 부분은 설득력이 떨어질 수 있다.

따라서 다리오 왕이 조사했을 때 아하수에로 왕과 아닥사스다 왕의 조서는 처음부터 없었던 것이다. 왜냐하면 이 둘은 서로 같은 사람이었기 때문이다. 결국, 아하수에로 왕은 곧 아닥사스다 왕이며 또한 다리오 왕이기에 에스라서 6장 14절의 기록하고 있는 아닥사스다의 조서는 찾을 필요가 없었던 것이다. 그가 바로 다리오 왕이기 때문이다.

** 아하수에로 왕과 아닥사스다 왕의 조서가 발견되지 못했던 이유는 이 두 인물을 서로 같은 인물로서 다리오 왕이었기에 굳이 조서를 찾을 필요가 없었다.

5) 다리오 왕은 고발 내용을 조사한 이후 후속 조치로 조서를 두 군데 보냈다(스 6:6–12).

다리오 왕은 바벨론과 메대에서 발견한 조서를 확인하고 난 뒤 후속 조치로 조서를 두 군데 보냈는데 한 곳은 방해자들에게, 또 하나는 건축하는 자들에게 보냈다. 방해자들에게 보낸 내용은 성전 건축을 방해하지 말고 건축할 수 있도록 그냥 놔두되 만약 조서를 변경할 경우는 죽음을 면치 못할 것이라고 하였고, 건축하는 자들에게 보낸 내용은 성전 건축 지시와 제사와 필요한 예물을 드리기 위하여 세금을 걷으라는 것이었다. 그리고 성전 건축을 방해하여 성전을 허는 일이 발생하면 하나님이 그들을 죽이기를 원하신다며 그와 그의 가족이 죽을 것이라는 내용으로 조서를 보냈다.

6) 다리오 왕이 내린 조서로 공사는 탄력받아 신속히 진행되었다(스 6:13-14).

성전 건축하는 일이 탄력을 받고 형통하게 된 이유는 유대 장로들이 학개와 스가랴 선지자들의 권면을 따름에 있다고 하였다. 그리고 중단된 성전 재건은 하나님 말씀에 따라 먼저 시행되었고, 이후 다리오 왕의 조서가 뒤따라 왔다. 조서는 "고레스와 다리오와 아닥사스다의 조서"라고 하고 있으며, 이들의 조서에 의해 성전 건축을 끝낼 수 있게 되었다(스 6:14).

[고레스와 다리오와 아닥사스다의 조서를 찾아라(스 6:14).]

에스라서 6장 14절에서 나오는 조서를 한 사람이 기록한 한 개의 조서로 볼 것이냐 아니면 두 명이 기록한 세 개의 조서로 볼 것인가에 관심을 가지는 분들은 많지 않을 것이다. 그럼에도 불구하고 이를 검토하고자 한다.

한 사람의 조서라고 생각할 수 있는 것은 위에서 언급하고 있는 고레스 실린더와 베히스트 비문(그림 24, 25. 참조)과 같이 왕의 호칭을 여러 표현으로 기록한 것으로 여기에서도 그와 동일하게 기록한 것이라고 보는 것이다. 그러나 이와는 다르게 동일 인물로 보지 않고 성전 건축과 관련된 조서를 모두 기록한 것으로 생각하는 것이다.

저자는 한 사람의 조서로 볼 수 없는 것은 고레스의 조서가 이미 에스라서 1장 1절과 6

장 3절에서 이미 언급하고 있고, 고레스란 이름은 이사야 선지자를 통해 기록된 이름으로(사 44:28) 키루스 2세 이후 인물들 가운데 고레스라고 하는 명칭을 가진 자가 없다. 그러므로 위 조서들은 한 사람의 조서로 보기에는 어렵다고 생각하며 저자가 생각하는 위의 조서는 세 개의 조서라고 생각하여 고레스가 성전을 건축하라는 조서 하나와 다리오가 명령 내린 두 개의 조서 즉 자신의 이름과 왕권의 호칭으로 명령한 다리오 왕의 조서와 아닥사스다 왕의 조서라고 생각한다.

'첫 번째의 조서'인 '고레스 왕의 조서'는 고레스 원년에 예루살렘에 성전을 건축하라고 귀환 명령을 내렸던 조서이며(스 1:1; 6:3), 이때 대표적으로 귀환한 사람은 1차 귀환자인 스룹바벨과 여호수아이다(스 2:2). '두 번째 조서'로 언급된 '다리오의 조서'는 성전 건축이 중단되었다가 다시 시작하라는 다리오 왕의 조서이다(스 6:6-12). 그리고 '세 번째 조서'로 언급된 '아닥사스다의 조서'는 성전 건축이 중단될 때 방백 르훔과 서기관 심새의 손에 있었던 '아닥사스다 왕의 조서'이다(스 5:23-24).

에스라서 6:14에서 3개의 조서("조서를 따라 성전을 건축하며 일을 끝내되")에 따라 성전 건축을 마칠 수 있다고 기록하는 데 있어서, '세 번째 조서'로 지명된 '아닥사스다 왕의 조서'는 성전 건축을 중단하라는 부정적인 조서임에도 불구하고 여기에 포함된 이유는 성전 건축이 완공하는 데까지 '조서가 있었다'라고 하는 사실을 알리는 목적과 비록 아닥사스다의 왕의 중단된 일이 있었지만 하나님의 역사로 다시 상황이 전환되어 성전 공사가 다시 시작하고 마무리되었다는 것을 알려 주기 위하여 포함된 것으로 보인다.

만약, 여기서 말한 아닥사스다 왕의 조서가 현재의 학설과 같이 '아르다크세르크세스 1세(B.C. 464-423)'의 조서라고 한다면 위 ②에서 설명한 바와 같이 이해하기가 어려운 시간적인 문제가 발생한다. 따라서 저자는 '아르다크세르크세스 1세'로 보는 것을 부정적으로 생각한다.

** 고레스 조서와 다리오 조서와 아닥사스다의 조서는 한 명의 임금이 내린 조서가 아닌 두 명의 왕이 내린 조서로서 고레스의 조서가 하나 있고, 다리오가 자신의 이름으로 된 다리오 조서와 왕권의 호칭으로 된 아닥사스다 조서가 있는 것이다.

7) 성전 완공과 성전 봉헌식과 절기를 지냈다(스 6:15-22).

성전 건축 완공은 다리오 왕 제6년 아달월 3일에 끝났으며(스 6:15), 성전 완공 이후 성전 봉헌식이 있었다(스 6:16-18). 그리고 유대인들은 첫째 달 14일에 유월절을 지켰다(스 6:19-22).

[성전 재건 공사는 3년 6개월 걸렸다.]
성전 공사는 중단과 재개되는 과정을 거쳐 완공되었는데, 중단된 성전이 재개되는 때는 다리오 왕 제2년 여섯째 달 24일이며(학 1:2,15), 완공은 다리오 왕 제6년 아달월 3일에 끝났다. 참고로 아달월은 그레고리력으로 2~3월에 해당하므로 공사는 재개된 지 4년(약 3년 6개월) 만에 이루어졌다.

8) 에스라는 성전 완공 및 성전 봉헌식 이후 예루살렘에 왔다(스 7:1-12).

에스라는 성전 완공 및 성전 봉헌식이 있은 직후 아닥사스다 왕 제7년 첫째 달 초하루에 바벨론에서 출발하여 다섯째 달 초하루에 예루살렘에 도착하였는데, 이동 기간은 4개월 걸렸다(스 7:7-9). 아닥사스다 왕은 에스라에 대하여 '하늘의 하나님의 율법에 완전한 학자 겸 제사장' 이라고 조서에 소개하였다(에 7:11-12).

- 에스라는 아닥사스다 왕 제7년에 예루살렘으로 귀환하였고, 이동 기간은 4개월 걸렸다(스 7:7-9).

즉, 위에서 정리한 것과 같이 에스라서와 느헤미야서에 기록된 왕들의 이름은 아래와 같다.

- 고레스는 키루스 2세를 말한다.
- 에스라서에 기록된 다리오와 아하수에로와 아닥사스다는 동일 인물이며, '다레이오스 1세를 가리킨다.

[성전 재건 기록은 성막과 솔로몬 성전을 짓는 과정과 같은 순서를 밟았다?]
출애굽 한 이스라엘 백성이 광야에서 성막 지을 때와 솔로몬 왕이 성전 짓는 과정을 살펴보면, 성경은 일정한 순서로 기록하고 있는 것을 발견하게 된다. 이와 마찬가지로 포로로 귀환한 유대인들이 성전 재건 과정에서도 동일하게 기록하고 있다. 성막 건축과 솔로몬 성전 건축 그리고 예루살렘으로 귀환하며 지었던 스룹바벨 성전 건축 과정을 살

펴보면 아래와 같다.

- (순서) 명령 ➜ 건축 및 완공 ➜ 봉헌식 및 제사(절기)

○ **성막 건축 과정 : ㉠명령 ➜ ㉡건축 및 완공 ➜ ㉢봉헌식 및 제사(절기)**
  ㉠ 명령 : 여호와의 말씀이 있었다(성소, 장막, 기구 : 내가 보이는 양식대로 지어라, 출 25:9).
  ㉡ 건축 및 완공 : 유다 지파 훌의 손자이며 우리의 아들 브살렐과 단 지파 아히사막의 아들 오홀리압을 불러 만들게 하였으며(출 31:1-11), 둘째 해 첫째 달 초하루에 성막을 세웠다(초막절, 출 40:17).
  ㉢ 봉헌식 및 제사(절기) : 성막 완공 이후 성막 문 앞에서 번제단을 두고 번제와 소제를 드렸다(출 40:29-38).

○ **솔로몬 성전 건축 과정 : ㉠명령 ➜ ㉡건축 및 완공 ➜ ㉢봉헌식 및 제사(절기)**
  ㉠ 명령 : 여호와께서는 다윗이 건축할 마음이 있는 것을 알았지만, 그가 전쟁 등을 통해 피를 많이 흘렸기에 성전 건축을 하지 못하도록 하셨고 대신 그의 아들 솔로몬이 성전을 건축할 것이라고 말씀하셨다(대상 21:6-10; 왕상 5:5).
  ㉡ 건축 및 완공 : 성전 건축은 솔로몬 제4년 둘째 달 둘째 날에 시작하여(왕상 6:1) 제11년 불월 곧 여덟째 달에 마쳤는데 성경은 이에 대하여 "그 설계와 식양대로" 7년 동안 성전을 건축하였다고 기록하고 있다(왕상 6:38). 성전 건축에 참여한 자들은 솔로몬의 건축자와 히람의 건축자와 그발 사람이었다(왕상 5:18).
  ㉢ 봉헌식 및 제사(절기) : 솔로몬은 일곱째 달 절기에 모든 사람을 모아서 14일 동안 제사(대하 5:1-7:22; 왕상 8:65)를 지냈으며, 그 외에도 초막절 절기 등(무교절, 칠칠절, 안식일, 초하루)도 지켰다(대하 8:13).

○ **스룹바벨 성전**
성전 재건은 고레스 명령에 따라 예루살렘으로 귀환한 자들에 의하여 시작되었다가 성전 기초석을 놓은 이후 비록 중단되는 일이 발생하였지만, 여호와의 말씀이 있은 직후 성전 공사가 다시 시작되어 3년 6개월 만에 완공되었으며, 완공 후에는 성전 봉헌식이 있었다(스 1:1; 4:24; 5:1-2; 6:13-18). 그리고 이때의 성전을 '스룹바벨 성전'이라고도 한다(슥 4:9).

- **스룹바벨 성전 재건 과정 : ㉠명령 ➜ ㉡건축 및 완공 ➜ ㉢봉헌식 및 제사(절기)**
  ㉠ 명령 : 고레스 왕이 성전을 건축하라고 하였지만(스 1:1-2), 방해자들에 의하여 한 동안 중단되었다가 여호와의 말씀(스 5:1, 학 1:1, 슥 1:1)과 다리오 왕의 조서로 다시 시작되어 성전건축을 완공할 수 있었다(스 6:6,13).

ⓒ 건축 및 완공 : 고레스 왕의 명령에 따라 고국으로 돌아온 1차 귀환자들이 예루살렘에 도착한 이후 2년 둘째 달에 시작하였으며 이때 스룹바벨과 예수아(여호수아)와 유다 사람들이 참여하였다(스 3:8; 6:14). 그 이후 방해자들에 의하여 한동안 중단되었다가 다리오 왕 제2년 여섯째 달 24일에 다시 시작하여(학 1:2,15) 완공은 다리오 왕 제6년 아달월 3일에 끝났다(성전완공은 B.C. 516년에 이루어졌다).

ⓒ 봉헌식 및 제사(절기) : 에스라서에서는 성전 완공 이후 성전 봉헌식과 유월절의 절기를 기록하고 있다(스 6:13-22).

위에서 보는 바와 같이 성막, 솔로몬 성전, 그리고 스룹바벨 성전의 건축 과정을 보면 동일하게 기록하고 있다는 것을 확인할 수 있었다. 그리고 유대 백성들에게 있어서 특이한 사항은 '(성전/집)봉헌식'은 남다른 의미가 있는데, 그들에게 있어서 봉헌식은 적군과 싸우기 위해 전쟁에 참여하는 것보다 더 중요하게 여겼다. 하나님께서는 출애굽 한 이스라엘 백성이 광야에 있었을 때 모세에게 '전쟁에 나가는 백성 중에 집을 건축하고 낙성식을 하지 않은 자는 집으로 돌아가서 낙성식을 행할 것'을 명령하셨기 때문이다(신 20:5). 그 이유는 전쟁 중 전사하게 되면 타인이 낙성식을 행할 수 있기에 그런 일이 발생하지 않도록 먼저 집으로 가서 낙성식을 시행할 것을 말씀하셨다. 이처럼 낙성식을 중요하게 여긴 것은 당시 이스라엘만 그랬던 것이 아니라 바벨론 시대에도 느부갓네살 왕이 금 신상을 세우며 낙성식을 행한 것으로도 알 수 있다(단 3장). 이같이 집을 건축해도 동상(금신상)을 세워도 낙성식을 중요하게 여기는데 하물며 유대인들에게 있어서는 생명과도 같고 여호와께서 거룩하게 여기시는 성막과 솔로몬 성전과 스룹바벨 성전이 건축 과정에서 '봉헌식'을 제외하지 않고 기록하고 있는 이유도 여기에 있다고 볼 수 있다. 참고로 헤롯 성전은 하나님의 말씀에 의하여 건축된 것이 아니고 헤롯 왕이 유대인들에게 환심을 얻기 위하여 성전을 건축하였기에 성경은 이 부분을 기록하고 있지 않은 듯하다.

다시 돌아가서, 솔로몬 성전이 파괴된 이후 성전 재건을 성경이 비교적 상세히 다루고 있는 것은 과거 성막과 솔로몬 성전이 가지고 있는 하나님의 임재, 그리고 하나님과 이스라엘 백성 사이에 언약을 상징하고 있기 때문이다. 그래서 여호와께서는 성전 짓고 있을 때 그들에게 복을 주시겠다고 하였고(학 2:19), 그리고 다시 회복해주실 것을 약속하셨다(슥 8장). 따라서 성전 재건 이후 이스라엘 백성들이 여호와의 말씀에 순종하도록 성전 봉헌식 이후 에스라를 택하여 예루살렘으로 귀환하도록 하신 것이다. 그래서 에스라는 그의 마음에 "여호와의 율법을 연구하여 준행하며 율례와 규례를 이스라엘에게 가르치기로 결심(스 7:10)"하게 되었던 것이고, 하나님께서는 에스라의 마음을 아시고 예루살렘에 귀환할 수 있도록 아닥사스다 왕의 마음을 움직여 에스라가 원하는 모든 것을 받을 수 있도록 하셨던 것이다(스 7:21). 그래서 에스라는 아닥사스다의 조서를

> 가지고 예루살렘에 왔으며, 이스라엘 백성들에게 말씀으로 여호와의 율례와 법도를 가르치고 제사를 지내며 종교개혁을 할 수 있었다(스 7:27-10:44).
>
> 에스라는 성전 완공(B.C. 516년) 이후 유대인들이 절기를 지킬 수 있도록 아닥사스다 왕 제7년에 귀환하였는데 이때는 곧 '다레이오스 1세'가 통치하던 시대로서 B.C. 515년에 해당한다. 참고로 아닥사스다 왕 제7년(B.C. 515년)은 곧 다리오 제6년(B.C. 516년) 다음 해를 말한다. 즉 왕의 이름이 다리오에서 아닥사스다로 바뀌었을 뿐이다.

7.3.4. 에스더서를 통해서 본 '아하수에로 왕'의 이름

'아하수에로 왕'의 이름은 'the Mighty(강자)'의 의미로 다니엘서와 에스라서와 에스더서, 이렇게 세 군데에서 나오고 있으며 이 중 다니엘서와 에스라서에 나오는 '아하수에로 왕'의 이름은 아래와 같다(위 7.3.1.과 7.3.3. 참조).

- 다니엘서의 '아하수에로'(단 9:1) ➔ 메대왕국의 '키악사레스 1세(아스티아게스 부친)'
- 에스라서의 '아하수에로'(스 4:6) ➔ 바사제국의 '다레이오스 1세'

다니엘서와 에스라서에 기록된 '아하수에로'의 인물을 찾을 수 있었고 또 한 명의 에스더에서에 기록하고 있는 아하수에로 왕에 대해서는 'PART 3'에서 심도 있게 다루고 있어서 여기에서는 그 내용을 요약하여 정리하고자 한다(PART 3. 참조).

70인 번역의 기반이 된 '에스테르기[84]'에서는 아하수에로 왕을 '크세르크세스'라고 기록하고 있고, 요세푸스의 「유대 고대사」에서는 '고레스'라고 보고 있지만, 역사적인 문제와 나이로 계산하였을 때 문제점이 발생하고 있어서 이들의 시대로 보기 어렵다는 것이다. 즉, 역사적인 연대기로 볼 때, 다레이오스 1세에서 그의 아들 크세르크세스때까지 헬라 원정을 시도하였었고, 크세르크

---

[84] 에스테르기 : 에스테르기는 에스더이지만, 카톨릭 성경(70인 번역)으로 인식할 수 있도록 에스테르기로 표시하였다. 개역개정과 킹제임스(KJV) 성경은 '아하수에로(Ahasuerus)'로 표현하고 있지만, 카톨릭 성경과 NIV 성경은 '크세르크세스(Xerxes)'라고 기록하고 있다.

세스 재위 기간(B.C. 486-464년)과 그가 재위 제7년에는 살라미스해전 중이었다. 그리고 모르드개[85]가 2차 포로로 바벨론으로 끌려왔던 시간(B.C. 597년)과 크세르크세스의 재위 7년 시기를 비교하면 약 117년이 경과하였기에 그의 나이와 조카 에스더의 나이를 고려할 경우 이들의 나이가 고령인 데다가 특히 에스더가 처녀로 보기 어려운 아주 고령의 할머니에 가깝다는 것이다.

- B.C. 499-494년, 이오니아가 반란; 크세르크세스 부친 다레이오스 왕 때
- B.C. 494년, 다레이오스 왕이 라데(Lade)에서 이오니아 진압
- B.C. 492년, 다레이오스 왕의 마케도니아를 침공하였으나 역풍으로 실패(1차)
- B.C. 490년, 다레이오스 왕의 마케도니아 침공하였으나 패배(2차, 마라톤전투)
- B.C. 480년, 크세르크세스 왕의 마케도니아 침공(3차, 살라미스해전)

에스더의 시대적 배경을 위와 같이 크세르크세스 시대로 보기에는 풀리기 쉽지 않은 문제점들이 있다. 그러므로 성경에서 기록하고 있는 바와 같이 모르드개를 2차 포로로 끌려왔던 것으로 기준 삼아서 그 시대를 분류하게 되면, 당시 주변 나라 중 메대왕국은 바벨론제국과 동맹국이며 사돈격인 나라이었고,[86] 당시 메대왕국의 통치자는 '아스티아게스' 이다. 이를 뒷받침하는 단서들로는 ㉠ 모르드개의 이름이 유대인 이름이 아닌 '다니엘과 세친구들' 과 같이 바벨론제국 이름으로 개명된 점, ㉡ 에스더의 히브리 이름[하닷사이며 뜻은 '은매화(myrtle tree) 이다]이 은매화를 뜻하는 'astra'와 유사하다는 점, ㉢ 2차 포로로 끌려왔던 시기의 나이를 고려할 경우 모르드개가 문지기와 총리로 일을 할 수 있었을 나이와 에스더가 처녀일 수 있다는 점이다.

이를 바탕으로 ' 아하수에로 왕 '의 이름은 정리하면 아래와 같다.

- 아하수에로 왕은 메대왕국의 아스티아게스이다.

---

85) 모르드개 : 바벨론제국이 섬기던 신들의 이름을 딴 것으로 '므로닥(바벨론의 주신) 숭배자' 란 뜻이 있다.
86) 메대왕국의 '키악사레스 1세(B.C. 625-585년) '는 아들 '아스티아게스' 와 딸 '아미티스' 를 두고 있었으며 그의 딸을 바벨론의 '네부카드넷자르(느부갓네살, B.C. 605-562년) '와 정략결혼 시켰다. 그리고 다니엘서 5장에서 나오는 '벨사살 왕' 이 이들의 자녀이며 느부갓네살 왕이 부인 '아미티스' 를 위하여 공중정원을 지었다(PART 2. 참조).

7.3.5. 정리

성경에서 기록하고 있는 '아하수에로', '아닥사스다', '다리오'의 이름들이 역사서와 소 선지서에 중복되어 있지만, 이들의 이름은 왕의 본 이름이 아닌 왕이 가지고 있는 권위와 권세 등을 호칭하는 이름들이라는 것이며 성경 상의 이름과 당시 통치자의 이름은 아래와 같다.

[표 26] 성경에 기록된 메대·바사 왕의 이름과 통치자 이름

성경	나라	성경 이름	통치자 이름	성경에서 언급된 연도(B.C.)		
에스라서	바사제국	고레스	키루스 2세	스 1:1	원년	B.C. 539년
		아하수에로	다레이오스 1세	스 4:6	즉위	B.C. 522년
		아닥사스다		스 4:7	때	B.C. 522년
		다리오		스 6:15	제6년	B.C. 516년
느헤미야서	바사제국	아닥사스다	다레이오스 1세	느 1:1	제20년	B.C. 502년
에스더	메대왕국	아하수에로	아스티아게스	에 2:16	제7년	B.C. 578년
다니엘서	메대왕국	아하수에로	키악사레스 1세	단 9:1-2	-	-
		다리오	아스티아게스	단 9:1-2	통치 원년	B.C. 567년
	바사제국	고레스	키루스 2세	단 10:1	제3년	B.C. 536년
학개서 스가랴서	바사제국	다리오	다레이오스 1세	학 1:1 슥 2:1	제2년	B.C. 520년

8. 결론

여호와께서는 북이스라엘과 남유다의 멸망을 이사야, 예레미야, 에스겔 등의 선지자를 통해 예언하셨지만 북이스라엘과 남유다 백성들은 말씀에 불순종을 택하여 그 예언하신 말씀대로 성취되어 그들은 앗수르와 바벨론으로 끌려갔었다. 그러나 여호와께서는 또한 그들을 다시 이끌고 예루살렘으로 돌아오도록 하겠다는 약속을 이루시기 위하여 다니엘이란 인물을 그 시대에 중심 인물로 선택하여 사용하셨고, 그를 통해 모르드개, 에스라, 학개, 스가랴, 스룹바벨, 여호수아 등 걸출한 인물들이 나올 수 있었다. 그리고 그들은 시기적

인 약간의 간격만 있었을 뿐 모두 다니엘과 동시대에 살았던 인물이라는 것을 본 연구를 통해서 알 수 있었으며, 성경(역사서와 소 선지서)에서 메대왕국과 바사제국 왕들의 이름이 비록 중복되는 현상들은 있었지만, 이들 또한 다니엘과 동시대에 살았던 왕들이라는 것을 알 수 있었다.

이들이 살았던 시대를 본 저자와 같이 동시대의 인물들로 보지 않고 현재 학설에 따르는 것으로 분류할 경우 여호수아와 에스라의 나이(1차 귀환 시부터 성벽 완공 시까지의 나이 추정), 느헤미야서에 나타나는 중복된 제사장 이름들, 에스더의 아하수에로(크세르크세스) 왕은 당시 살라미스해전 중이었고 모르드개는 2차 포로로 바벨론에 끌려왔기에 그와 에스더의 나이 등을 계산하여 본다면 심각한 문제점들이 노출된다는 것이다. 그리고 이것이 미치는 영향은 성경을 이해하는데 가끔씩 난독증이 걸리게끔 만들기도 하지만 무엇보다도 다니엘서에서 나오는 '70이레(단 9:24)'를 해석할 수 없도록 만든다는 것이다.

[표 27] 다니엘서의 기록 70년 표

요시야김 제3년 (B.C. 606년) — 다니엘서의 기록 70년 (B.C. 606~536년) — 고레스 제3년 (B.C. 536년)

아스티아게스 (B.C. 578년) — 고레스 원년 (1차 귀환) (B.C. 539년) — 다리오 (B.C. 490년)

에스더	메대	아하수에로	아스티아게스 (B.C. 578년)	에스라서	바사	고레스	키루스 2세 (B.C. 539년)
						아하수에로	다레이오스 1세 (B.C. 522년)
						아닥사스다	
						다리오	
다니엘서	메대	아하수에로	키악사레스 1세	느헤미야서	바사	아닥사스다	다레이오스 1세 (B.C. 502년 ~B.C. 490년)
		다리오	아스티아게스 (B.C. 567년)	학개서 스가랴서	바사	다리오	다레이오스 1세 (B.C. 520년)
	바사	고레스	키루스 2세 (B.C. 536년)				

하지만 위에서 정리한 것과 같이 성경에서 기록하고 있는 사실들, 즉 벨사살 왕이 느부갓네살 왕의 아들이고(단 5:2,11,13,18,22) 모르드개가 여고냐와 함께 바벨론으로 끌려갔다는 성경(에 2:6)에 기초를 두고 시대를 해석하기 시작한다면, 이들 모두가 다니엘과 동시대를 살았던 인물로 볼 수밖에 없는 단서들이 많이 발견되어 이들의 살았던 시대를 위 표와 같이 정리하게 된다는 것이다. 그리고 이것이 미치는 결과는 다니엘서에 나오는 '70이레' 중 첫 일곱 이레(7이레)를 해석할 수 있다는 데 있다(표 27. 및 PART 5. 참조).

- 예루살렘을 중건하라는 영이 날 때부터 기름 부음을 받은 자 곧 왕이 일어나기까지 일곱 이레와 예순두 이레가 지날 것이요 그 곤란한 동안에 성이 중건되어 광장(the wall)과 거리(street)가 세워질 것이며(단 9:25).

[표 28] 첫 일곱 이레(7이레)

중건령(건축령)	첫 일곱 이레(7이레)	비고
바벨론 멸망 및 고레스의 귀환 명령	성벽 완공	성전 건축부터 성벽 완공 시까지 반대자들에 의하여 어려움이 있었다. 7이레(49년) = 1이레(7년) 7이레
B.C. 539년	B.C. 490년	성전 건축부터 성벽 완공 시까지 반대자들에 의하여 어려움이 있었다. 7이레(49년) = 1이레(7년) 7이레

※ 70이레에 대한 자세한 설명은 PART 5. 참조

결국, 모르드개와 에스더, 에스라, 여호수아, 학개, 스가랴 등의 인물들이 모두 다니엘을 중심으로 동시대에 살았던 인물이라는 것이다.

p120. [표 9] 남유다 포로기 이후 연대별 주요 사건(현재 학설)
p125. [표 10] 남유다 포로기 이후 연대별 주요 사건(현재 학설)
p127. [표 11] 에스라와 관련된 시대별 주요 내용(현재 학설)
p127. [표 12] 학설로 분류하고 있는 연대기 분류 문제점
p133. [표 13] 귀환자 명단 비교(느헤미야와 에스라서)
p136. [표 14] 학개서와 스가랴서 비교
p145. [표 15] 여호수아와 엘리아십 대제사장 시기
p148. [표 16] 느헤미야서에 기록된 제사장 명단(가나다순)
p149. [표 17] 느헤미야서에 기록된 제사장 명단(동일 이름 연결)
p153. [표 18] 성경에 기록된 주요 사건들(연도별 정리)
p155. [표 19] 메대(메디아)왕국 연대표
p155. [표 20] 바사(페르시아)제국 연대표
p162. [표 21] 다니엘서에 기록된 메대와 바사 왕들
p163. [표 22] 벨사살 왕 제3년 때의 주변 통치자 현황
p164. [표 23] 바사(페르시아)제국 연대표
p165. [표 24] 학개서와 스가랴서에 기록된 왕들
p166. [표 25] 에스라서와 느헤미야서에 기록된 왕들
p181. [표 26] 성경에 기록된 메대·바사 왕의 이름과 통치자 이름
p182. [표 27] 다니엘서의 기록 70년 표
p183. [표 28] 첫 일곱 이레(7이레)

p119. [그림 18] 소 선지서의 연대표(현재 학설) - 스가랴서: 1~8장까지의 연대(9장 이후의 연대는 제외)
p122. [그림 19] 스라야의 가계도
p152. [그림 20] 에스라와 엘리아십의 가계도 비교(느 12:22-26; 대상 6:14-15).
p153. [그림 21] 동시대의 인물로 봤을 때의 연대기
p156. [그림 22] 나보니두스 연대기(대영박물관 소장, 위키피디아)
p157. [그림 23] 아스티아게스 왕의 가계도
p158. [그림 24] 고레스 실린더(Cyrus Cylinder, 위키피디아, 대영박물관 소장)
p159. [그림 25] 베히스툰 비문(livius.org 출처)

참고 문헌.

「톰슨Ⅱ 주석성경」, 기독지혜사, 1988.
「구약의 연대기표」, 존 H. 왈턴 지음, 성광문화사, 1992.
「신구약중간사」, 조병호, 통독원, 2014.
「이란사」, 한국외국어대학교 출판부, 2001.

「포로기 및 회복기와 역사의 조화」, 유진 폴스틱, 성경과학연구소(가제본 출판), 2020. - 「History, Harmony, The Exile & Returrn」, E. W. Faulstich.
「소리 지르는 돌들」, 남대극, 삼육대학교 출판부, 2008.

주제어, KEYWORD.
스룹바벨, 여호수아, 예수아, 에스라, 느헤미야, 학개, 스가랴, 모르드개, 에스더, 하닷사, 엘리아십, 요야김, 아하수에로, 다리오, 아닥사스닥, 아스티아게스, 고레스, 키루스 2세, 크레르크세스, 메대(메디아), 바사(페르시아), 고레스 실린더, 나보니두스, 베히스트.

Zerubbabel, Jeshua, Ezra, Nehemiah, Haggai, Zechariah, Mordecai, Esther, Hadassah, Eliashib, Joiakim, Ahasuerus, Darius, **Dario**, Artaxerxes, **Astiages**. **Cyrus**, **Xerxes**, Media, Persia, Cyrus Cylinder, **Nabonidus**, **Behistun**.

5

70이레

가브리엘 천사가 다니엘에게 알려준 '70이레(단 9:24)'의 기한에 관하여 학자들에 의하여 분류하고 있는 것을 참고하면 이레의 기간에 있어서 산술적으로 정확히 떨어지지 않는 현상들이 보인다는 것이다. 그 이유는 중건령과 귀환 시기와 완공 시기, 그리고 다니엘의 연대기를 올바르게 해석하지 못한 데에 있는 것으로 보인다. 이러한 문제점을 해결하고 '70이레'의 비밀을 밝히는 연구이다.

[목 차]

1. 배경
2. 연구 목적
3. 본문 말씀(단 9:24-27)
4. 70이레의 전통적인 해석과 문제점
　4.1. 한 이레(1이레)의 기간 계산
　4.2. 70이레의 전통적인 해석
　4.3. 전통적 해석의 문제점
5. 새로운 접근으로 바로 본 70이레
　5.1. 본문 용어 정리
　5.2. 70이레 설명
　　5.2.1. 70이레 기준
　　5.2.2. 70이레 구분
　　　5.2.2.1. 주제별 구분
　　　5.2.2.2. 70이레와 다른 본문(다니엘서 8장과 9장)과 비교
　　　5.2.2.3. 70이레 과정(단계)
　　5.2.3. 70이레 설명
6. 결론
7. 추가 변론

1. 배경

70이레 환상은 메대 족속 다리오 왕이 갈대아 나라를 얻으며 다스리기 시작하던 해에 있었던 일이다(B.C. 567년). 다니엘은 갑자기 벨사살 왕이 죽고 메대 족속 다리오 왕이 바벨론을 차지하는 일을 겪은 뒤에야 예레미야가 기록한 책으로 무너지고 황폐한 예루살렘이 70년 만에 마칠 것을 비로소 깨닫게 되었다. 그래서 그는 유대 민족이 하나님의 말씀에 순종하지 않아 포로로 끌려온 일에 대한 책임과 죄책감으로 조상들의 죄를 자신의 죄로 여기며 회개하기 시작하였다. 그랬더니 가브리엘 천사가 다니엘에게 와서는 70이레의 기한과 그 내용을 알려 주었다.

2. 연구 목적

가브리엘 천사가 다니엘에게 알려준 70이레의 기한과 관련하여서는 학자마다 다양하게 해석하고 있는데, 문제점으로는 그 연수가 산술적으로 정확히 맞아떨어지지 않는다는 것이다. 이러한 문제점을 해결하기 위한 과정으로 무엇이 필요한지 그리고 70이레의 정확한 연도 계산과 마지막으로 다니엘 인생과 어떤 연관이 있는지를 살펴보고자 하는 연구이다.

3. 본문 말씀(단 9:24-27)

24"네 백성과 네 거룩한 성을 위하여 일흔 이레를 기한으로 정하였나니 허물이 그치며 죄가 끝나며 죄악이 용서되며 영원한 의가 드러나며 환상과 예언이 응하며 또 지극히 거룩한 이가 기름 부음을 받으리라 25그러므로 너는 깨달아 알지니라 예루살렘을 중건하라는 영이 날 때부터 기름 부음을 받은 자 곧 왕이 일어나기까지 일곱 이레와 예순두 이레가 지날 것이요 그 곤란한 동안에 성이 중건되어 광장과 거리가 세워질 것이며 26예순 두 이레 후에 기름 부음

을 받은 자가 끊어져 없어질 것이며 장차 한 왕의 백성이 와서 그 성읍과 성소를 무너뜨리려니와 그의 마지막은 홍수에 휩쓸림 같을 것이며 또 끝까지 전쟁이 있으리니 황폐할 것이 작정되었느니라 ^{27} 그가 장차 많은 사람과 더불어 한 이레 동안의 언약을 굳게 맺고 그가 그 이레의 절반에 제사와 예물을 금지할 것이며 또 포악하여 가증한 것이 날개를 의지하여 설 것이며 또 이미 정한 종말까지 진노가 황폐하게 하는 자에게 쏟아지리라 하였느니라 하니라(단 9:24-27)".

4. 70이레의 전통적인 해석과 문제점

4.1. 한 이레(1이레)의 기간 계산

이레는 한 주(일주일, a week, 출 7:25; 12:15 등)를 표현하는 기간이지만, 70이레를 계산할 때는 하루를 1년으로 환산하여[87] 계산한다. 만약 하루 또는 백 년 단위로 계산할 경우는 한 이레가 7일과 700년으로 계산하게 되어 해석할 수 없게 된다.

4.2. 70이레의 전통적인 해석

70이레를 성경에서 '7이레', '62이레', '70이레' 로 구분하고 있는데 내용은 아래와 같다.

- 7이레 : 예루살렘 성 중건하는 영이 날 때부터 성이 중건되어 광장과 거리가 세워질 때
- 62이레 : 기름 부음 받은 자가 끊어질 때
- 70이레 : 네 백성과 거룩한 성을 위한 기간

---

87) 하루를 1년으로 환산하여 : 하나님은 하루를 1년으로 환산하여 말씀하신 적이 있다(민 14:34; 겔 4:6).
- "너희가 그 땅을 탐지한 날 수 사십일의 하루를 일 년으로 환산하여 그 사십 년간 너희가 너희의 죄악을 질찌니 너희가 나의 싫어 버림을 알리라 하셨다 하라(민 14:34)".
- "그 수가 차거든 너는 우편으로 누워 유다 족속의 죄악을 담당하라 내가 네게 사십일로 정하였나니 일일이 일 년이니라(겔 4:6)".

위와 같이 '7이레, 62이레, 70이레'로 구분하는 가운데, '7이레'를 해석하는 '성전 중건령'에 관하여 전통적으로 세 가지 기준을 가지고 있다.

- 전통적인 성전 중건령
  ✓ 기준 1) 1차 귀환령(고레스 왕 원년, B.C. 536년, 스 1:1-3).
  ✓ 기준 2) 2차 귀환령(아닥사스다 왕 제7년, B.C. 457년, 스 7:1-25).
  ✓ 기준 3) 3차 귀환령(아닥사스다 왕 제20년, B.C. 445년, 느 2:1-9)
  ※ 예루살렘 성전은 B.C. 516년(스 6:15), 성벽은 B.C. 432년(느 6:15)에 완공되었다.

위에서 제시하고 있는 귀환 연도와 성벽 완공 시기는 현재 학설로 분류하고 있는 것으로 제시하였다. 그러나 저자가 제시하는 귀환 연도와 성벽 완공 시기는 위의 것과 다르다(1차 귀환 B.C. 539년, 성전완공 B.C. 516년, 2차 귀환 B.C. 515년, 3차 귀환 502년, 성벽 완공 B.C. 490년, PART 4. 참조).

4.3. 전통적 해석의 문제점

70이레에 관하여 해석하는 주된 견해는 위와 같이 대표적으로 세 가지로 나뉜다. 그런데 이 세 가지의 견해를 살펴보면 각각 문제점을 가지고 있다는 것을 알 수 있다.

[표 29] 70이레의 전통적인 해석

구분	70이레					문제점
	69이레			공백 기간	1이레	
	중건령	7이레	62이레		1이레	
기준 1)	B.C. 536년	B.C. 445년	A.D. 30년	~	마지막 한이레	이레의 기간이 맞지 않는다
기준 2)	B.C. 457년	B.C. 408년	A.D. 27년	~		십자가 사건과 맞지 않는다
기준 3)	B.C. 445년	B.C. 396년	A.D. 38년	~		

그리고 위와 같이 분류하는 데 있어서 가장 특징적인 것은 중건하는 영이 날 때부터 기름 부음 받은 자가 끊어질 때까지의 기간을 총 69이레의 기간으로

계산하고 있고, 이후 마지막 한 이레만 남아 있다고 보고 있다. 그리고 마지막 한 이레가 나타날 때까지를 공백 기간으로 보고 있는데, 이 공백 기간은 예수님께서 십자가에 죽임을 당한 이후부터 장차 있을 마지막 한 이레가 나타나기 전까지이다.

• 기준 1)의 문제점

'7이레'와 '62이레'을 살펴보면, 그 이레의 기간이 산술적으로 맞지 않는 문제가 도출된다. '7이레'의 기간에 있어서 49년이 아닌 91년의 기간이 걸리며 62이레의 기간은 434년이 아닌 566년이나 발생하고 있다. 그리고 역사적으로 알려진 성전과 성벽이 완공되는 연도와도 맞지 않는다.

• 기준 2)의 문제점

'7이레'와 '62이레'의 기간을 살펴보면 그 이레의 기간이 산술적으로 맞는 것처럼 보인다. 하지만 그 내용을 살펴보면 일치하지 않는 세 가지 문제점이 나타난다.

첫째, '7이레'의 종료 시점이 B.C. 408년이라고 하고 있는데 이때는 예루살렘 성전 및 성벽이 완공된 사실과 맞지 않는다.
둘째, '62이레'에서 '기름 부음 받은 자가 끊어져 없어질 것'이라고 하였는데, 위 표를 보면 예수님께서 사역을 시작하는 시점으로 정하고 있다는 것이다.
셋째, 2차 귀환 시기는 중건령이 아닌 성전 봉헌물을 드리기 위한 명령이기 때문에 맞지 않는다(스 7:11-13).

• 기준 3)의 문제점

위 기준 2)와 같은 현상이 발생하는데, 계산상으로 기간이 일치하는 것처럼 보이지만 그 내용에 있어서 문제점이 노출된다. 즉 '7이레' 종료 시점과 성전과 성벽 완공 시기, 기름 부음 받은 자가 끊어지는 연도, 성벽 건축령을 성전 중수령으로 보고 있다는 점에서 문제점이 있다.

정리하자면, 위와 같은 전통적인 방법으로는 '7이레'와 '62이레'의 기간과 내용을 일치시키는 데는 어려움이 발생하고 있다는 점이다. 숫자상으로 '이레' 기간을 일치시키고자 할 때는 그 내용이 역사적인 사건과 일치하지 않고, 역사적인 사실을 맞추고자 한다면 연대기(연도)가 맞지 않는 현상들이 보인다는 것이다.

5. 새로운 접근으로 바로 본 70이레

5.1. 본문 용어 정리

'70이레'를 설명하기 위해서는 먼저, 성경 본문에 있는 두 개의 단어에 대해서 새롭게 정의하고 갈 필요가 있다. 단어에 대한 정확한 이해가 없으면 70이레를 이해하는데 있어서 혼란과 함께 어려움을 겪을 수 있기 때문이다. 여기서 검토할 단어 두 가지는 "중건"과 "광장(단 9:25)"이다. 이 단어들에 대해서 명확히 구분하는 것만이 70이레를 올바르게 해석하고 이해하는 데 도움을 주기 때문이다.

- "예루살렘을 중건하라는 영이 날 때부터 기름 부음을 받은 자 곧 왕이 일어나기까지 일곱 이레와 예순두 이레가 지날 것이요 그 곤란한 동안에 성이 중건되어 광장과 거리가 세워질 것이며(단 9:25)".

1) 중건

가브리엘 천사는 다니엘에게 70이레에 대한 환상을 알려주면서 일곱 이레와 예순두 이레를 설명하기를 "(예루살렘을) 중건하라는 영이 날 때 그리고 곤란한 동안에 성이 중건되어 광장과 거리가 세워질 것이며"라고 하였다. 이 문장 중에서 "중건(개역개정)"이라고 하는 단어에 대해서 오해가 없도록 먼저 용어 정의를 할 필요가 있다. "중건(重建)"이란 단어는 명사로서 사찰이나 왕궁 따위를 '보수하거나 고칠 때' 쓰이는 단어이다. 이를 다시 정리하면 사찰이나 왕궁이 형태가 있는 가운데 세월의 흔적 또는 소실로 인하여 보수가 필요한 경우에 사용하는 단어라는 것이다.

그런데 다니엘에게 알려줬을 때의 예루살렘 성전은 존재하지 않는 상태였다. 왜냐하면 남유다가 멸망과정에서 바벨론 느부갓네살 왕이 불로 태우고 헐어버려서 이미 없어진 상황이었다(왕하 25:9-10; 대하 36:9; 렘 39:8). 바사의 고레스는 바벨론을 멸망시킨 뒤 포로로 잡혀 온 유대인들에게 고향으로 귀환하라는 명령과 함께 예루살렘 성을 파괴되기 이전과 같이 성전을 복원하라고 지시하였다. 이처럼 예루살렘 성전은 무너져 없어진 상황이었음에도 성경(개역개정)은 '중건'이라고 표현하였다. 여기에 쓰인 '중건'이란 단어보다는 '복원' 또는 '재건'이란 단어로 사용했었으면 어땠을까 하는 아쉬움이 있다. 그랬으면 성경을 더 빠르게 이해하는 데 도움이 되었을 것이고, '70이레'를 푸는 데도 도움이 되지 않았을까 생각한다. 그러다 보니 70이레를 해석하는 데 있어서 출발점이 되는 '중건'이란 단어로 인하여 그 시점을 어느 것으로 정해야 하는지 혼란을 겪고 있는 것도 사실이다.

예를 들어 '중건령' 시점을 고레스 왕이 바벨론에 포로로 와 있던 유대인들을 고국으로 돌려보내면서 성전을 건축하라고 명령했던 시점인지(스 1:1-2) 아니면 성전공사가 중단된 이후 학개와 스가랴 선지자를 통해 성전을 건축하라고 여호와께서 명령한 시점인지(스 5:1; 학 1:1-8; 슥 1:1; 4:9) 아니면 느헤미야가 성벽공사를 하기 위하여 귀환한 시점인지(느 1:1; 2:1-8) 의견이 분분하다.

이렇게 혼란을 겪게 된 또 다른 이유에는 다니엘에게는 '중건'이라는 단어로 사용하고 있지만, 에스라서와 학개서와 느헤미야서에서는 '중건'이란 단어가 사용되지 않고 있기에 성전 중건 시점을 정하는 데 있어서 혼란을 겪게된 것 같다.

또한, 교계와 세계사에서는 유다 백성이 1차 귀환 시기부터 3차 귀환 시기를 저자와 같은 연대별로 분류하는 것이 아니라 많은 시간 간격을 두고 있기에 70이레를 명확히 판별하기가 쉽지 않은 것도 그 이유 중 하나이다.

이런 결과로 '7이레'와 '62이레'의 구분하는 데 있어서 정확한 연도로 떨어지지 않는 것으로 나타나고 있다. 그래서 많은 이들이 '7이레'와 '62이레'를 계산상으로 산출될 수 있는 비슷한 연대로 추정 하듯이 분류하고 있다.

따라서 '중건'이란 단어에 대해서 좀 더 올바른 단어 선택이 있어야 할 것으로 생각하며 '중건'이란 단어를 '복원' 또는 '재건' 또는 '건축'이란 단어 표현으로 대체할 필요가 있다. 따라서 이 문장을 다시 재정립하면 '예루살렘 중건령'이 아니라 예루살렘 '건축령' 또는 '재건령' 또는 '복원령'이 될 것이다.

참고로, 영어 성경(KJV)은 위에서 설명하고 있는 '건축'령, '재건령', '복원령'과 같은 의미로 사용하고 있음을 볼 수 있다(단 9:25). 또한, 학개서, 에스라서, 스가랴서에서도 '중건하라'라고 표현을 하지 않고 '건축하라'라고 기록하고 있는 것을 확인할 수 있다(학 1:2,8; 스 4:1; 슥 8:9).

- that from the going forth of the commandment to restore and to build Jerusalem(단 9:25, KJV).
- 위 문장을 직역하면, '예루살렘을 재건(복구, 복원)하고 건설하라는 명령이 내려진 이후'

이다. 여기서 'restore(재건, 복구)'와 'build(건설, 건축)'의 단어가 쓰였다.
- "만군의 여호와가 이같이 말하여 이르노라 이 백성이 말하기를 여호와의 전을 건축할 시기(the time that the LORD's house should be built)가 이르지 아니하였다 하느니라(학 1:2)".
- "너희는 산에 올라가서 나무를 가져다가 성전을 건축하라(and build the house) 그리하면 내가 그것으로 말미암아 기뻐하고 또 영광을 얻으리라 여호와가 말하였느니라(학 1:8)".
- "사로잡혔던 자들의 자손이 이스라엘의 하나님 여호와의 성전을 건축한다 함(builded the temple unto the LORD God of Israel)을 유다와 베냐민의 대적이 듣고(스 4:1)".
- "만군의 여호와가 이같이 말하노라 만군의 여호와의 집 곧 성전을 건축하려고 그 지대를 쌓던 날에 있었던(which were in the day that the foundation of the house of the LORD of hosts was laid, that the temple might be built) 선지자들의 입의 말을 이날에 듣는 너희는 손을 견고히 할지어다(슥 8:9)".

2) 곤란한 동안에 광장과 거리가 세워질 것이며(단 9:25).

위 "곤란한 동안에 성이 중건되고 광장과 거리가 세워진다"라는 문장 속의 '광장'이라는 단어를 다시 살펴볼 필요가 있다. 개역개정 성경은 '광장'이라고 표현을 하고 있지만, 영어 성경(KJV)으로는 '성벽(wall)'으로 기록하고 있다.

성벽(wall)과 관련해서는 느헤미야서와 깊은 관련 있기에 우선 간단히 정리하면, 느헤미야는 아닥사스다 왕 제20년에 예루살렘으로 귀환하였고(3차 귀환), 성벽 완공은 그때로부터 13년 뒤인 아닥사스다 왕 제32년(B.C. 490년)[88]에 완공하였으며(느 6:15), 성벽 완공 이후에는 예루살렘에 거주할 자와 외곽에 거주할 자를 정하였다(느 11장).

---

88) 아닥사스다 왕 제32년(B.C. 490년) : 성벽공사 완공은 아닥사스다 왕 제32년에 완공되었는데 이때를 B.C. 490년으로 보고 있다(부록 5 및 PART 4. 참조).

여기서 주목할 점은, 예루살렘에 거주할 사람을 지정하였다는 의미를 살펴볼 필요가 있다. 느헤미야는 예루살렘에 거주할 사람으로 백성의 지도자와 백성 중 십분의 일(1/10)만 거주하게 하였다. 사람을 거주하게 한다는 것은 곧 장소의 지정을 말하는 것이며 이는 사람이 주거할 수 있는 공간(집)이 마련되고 이로 말미암아 자연스레 마을이 생겨날 수밖에 없다. 이러한 결과 사람은 마을과 마을 사이로 걸으며 활동하게 되다 보니 '거리(street)'는 자연스럽게 생겨날 수밖에 없다는 결론에 이른다.

위에서 살펴본 바와 같이 '광장'은 '성벽(wall)'을 의미하고, 예루살렘에 거주할 사람을 지정했다는 것은 곧 마을과 마을이 생기면서 '거리(street)'도 자연스레 만들어진다는 것이다.

위에서 정리한 것을 바탕으로, 다니엘에게 알려준 70이레 관한 말씀(단 9:25)을 느헤미야서에서 기록하고 있는 말씀으로 비교하여 아래 표와 같이 설명할 수 있다.

[표 30] 다니엘서(9:25)와 느헤미야서 비교

다니엘 9:25	느헤미야
곤란한 동안	고레스가 내린 명령으로 1차 귀환자들(대표적인 인물 : 스룹바벨과 여호수아)에 의해 성전 기초석이 놓였으나 방해자들에 의하여 성전 공사가 중단되었고, 다시 시작될 때에도 또 한 번의 방해가 있었다. 그 이후 여호와의 도우심으로 성전 공사는 완공되었다. 하지만 그 이후에도 느헤미야가 예루살렘으로 귀환하기 전과 성벽 공사 중에서도 '산발랏(느 4-6장)'과 같은 여러 반대자가 끊임없이 음모와 괴롭히는 과정이 반복되다가 아닥사스다 왕 제32년(B.C. 490년)에 비로소 성벽 공사를 완공하였다. 이처럼 성전 및 성벽 공사 방해가 있었던 기간이 성경에서 말하고 있는 "곤란한 동안"이다.
광장(wall)이 세워지는 것	성벽 공사가 끝나서 성벽이 세워지는 것을 말한다(느 6:15).
거리가 세워질 것	백성의 지도자들은 예루살렘에 거주하게 하고, 남은 백성은 제비를 뽑아 예루살렘 성에 거주할 자와 다른 성읍에 거주할 자를 지정하였다(느 11:1). 이를 통해 마을과 마을이 생겨나고 사람이 왕래하게 되어 자연스럽게 '거리(street)'가 생겨난다. 즉 예루살렘과 다른 성읍에 거주할 자를 지정한 것을 두고 말한 것이다.

5.2. 70이레 설명

5.2.1. 70이레 기준
성경(개역개정)은 '중건령(중건하는 영이 날 때, 단 9:25)'으로 표현하고 있지만 위에서 용어 정리(5.1. 참조)한 바와 같이 이제부터는 '건축령'으로 표현하고자 하며 이 시점을 고레스의 귀환 명령 시점으로 삼고자 한다.

- 성전 건축령 : B.C. 539년, 유대인의 귀환과 성전 건축 명령(바사의 고레스 왕, 스 1장).

5.2.2. 70이레 구분
70이레를 쉽게 이해할 수 있도록 70이레를 주제별, 다른 본문(다니엘 8장, 9장)과 비교 그리고 단계별 과정으로 구분하여 정리하였다.

5.2.2.1. 주제별 구분
위 말씀(단 9:24-27)을 주제로 정하여 구분하면 70이레를 쉽게 이해할 수 있으며 내용은 아래와 같다.

[표 31] 70이레 주제별 구분

70이레	다니엘서 9:24-27
목적	"네 백성과 네 거룩한 성을 위하여 일흔 이레를 기한으로 정하였나니(단 9:24)".
70이레 이후의 일들	"허물이 그치며 죄가 끝나며 죄악이 용서되며 영원한 의가 드러나며 환상과 예언이 응하며 또 지극히 거룩한 이가 기름 부음을 받으리라(단 9:24)".
첫 7이레	"그러므로 너는 깨달아 알지니라, 예루살렘을 중건(restore & build, 복원 & 건축)하라는 영이 날 때부터 일곱 이레가 지날 것이요, 그 곤란한 동안에 성이 중건되어 광장(wall, 성벽)과 거리(street)가 세워질 것이며(단 9:25)".
62이레	"기름 부음을 받은 자 곧 왕이 일어나기까지(unto the Messiah the Prince) 예순두 이레가 지날 것이요, 예순두 이레 후에 기름 부음을 받은 자(Messiah)가 끊어져 없어질 것이며(단 9:25-26)". (62이레 시작) 기름 부음을 받은 자 곧 왕이 일어난다(헤롯 대왕). (62이레 종료) 기름 부음을 받은 자가 끊어진다(예수 그리스도).

| 장차 한 왕의 한 이레 | "장차 한 왕의 백성이 와서 그 성읍과 성소를 무너뜨리려니와 그의 마지막은 홍수에 휩쓸림 같을 것이며 또 끝까지 전쟁이 있으리니 황폐할 것이 작정되었느니라 그가 장차 많은 사람들과 더불어 한 이레 동안의 언약을 굳게 맺고 그가 그 이레의 절반에 제사와 예물을 금지할 것이며 또 포악하여 가증한 것이 날개를 의지하여 설 것이며 또 이미 정한 종말까지 진노가 황폐하게 하는 자에게 쏟아지리라 하였느니라 하니라 (단 9:26-27)". |

※ 장차 한 왕의 한 이레 : 다니엘서 11장 20절에서 45절까지 설명하고 있는 북방(옛 페르시아)의 비천한 사람이 행한 것을 말한다. 그가 왕권을 속임수로 차지하였다고 하여 비천한 사람이라고 하고 있으며, 그가 유대인들에게 이방신 강요와 함께 종교 탄압하였다가 비참한 종말을 맞이하였다. 이 비천한 사람은 '안티오쿠스 4세 에피파네스'이며, 한 이레는 그가 유대인들을 핍박하고 있는 기간(한 이레, 7년)을 말한다. 그리고 A.D. 70년, '티투스'는 이 '비천한 사람'처럼 유대인들을 핍박하며 성전까지 파괴하는 행동을 하였다. 이처럼 '에피파네스'는 마지막 때에 나타날 적그리스도와 한 이레가 되는 예표가 되는 인물이다.

5.2.2.2. 70이레와 다른 본문(다니엘서 8장과 9장)과 비교

70이레를 다른 본문(다니엘서 8장과 9장)에서 설명하고 있는 '3년 반'과 비교하면 아래 표와 같다.

[표 32] 70이레와 다른 본문(다니엘서 8장과 9장) 비교

이레			말씀 분류(다니엘서 8장과 9장).
70 이레	7 이레	곤란한 동안	예루살렘이 중건하라는 영이 날 때부터[that from the going forth of the commandment to restore(복원하다) and to build(건축하다, 짓다, Jerusalem, 단 9:25].
			그 곤란한 동안에 성이 중건되어 광장(wall, 성벽)과 거리가 세워질 것이며(단 9:25).
	62 이레	기름 부음을 받은자	기름 부음을 받은 자 왕(the Messiah the Prince, 메시아)이 일어나기까지(단 9:25) & 기름 부음을 받은 자가 끊어져 없어질 것이며(shall Messiah be cut off, 단 9:26).
	마지막 1이레 (예표)	전 3년반	그가 장차 많은 사람과 더불어 한 이레 동안의 언약을 굳게 맺고(And he shall confirm the covenant with many for one week, 27절).
		7년 후 3년반	[단 8:5-14 (헬리제고; 에피피네스) → 후 3년 반[89]의 예표] ①작은 뿔이 하늘 군대와 별들 중의 몇을 땅에 떨어뜨리고 짓밟는다. ②작은 뿔이 스스로 높아지며 군대의 주재를 대적한다. ③작은 뿔이 매일 드리는 제사를 없앤다. ④작은 뿔이 성소를 헐어버린다. ⑤작은 뿔이 진리를 땅에 던지며 자의로 행하는데도 형통한다. ※위 ①~⑤까지의 기간은 2300주야이며, 그 때에 성소가 정결하게 될 것이다.

---

89) 후 3년 반 : 한 때 두 때 하고 반 때 곧 세때 반.

		후 3년반	[단 8:21-26(헬라제국; 에피파네스) ⇒ 후 3년 반의 예표] ○ 네 나라 마지막 때에 반역자들이 가득하며, 그때에 한 명의 왕이 일어난다. ①그는 얼굴이 뻔뻔하며 속임수에 능하다. ②비록 그의 권세가 강할 것이지만 자기 힘으로 된 것이 아니다. ③그는 장차 놀랍게 파괴행위를 하고 자의로 행하는데 형통한다. ④그는 강한 자들과 거룩한 백성을 멸한다. ⑤그는 꾀를 내며 자기 손으로 속임수를 행하고 마음으로 큰 체한다. ⑥그는 평화로운 때에 많은 무리를 멸하고, 스스로 서서 만왕의 왕을 대적할 것이다. 그렇지만 그가 사람의 손으로 (하나님에 의해) 깨어지게 된다. [단 9:26-27(로마제국; 티투스) 후 3년 반의 예표] 장차 한 왕이 와서 그 성읍과 성소를 무너뜨릴 것이요(26절). 그가 그 이레의 절반에 제사와 예물을 금지할 것이며(27절). 또 포악하여 가증한 것이 날개를 의지하여 설 것이며(27절).
		후 3년 반 이후	그의 마지막은 홍수에 휩쓸림 같을 것이며(단 9:26). 또 끝까지 전쟁이 있으리니 황폐할 것이 작정되었다(단 9:26). 또 이미 정한 종말까지 진노가 황폐하게 하는 자에게 쏟아지리라 하였다(단 9:27).
70 이레	8이레		제3성전 건축령이후부터 56년
	현상		허물이 그치고, 죄가 끝나며, 죄악이 용서되며, 영원한 의가 드러나며, 환상과 예언이 응하며, 지극히 거룩한 이가 기름 부음을 받으리라(단 9:24).
	목적		네 백성과 네 거룩한 성을 위하여 70이레가 준비되었다(단 9:24).

5.2.2.3. 70이레 과정(단계)

70이레의 기간에 관하여 성경은 7이레, 62이레, 70이레로 구분하고 있지만, 저자는 이를 세부적인 과정으로 나누고자 하며, 내용은 아래와 같다.

- ① 7이레 → ② 52이레(7이레 + 45이레) → ③ 공백기(1) → ④ 62이레(52이레 + 10이레) → ⑤ 공백기(2) → ⑥ 70이레(62이레 + 8이레). (* 70이레 사이에 두 번의 공백기가 존재한다).

성경은 위와 같이 '52이레'와 '공백기'에 대해서 설명하고 있지는 않지만, 다니엘에게 알려준 "네 백성과 거룩한 성을 위하여 70이레가 준비되었다(단 9:24)"라는 말씀을 바탕으로 계산하는 과정에서 위와 같은 기간이 존재하게 됨을 발견되었다. 그리고 이같이 나누게 된 '52이레'의 기준이 '비천한 사람

(단 11:20-45)'으로 설명하고 있는 '안티오쿠스 4세 에피파네스'가 왕위를 찬탈한 연도를 기준으로 정한 이유는 아래와 같은 두 가지 때문이다.

첫째, '62이레'를 설명할 때 "기름 부음을 받은 자가 끊어져 없어질 것(shall Messiah be cut off, 단 9:26)"이라고 할 때, 이분은 인류의 구원자인 메시아로서 예수님이기 때문이다. 만약 기름 부음을 받은 자가 예수님이 아닌 다른 인물로 해석하고자 했을 때는 70이레의 기간이 맞지 않는 문제가 발생한다는 것이다(위 4. 참조).

[표 33] 기름 부음을 받은 자에 대한 성경 비교

성경	기름 부음을 받은 자(Anointe One) 또는 메시야(Messiah)	
	단 9:25	단 9:26
개역개정 (개역한글)	기름 부음을 받은 자 곧 왕이 일어나기까지	기름 부음을 받은 자가 끊어져 없어질 것이며
NIV	until the Anointed One, the ruler, comes	the Anointed One will be cut off and will have nothing
KJV	unto the Messiah the Prince	Messiah be cut off, but not for himself:
NASB	until Messiah the Prince	Messiah be cut off, but not for himself:

둘째, 다니엘서 8장, 9장, 11장에서 설명하고 있는 바와 같이 유대인들에게 종교 탄압과 핍박을 가하는 인물이 바로 '비천한 사람'으로 소개하고 있는 '안티오쿠스 4세 에피파네스'인데, 이 비천한 사람은 마지막 때에 나타날 적그리스도에 대한 예표가 되는 인물로 비치고 있기 때문이다(단 8:5-14,21-26; 9:26-27; 11:20-45). 그래서 성경은 이 인물에 대하여 구체적으로 설명하고 있고(단 11:20-45) 또한, 이때의 시대적 배경인 예루살렘을 두고 북방 왕과 남방 왕과의 전쟁, 그리고 비천한 사람의 등장과 유대인의 핍박에 관한 사건들을 다니엘을 통해 "큰 전쟁"에 관한 예언으로 말씀하셨고, 이를 다니엘서 11장에서 다루고 있다.

정리하자면, '62이레' 기간에 중심인물로 나타나는 분이 메시아인 예수님이므로, 이분을 기점으로 연도를 구분해야 할 필요성과 적그리스도의 상징적인 인물로 설명하고 있는 '비천한 사람(에피파네스)'이 다니엘서 11장에서 중요하게 다루고 있는 점을 고려해야 하므로 '52이레'가 반영된 것이다. 그리고 위와 같은 방법으로 계산하게 되면, 연도에서도 오차가 발생하지 않는 즉 정확히 딱 들어맞는 결과가 도출된다. 그리하여 '52이레'와 '공백기'가 반영되었다.

5.2.3. 70이레 설명

1) 첫 일곱 이레(첫 7이레, 49년) : B.C. 539년 ~ B.C. 490년

첫 '7이레' 기간의 시작은 예루살렘을 중건(재건, 건축)하라는 영이 날 때부터 성이 중건되고 광장(성벽)과 거리가 세워질 것의 기간으로서 B.C. 539년 고레스가 바벨론을 멸망시킨 후 포로로 잡혀 온 유대인들을 고향으로 돌아가라고 하면서 예루살렘(성)을 중건(restore & build, 복원 & 건축)하라는 명령을 내렸다. 이때부터 시작하여 느헤미야가 아닥사스다 왕 제32년에 성벽공사를 완공한 B.C. 490년까지의 기간을 말한다.

- 7이레(49년, B.C. 539년 ~ B.C. 490년) : 고레스의 귀환 명령 이후부터 성벽 완공 시까지

다니엘서 9장 25절 "예루살렘을 중건"하라는 말씀은 B.C. 539년 고레스가 내린 '건축령(令)'을 말한다. 그리고 "곤란한 동안"은 예루살렘으로 귀환 이후부터 성벽 공사 완공 시까지의 기간으로, 성벽공사 시 성전건축이 중단되는 사건이 발생하였고, 성벽 공사 때는 산발랏 일행이 모함하는 등 방해자들이 일어났다. 성전과 성벽은 이들의 방해에도 불구하고 완공되었다. 그리고 "광장(wall, 성벽)과 거리가 세워질 것"의 의미는 느헤미야 때의 성벽 공사 완공

과 성읍 거주자를 지정한 것을 두고 말한 것이다[위 (가) 용어 정리 참조].

참고로, 아닥사스다 왕은 다리오 왕과 동일 인물이며(PART 4. 참조), 예루살렘 성전파괴와 재건된 연도를 관찰하면 바벨론 느부갓네살 왕에 의해 파괴된 지 정확히 70년[90](10이레)만에 재건되었다.

- B.C. 586년 : 남유다의 멸망과 예루살렘 성전 파괴(느부갓네살 왕의 제3차 침략)
- B.C. 539년 : 바벨론 멸망과 바사의 고레스 왕의 귀환 명령(1차 귀환 : 스룹바벨과 여호수아)
- B.C. 536년 : 성전 기초석을 놓다(1차 귀환자들이 예루살렘에 도착한 지 2년 2개월 후에 성전공사를 시작하였다. B.C. 536년에 성전 공사를 시작했다고 하는 것은 1차 귀환자들이 바벨론에서 남유다까지의 대규모의 인원과 도보로 이동한 기간을 고려하여 추정한 것인데, 이에 대한 근거로 에스라가 2차 귀환할 때 소요되었던 기간을 참고하였다(스 7:9).
- B.C. ? ~ 520년 : 반대자들에 의하여 성전공사가 중단되었다(스 4:23-24).
- B.C. 520년 : 성전공사가 중단되었다가 재개되었다(여호와의 명령과 다리오 왕의 조서).
- B.C. 516년 : 성전 완공(재건 완료 및 성전 봉헌식)
- B.C. 515년 : 다리오 왕의 귀환 명령(2차 귀환 : 에스라)
- B.C. 502년 : 아닥사스다 왕 제20년의 귀환 명령(3차 귀환 : 느헤미야)
- B.C. 490년 : (느헤미야) 성벽공사 완공 및 성읍 거주자 지정(절기 지킴)

※ 2차 귀환 시기를 B.C. 515년, 3차 귀환 시기를 B.C. 502년으로 보고 있다(PART 4. 참조).

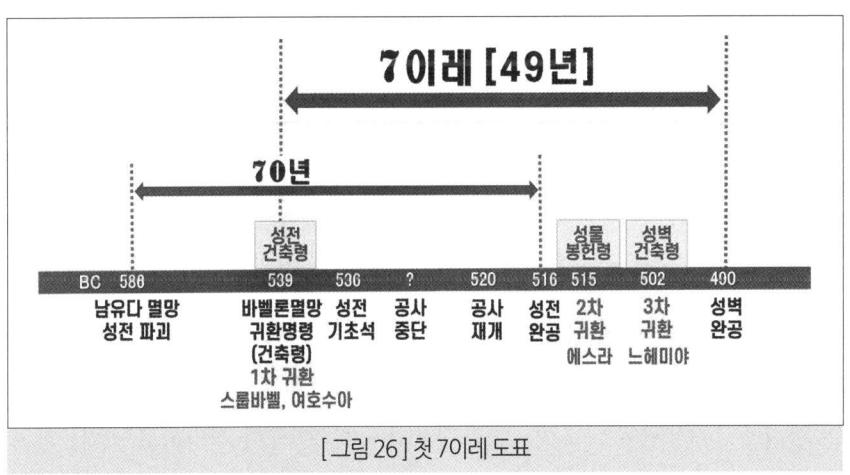

[그림 26] 첫 7이레 도표

---

90) 70년 : "여호와께서 이와 같이 말씀하시니라 **바벨론에서 칠십 년이 차면** 내가 너희를 돌보고 나의 선한 말을 너희에게 성취하여 너희를 이곳으로 돌아오게 하리라(렘 29:10)".

2) 52이레(364년) : B.C. 539년 ~ B.C. 175년

- 7이레(49년, B.C. 539년 ~ B.C. 490년) : 고레스의 귀환 명령 이후부터 성벽 완공 시까지
- 45이레(315년, B.C. 490년 ~ B.C. 175년) : 7이레 이후부터 에피파네스 왕위 등극 때까지

52이레(364년)의 기간은 7이레와 45이레를 합한 기간을 말하며, 이 52이레의 기간은 성경에서 기록하고 있는 62이레 기간 안에 포함된 기간이다. 52이레 중 7이레에 대한 부분은 위에서 설명하였기에 위[1) 첫이레]를 참조하길 바란다. 45이레(315년)에 대해서 설명하자면, 이 기간은 성벽이 완공된 이후부터 다니엘서 11장에서 등장하는 '북방의 비천한 사람(단 11:20-45)'으로 소개되는 '안티오쿠스 4세 에피파네스' 가 왕위를 찬탈한 연도까지의 기간을 말한다. 고레스 왕의 건축 명령 이후부터 계산하게 되면 354년으로서 52이레에 해당한다.

- 70이레의 시작 연도 : 고레스의 귀환 & 건축명령(B.C. 539년)
- 첫(7) 이레(종료 연도) : 성벽공사 완공(B.C. 490년)
- 52이레(종료 연도) : '안티오쿠스 4세 에피파네스'의 왕위 찬탈(B.C. 175년)

'안티오쿠스 4세 에피파네스' 는 형의 후손으로 이어지는 왕권을 속임수로 빼앗았다고 하여 비천한 사람이라고 소개하고 있으며(단 11:20-45), 그는 유다 종교를 핍박하고, 예루살렘 성전에 가증한 물건(제우스 신상)을 세우며, 이방신을 강요하는 정책을 펼치다 B.C. 163년, 하나님의 진노로 병거에서 떨어져 뼈가 어긋나며 눈에서는 구더기가 나오고 살이 썩는 고통을 당하며 죽음을 맞이하였다(외경 마카비2서 9:4-12). 그가 죽음을 맞이하기 전 7년의 기한에 대해서는 다니엘서 8장(단 8:5-14, 21-26)과 9장(단 9:26-27)에서 설명하고 있다. 참고로 이때 7년의 기한은 마지막 때에 있을 1이레(70이레 직전의 한 이레, 7년)를 예표하고 있는 기간으로 70이레의 기한에는 포함되지 않는 '공백기(1)' 에 대한

기간이다.

- B.C. 490년 : (느헤미야) 성벽 공사 완공 및 성읍 거주자 지정(절기를 지킴)
- B.C. 330년 : 바사(페르시아)의 패망(바사의 마지막 왕 다레이오스 3세)
- B.C. 323년 : 헬라 알레산드로스 대왕의 죽음과 이후 네 나라로 나뉨(단 11:2-4).
- B.C. 246 ~ 169년 : 북방(옛 페르시아) 왕과 남방(애굽) 왕과의 전쟁
- B.C. 175년 : 북방의 비천한 사람의 왕위 찬탈(안티오쿠스 4세 에피파네스)

3) 공백기(1) : B.C. 174년 ~ B.C. 41년(133년 ÷ 7년 = 19이레)

북방의 '안티오쿠스 4세 에피파네스'가 왕위를 찬탈한 연도 이후부터 헤롯이 유대의 분봉 왕으로 즉위하기 전까지의 기간이다. 이때의 기간은 다니엘에게 알려준 70이레에 포함하지 아니한 기간으로서 '공백기(1)'에 해당하는 기간이다. 이 '공백기(1)'의 기간은 마치 말라기서 이후부터 예수님이 오시기 전까지 침묵을 보였던 것과 다니엘과 에스겔이 부르심을 받고 나서의 성경 기록 가운데 중간에 공백 기간이 있는 것과 같이 '52이레'와 '62이레' 사이에 공백이 있음을 보여주고 있다. 그리고 '62이레' 이후에 또 한 번의 긴 공백기가 나타나는데, 이때는 마지막 때가 임할 때까지의 기간으로서 아래 그림의 '공백기(2)'에 해당하는데, 이는 '공백기(1)'에 대한 예표가 아닐까 한다(부록 2 참조).

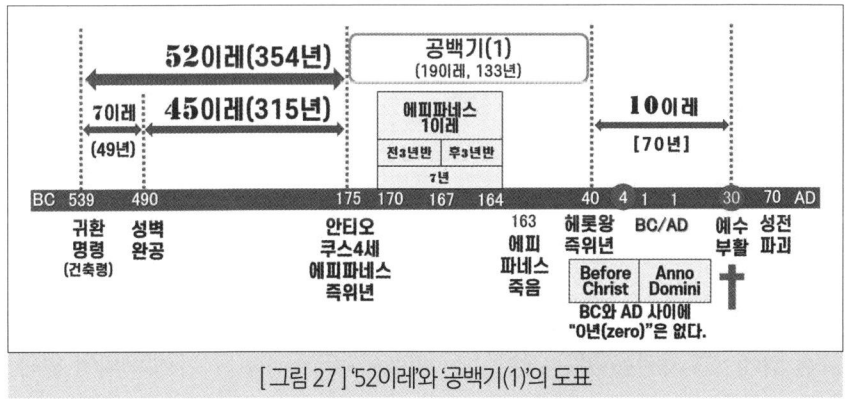

[그림 27] '52이레'와 '공백기(1)'의 도표

그리고 '에피파네스' 때에 있었던 '한 이레(7년)'는 장차 나타날 한 이레에 대한 예표를 말하고 있는 듯하다. '에피파네스'와 같은 인물이 역사적으로 계속 등장하는데 예를 들어 로마시대의 '폼페이우스(Pompeius, B.C. 63년경)'와 '티투스(Titus, AD 70년)' 같은 인물이 대표적일 것이다. 그들도 유대인을 핍박하며 성전을 더럽히며 또는 성전을 파괴하는 등의 행동을 보이고 있기 때문이다. 따라서 성경에서 말씀하고 있는 마지막 때에도 북방의 비천한 사람으로 소개된 '에피파네스'와 같은 인물이 나타나서 과거와 같이 왕위를 찬탈하고 유대인들을 핍박할 것이며, 그때는 유대인들뿐만 아니라 우상과 짐승의 표를 받지 않는 그리스도인들까지도 핍박할 것으로 생각한다(계 13:15-17).

- B.C. 175년 : 북방의 비천한 자가 왕위 찬탈(안티오쿠스 4세 에피파네스)
- B.C. 170 - 164 : 북방의 비천한 사람의 한 이레(에피파네스의 1이레, 7년)
  - ✓ B.C. 170년 : 애굽 원정(B.C. 169년) 중 반란 소문으로 예루살렘 공격
  - ✓ B.C. 167-164년 : 유대인들 종교 탄압[제사 폐지, 가증한 신상(제우스), 살인 등]
- B.C. 163년 : 북방의 비천한 사람 죽음(여호와의 진노로 죽음)
※ B.C. 174년 ~ B.C 41년 : 공백기에 해당하는 기간(133년 ÷ 7년 = 19이레)

4) 62이레(434년) : 52이레[364년, 위 2) 참조] + 10이레(70년)

- 10이레 : B.C. 40년 ~ A.D. 30년(70년)

62이레의 기간은 위 2)에서 설명하고 있는 기간 위에 B.C. 40년 헤롯 왕이 분봉 왕으로 나타난 때로부터 예수님이 십자가에서 죽임을 당하는 기간(A.D. 30년)까지의 총 70년(10이레)의 기간을 말한다. B.C.와 A.D. 사이에는 '영(zero, 숫자 0)년'이 없으므로, 정확히 70년의 기간이 산출된다. 그리고 성경(개역개정)에서 표현하고 있는 '기름 부음을 받은 자'에 대해 살펴보면, 영어 성경(KJV)은 '메시아(Messiah 또는 Messiah the Prince)'라고 표현하고 있고, 예순두 이레 이후에는 '기름 부음을 받은 자' 곧 메시아가 끊어져 없어질 것이라고 하는 표현 뒤에 '그 자신을 위한 것이 아닌 것(but not for himself)'이 생략되어 있다.

따라서 이 글을 쉽게 이해할 수 있도록 해석하면 '기름 부음을 받은 자'는 곧 메시아로 소개되고 있는 분으로서, 이 땅에 만왕의 왕으로 오시고 온 인류의 구원자로 오신 '예수님'을 지칭하고 있는 것이며, 그의 죽음이 자기 자신을 위한 것이 아니라고 하는 것은 곧 자신을 드러내기 위함이 아니라 우리 죄인들을 대신하여 십자가에서 죽으심을 표현한 말씀이다.

따라서 '기름 부음을 받은 자(메시아)'가 끊어져 없어진다는 의미는 곧 예수님이 십자가에 돌아가신 시점 곧 부활의 시점을 말하는 것이며 또한, 62이레의 끝 시점을 말한다. 이때를 기산으로 70년을 되돌아가면 헤롯 왕이 유대 땅의 분봉 왕으로 임명받은 시기와 정확히 일치하고 있다. 이는 헬라시대 때의 북방의 비천한 사람이었던 '안티오쿠스 4세 에피파네스'가 왕으로 임명받았던 것을 기준으로 52이레를 계산하는데 기준이 되는 것과 일맥상통한다.

그리고 어떤 주석성경에서는 '기름 부음을 받을 자 곧 왕이 일어날 때'의 '기름 부은 자'와 후반에 있는 '기름 부은 자가 끊어져 없어질 때의 인물'을 서로 다른 인물로 보는 견해가 있는데 앞서 나온 인물에 대해서는 메시아(예수)가 아닌 적그리스도, 후반부에 나오는 인물을 메시아(예수)로 보고 있다. 저자는 이에 대한 해석에 동의하지는 않지만, 비록 이러한 견해라 할지라도 앞서 나온 기름 부음을 받은 자는 곧 '헤롯 왕'이 이에 해당할 것이다. 그는 예수님 탄생 시 예수님을 죽이기 위하여 동방박사가 다녀간 기점으로 두 살 이하의 남자아이를 죽였던 인물로서 히나님의 계획을 막고자 했던 적그리스도에 해당한다고 볼 수 있다(마 2:13-18).

예수님 십자가 사건 이후 약 40년 뒤에 헤롯 성전은 로마의 티투스(Titus)에 의해 돌이 하나도 남지 않을 정도로 철저하게 파괴되었는데, 이는 예수님께서 예언하신 대로 성취되었다(마 24:2). 성전이 파괴된 때는 성전이 완공된 지 만 7년 뒤에 벌어진 일이다.

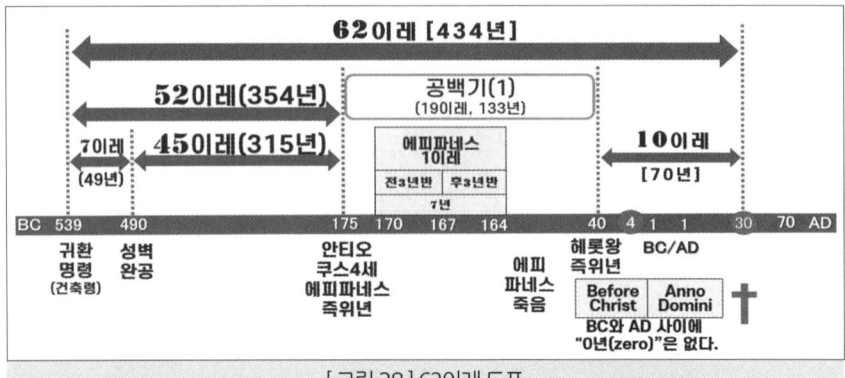

[그림 28] 62이레 도표

- B.C. 40년 : 헤롯이 유대의 분봉 왕으로 즉위
- B.C. 20년 : 헤롯 왕이 유대인들에게 환심을 얻기 위하여 성전건축 시작
- B.C. 4년 : 예수님이 베들레헴에서 탄생(A.M.[91] 4001년)
- A.D. 27년 : 예수님께서 유대인들과 성전에 대하여 논의한 때
  ✓ 유대인들이 예수님에게 표적을 보여 달라고 할 때 예수님은 그들에게 이 성전을 너희가 헐면 내가 (자신을 가리켜) 3일 만에 다시 일으키겠다고 하였으나 그들은 이 (헤롯) 성전이 46년 동안 지어졌는데 어떻게 3일 만에 다시 지을 수 있냐며 대화가 오갔었다(요 2:18-20).
- A.D. 30년 : 예수님의 십자가 사건과 부활 사건이 일어난 해

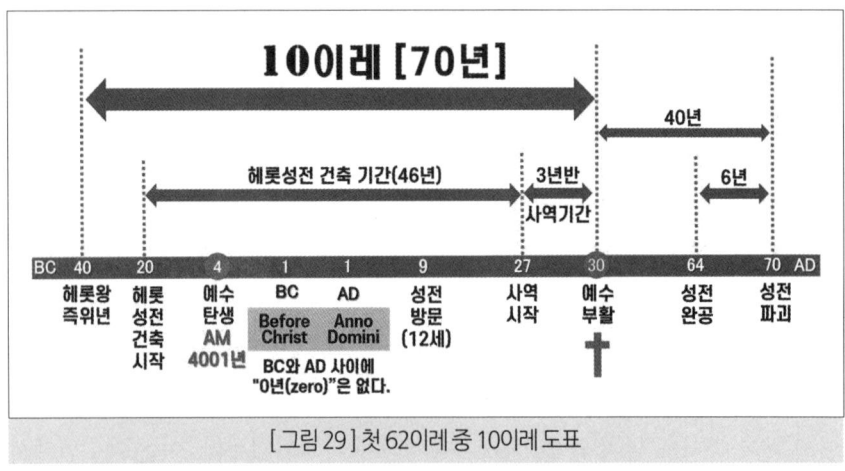

[그림 29] 첫 62이레 중 10이레 도표

---

91) A.M. : 라틴어 Anno Mundi의 약자로 "in the year of the world(세계 연도 이후)", "to the creation of the world(세상 창조 이후)"의 뜻을 가지고 있다. 이를 쉬운 표현으로 하자면 '아담 창조 이후'로 볼 수 있다. 참고로 B.C.는 Before Christ의 약자로 '예수' 이전의 시대를 뜻하며, A.D.는 라틴어 Anno Domini의 약자로 '주님의 시대'의 뜻을 가지고 있다.

5) 공백기(2) : 예수님 부활 사건 이후부터 제3성전[92] 건축령이 공포되기 전까지

예수님 부활 사건 이후부터 요한계시록 13장과 17장에서 말씀하고 있는 '바다에서 올라온 짐승과 땅에서 올라온 짐승과 음녀'가 나타나는 마지막 때의 기간으로서 제3성전이 건축령이 공포되기 전까지의 기간이 '공백기(2)'에 해당할 것이다. 현재는 예루살렘에 이슬람 사원만 있을 뿐 예루살렘 성전은 없지만 언젠가는 성경에서 말씀하고 있는 성전이 지어지게 될 것이며 그때가 곧 마지막 때가 될 것이다.

- A.D. 30년 : 예수님의 십자가 사건과 부활 사건이 일어난 해
- A.D. 64년 : 헤롯 성전 완공
- A.D. 70년 : 성전 파괴(로마의 티투스, Titus)
- A.D. 1095년 : 제1차 십자군 전쟁(1099년 예루살렘 정복)
- A.D. 1147년 : 제2차 십자군 전쟁(1147 - 1148년)
- A.D. 1517년 : 종교개혁(1517.10.31)
- A.D. 1914년 : 제1차 세계대전(1914.07.28.~1918.11.11., 3년 4개월)
- A.D. 1939년 : 제2차 세계대전(1939.09.01.~1945.09.02., 6년)
- A.D. 1948년 : 이스라엘 독립(1948.05.14.)
  - ✓ 이스라엘과 중동 간의 4차례 전쟁[1949, 1956(수에즈 전쟁), 1967(6일 전쟁), 1973(10월 전쟁)]
- A.D. 2017년 : 미국 트럼프 대통령, 이스라엘 수도 예루살렘 인정(2017.12.06.)
- A.D. 2018년 : 미 대사관 예루살렘으로 이전(2018.05.14.)

6) 70이레(490년) : 62이레[(434년, 위 4). 참조 + 8이레(56년)

- 8이레 : 제3성전 건축령이 있고 난 이후부터 56년
  - ✓ 7이레 : 제3성전 건축령 이후부터 49이 지난 기간
  - ✓ 1이레 : 마지막 때의 한 이레로서의 7년(제사 금지, 이방신 강요 등)

---

92) 제3성전 : 제1성전은 솔로몬 왕 때 지어진 성전을 말하며(솔로몬 왕 제11년, B.C. 959년, 왕상 6:38), 제2성전은 바벨론에서 귀환한 자들에 의해 지어진 스룹바벨 성전을 말한다(B.C. 516년, 스 6:15). 그 이후 헤롯 왕 때 지어진 성전은 있으나 이를 제3성전이라고 부르지는 않는다. 헤롯성전이 A.D. 70년경 로마의 디도에 의하여 파괴된 이후 예루살렘 성전은 없고 다만 이슬람 사원만 있을 뿐이다. 하지만 성경 요한계시록 11장에서는 마지막 때에 두 증인이 나타나며 그가 예루살렘 성전에서 사역할 것이라고 말씀하고 있다. 현재는 예루살렘 성전은 없지만, 언젠가는 성경이 예언한 바와 같이 지어질 성전이 지어질 것이며, 그때에 나타날 성전에 대하여 제3성전이라고 부른다.

마지막 남은 8이레의 기간은 마지막 때에 있을 기간으로서 7이레와 마지막 1이레로 구분할 수 있으며 이중 7이레의 기간은 제3성전을 건축하라고 하는 명령이 공포될 때로부터 49년까지의 기간을 말하고, 나머지 1이레는 북방의 비천한 사람으로 알려진 '안티오쿠스 제4세 에피파네스'와 같은 인물이 나타나서 '에피파네스'가 행한 것과 같이 유대인들에게 이방신을 강요하며 매일 번제를 드리던 것을 못 하게 하고 성전에 가증한 신상을 세우는 등 종교 탄압과 핍박을 가할 것이며 이를 따르지 않는 자들에게는 죽이는 행위를 서슴지 않을 것이다.

이때는 유대인들뿐만 아니라 우상숭배를 하지 않고 짐승의 표를 받지 않는 그리스도인들까지 핍박과 죽이는 행위를 할 것이다. 그 이후에는 여호와께서 진노의 일곱 대접과 땅이 창세 된 이후로 한 번도 없었던 전무후무한 지진과 우박(1달란트, 34kg) 등으로 이 땅을 심판하실 것이다.

그 심판 이후에는 새로운 시대가 열릴 것으로 성경에서 예언한 바와 같이 '천년왕국'과 '새 예루살렘 성'에서 하나님이 원하셨던 눈물과 애통, 사망, 아픔이 없는 새로운 세상이 시작될 것이다(계 21:4; 22:3, 5).

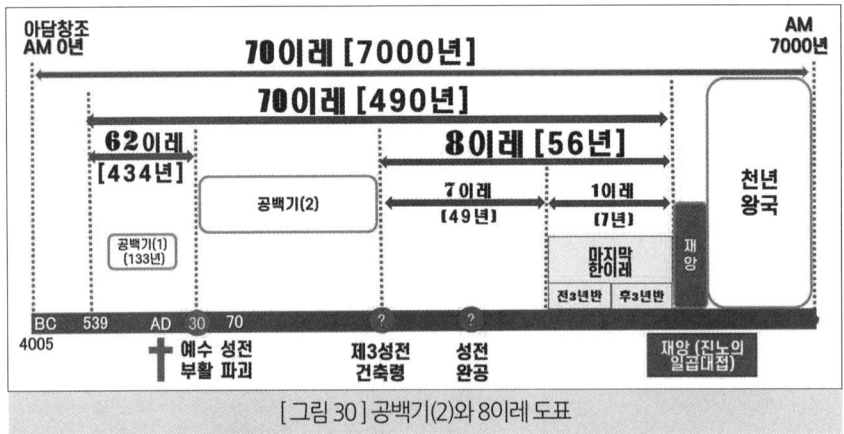

[그림 30] 공백기(2)와 8이레 도표

7) 70이레와 역사적인 연대 비교

위에서 정리한 '70이레'에 관한 내용을 역사적 연대로 정리하면 아래 표와 같다.

[표 34] 70이레와 역사적 연대 비교

70이레		다니엘서 9:24-27
70이레 (이후의 일들)	목적	• 네 백성과 네 거룩한 성을 위하여 일흔 이레를 기한으로 정하였나니(단 9:24).
	시기	• 천년왕국과 새 예루살렘성에서의 삶이 시작되는 시기(계 20:1-6; 21장-22장).
	성경 말씀	• 허물이 그치며 죄가 끝나며 죄악이 용서되며 영원한 의가 드러나며 환상과 예언이 응하며 또 지극히 거룩한 이가 기름 부음을 받으리라(단 9:24).
첫 7이레	시기	• B.C. 539년 ~ B.C. 490년(49년) • 바사(페르시아)의 고레스 왕이 예루살렘을 건축하라는 명령을 내린 시점(B.C. 539년)부터 느헤미야가 성벽을 완공한 시점(B.C. 490년)까지의 기간이다.
	성경 말씀	• 그러므로 너는 깨달아 알지니라 예루살렘을 중건(restore & build, 복원 & 건축)하라는 영이 날 때부터 일곱 이레가 지날 것이요 그 곤란한 동안에 성이 중건되어 광장(wall, 성벽)과 거리가 세워질 것이며(단 9:25).
52이레 (354년)	시기	• 52이레(354년) : B.C. 539년 ~ B.C. 175년 ✓ 45이레(314년) : B.C. 489년 ~ B.C. 175년 • 느헤미야를 통해 완공된 예루살렘 성벽 완성(B.C. 490년)된 이후부터 북방의 비천한 사람으로 소개된 '안티오쿠스 4세 에피파네스'가 왕위를 찬탈할 때까지의 기간이다.
공백기(1)	시기	• B.C. 174년 ~ B.C. 41년(133년=19이레) • 북방의 '안티오쿠스 4세 에피파네스'가 왕위를 찬탈한 연도 이후부터 헤롯이 유대의 분봉 왕으로 즉위하기 전까지의 기간이다. 그리고 '에피파네스'때에 있었던 한 이레(7년)는 장차 나타날 한 이레에 대한 예표이다.
	성경 말씀	• "장차 한 왕의 백성이 와서 그 성읍과 성소를 무너뜨리려니와 그의 마지막은 홍수에 휩쓸림 같을 것이며 또 끝까지 전쟁이 있으리니 황폐할 것이 작정되었느니라 그가 장차 많은 사람들과 더불어 한 이레 동안의 언약을 굳게 맺고 그가 그 이레의 절반에 제사와 예물을 금지할 것이며 또 포악하여 가증한 것이 날개를 의지하여 설 것이며 또 이미 정한 종말까지 진노가 황폐하게 하는 자에게 쏟아지리라 하였느니라 하니라(단 9:26-27)".

62이레
(434년)
	시기	• 62이레 : 위 52이레 + 10이레(B.C. 40년 ~ A.D. 30년)
		  ✓ 10이레 : B.C. 40년 ~ A.D. 30년(70년=10이레)
		  ✓ B.C.와 A.D. 사이에는 '년"이 없다.
		• 헤롯 왕이 유대인의 분봉 왕으로 즉위한 연도부터 예수님의 십자가 사건까지의 기간이다.

	성경 말씀	• 기름 부음을 받은 자 곧 왕이 일어나기까지(unto the Messiah the Prince) 예순두 이레가 지날 것이요, 예순두 이레 후에 기름 부음을 받은 자(Messiah)가 끊어져 없어질 것이며(단 9:25-26).

공백기(2)	시기	• A.D. 31년 이부터 제3성전 건축령이 공포되기 전까지
70이레	시기	• 위 62이레 + 8이레(7이레+1이레) ✓ 8이레 : 제3성전 건축령이 공포될 때부터 이후 56년까지 ✓ 7이레 : 제3성전 건축령이 공포될 때부터 이후 49년까지 ✓ 1이레 : 마지막 7년

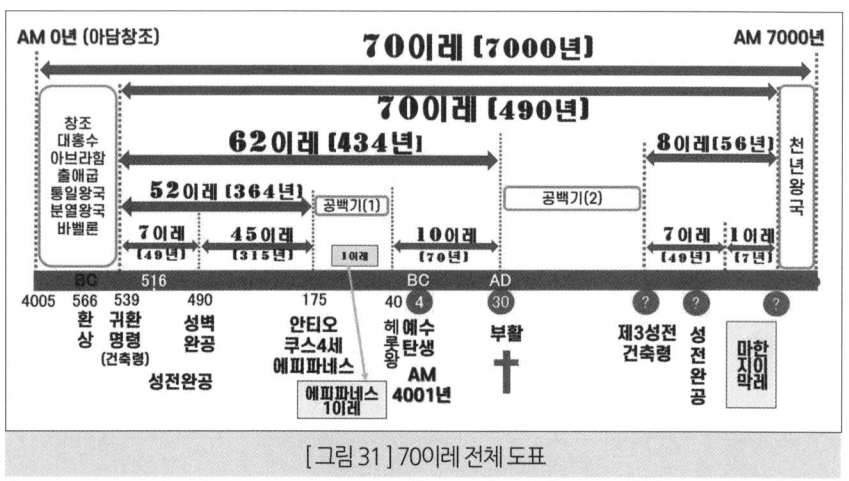

[그림 31] 70이레 전체 도표

6. 결론

다니엘은 벨사살 왕이 죽고 다리오 왕이 갈대아 나라를 다스리기 시작하던 해(B.C. 567년)에 바벨론제국이 멸망이 곧 다가오는 것을 그동안 듣고 봤던 환상을 통해 직감하고 또한 예레미야의 책을 통해 포로로 잡혀 유대 백성들이 고국으로 70년 만에 돌아갈 것이라는 그 연수의 말씀을 비로소 깨닫게 되었다. 다니엘 자신은 소년으로 끌려왔기에 어쩌면 피해자였을지 모르겠지만, 남유다가 멸망하고 유대인들이 바벨론으로 끌려왔던 것이 하나님께 범죄하고 반역하며 주의 말씀을 떠난 결과로 이루어진 것으로 생각하여 민족과 조상들의 죄악을 자신의 죄로 여기며 회개 기도하는 가운데 가브리엘 천사로부터 '70이레' 환상을 듣게 되었다(단 9:1-5, 20-27).

가브리엘 천사가 알려준 '70이레'를 해석하는데 이렇게 오랜 시간인 약

2600년 동안 미궁에 빠져있었던 것은 두 가지 이유 때문일 것이다. 첫 번째로는 용어(중수, 광장) 선택에 대한 혼선일 것이고, 두 번째로는 2차 귀환과 3차 귀환 시기를 동떨어지게 분류하다 보니 '70이레'를 푸는데 혼란과 오랜 시간이 걸렸던 것이 아닌가 한다. 적절하지 못한 용어 선택과 귀환 시기로 '70이레'를 해석하는 데 있어서 이레의 기간이 맞지 않거나 설명하는 내용이 맞지 않는 문제점이 노출되었다. 하지만 벨사살 왕이 느부갓네살의 아들이라는 것과 모르드개가 여고냐와 함께 2차 포로로 끌려왔다고 기록한 성경을 다른 것보다 우선시하여 접근할 때 비로소 70이레를 푸는 단계로 접근할 수 있었고 그 단서들을 쫒아 해석하고 퍼즐처럼 맞추는 과정을 거쳐 위에서 제시하고 있는 바와 같이 이레의 기간과 설명하는 내용이 일치할 수 있었다.

'70이레'를 요약정리하면, '70이레' 가운데 첫 '7이레'는 고레스의 건축령(B.C. 539년)이 내린 이후부터 느헤미야 때의 성벽 완공과 성읍 거주자를 지정한 연도까지의 기간(B.C. 490년)이며, 그 이후부터 비천한 사람이 나타나는 기간까지가 '52이레'이다. 이후 공백 기간(133년)을 거쳐 헤롯왕이 분봉 왕으로 올 때(B.C. 40년)가 '62이레'가 시작되며, 예수님께서 십자가에 달린 사건이 일어나는 기간이 '기름 부음 받은 자(Messiah, 메시아)가 끊어지는' 연도(A.D 30년, 70년, 10이레)가 된다. 그리고 십자가 사건 이후부터는 미래의 어느 날 제3성전 건축령이 내려질 때까지가 제2의 공백기가 될 것이며, 제3성전 건축령과 함께 마지막 8이레가 시작될 것이다.

7. 추가 변론

'70이레'에 관한 해석과 결론을 위에서와 같이 내렸음에도 불구하고 추가로 설명하고자 하는 부분은 '70이레'의 목적에 해당하는 다니엘서 9장 24절의 말씀을 설명하고자 함이다.

• "네 백성과 네 거룩한 성을 위하여 일흔 이레를 기한으로 정하였나니 허물이 그치며 죄가 끝나며 죄악이 용서되며 영원한 의가 드러나며 환상과 예언이 응하며 또 지극히 거룩한 이가 기름 부음을 받으리라(단 9:24)".

위 말씀을 간단히 설명하자면, "네 백성"은 하나님의 백성을 말하는 것으로서 첫째로는 유대인이요, 둘째로는 이방인인 예수 그리스도를 믿는 무리로서 생명책에 기록된 백성을 가리키는 것이며(롬 1:16; 계 20:12), "거룩한 성"은 '새 예루살렘 성(계 21장)'을 가리킨다. 그리고 환상과 예언이 응하며 지극히 거룩한 이가 기름 부음을 받으리라는 것은 요한계시록에서 일곱 교회에 부탁하면서 '이기는 자'에게 주시겠다는 상급(계 2:7,11,17,26-28; 3:5,12,21)과 천년왕국에서 그리스도와 함께 왕 노릇 한다는 내용이다(계 20:4; 1:6).

그런데 위 문장 가운데 눈 여겨봐야 할 단어는 '70이레 기한'이다. 이 '70이레 기한'에 대하여 위에서 설명하였던 것과 같이 '70이레'가 490년 만에 마칠 것이라고 설명하였지만, 이외에 다른 뜻이 하나 숨어 있는 듯하다. 그것은 인류 역사와 관계가 있는 듯하기 때문이다. 현재 인류 역사를 약 6천 년 정도라고 보고 있다. 다시 말하면, 아담을 창조한 이후부터 오늘날까지 인류 역사는 약 6천 년 정도 된다는 의미이다. 성경에서 하루를 1년으로 환산하기도 하지만(민 14:34; 겔 4:6), 하루가 천년 같고 천년이 하루가 같다는 말씀도 있다(벧후 3:8; 시 90:4). 하루가 천년 같다는 말씀으로 생각할 때, '백성과 거룩한 성을 위한 70이레의 기한'에서 '70이레'는 곧 '7000년'을 의미할 수도 있다는 것이다. 왜냐하면 백성과 거룩한 성은 곧 요한계시록에서 말씀하고 있는 새 예루살렘 성과 새 예루살렘 성에 들어가는 자를 의미하고 있고, 인류 역사와 천년왕국(천 년 동안 왕 노릇 한다)의 기간을 추정하여 계산하면 7000년의 기한과 일치하기 때문이다(계 21장).

- "사랑하는 자들아, 주께는 하루가 천년 같고 천년이 하루 같다는 이 한 가지를 잊지 말라 (벧후 3:8)".
- "주의 목전에는 천 년이 지나간 어제 같으며 밤의 한 순간 같을 뿐임이니이다(시 90:4)".

'70이레 기한'이 7000년을 의미한다면, 70이레 중 마지막 8이레 이후는 요한계시록 20장에서 말씀하고 있는 용(마귀, 옛 뱀, 사탄)이 무저갱에서 천 년간 무저갱에서 갇혀 있는 동안일 것이며, 이 기간 하나님의 백성들은 그리스도와 더불어 "천년 동안 왕 노릇"할 것이다(계 20:4).

- "용을 잡으니 곧 옛 뱀이요 마귀요 사탄이라 잡아서 천년 동안 결박하여 무저갱에 던져 넣어 잠그고 그 위에 인봉하여 천년이 차도록 다시는 만국을 미혹하지 못하게 하였는데 그 후에는 반드시 잠깐 놓이리라 또 내가 보좌들을 보니 거기에 앉은 자들이 있어 심판하는 권세를 받았더라 또 내가 보니 예수를 증언함과 하나님의 말씀 때문에 목 베임을 당한 자들의 영혼들과 또 짐승과 그의 우상에게 경배하지 아니하고 그들의 이마와 손에 그의 표를 받지 아니한 자들이 살아서 그리스도와 더불어 천년 동안 왕 노릇 하니(그 나머지 죽은 자들은 그 천 년이 차기까지 살지 못하더라) 이는 첫째 부활이라(계 20:2-5)".

성경은 위 문장과 같이 '천년왕국'이 존재할 것이라고 말씀하고 있고 또한, 아래와 같은 구조(영원한 삶 → 천년 → 120년[93] → 천년 → 영원한 삶)를 보이므로, 앞으로 있을 '8이레' 이후는 '천년왕국'이 나타날 것이다. 따라서 이러한 기간을 고려하여 계산하면 인류 역사는 7000년에 마칠 수 있다는 계산이 도출된다.

---

93) 여호와께서는 사람의 수명을 120년으로 정하였고, 시편 기자는 강건하면 80이라고 하였다(창 6:3; 시 90:10).
- "여호와께서 이르시되 나의 영이 영원히 사람과 함께 하지 아니하리니 이는 그들이 육신이 됨이라 그러나 그들의 날은 백이십 년이 되리라 하시니라(창 6:3)".
- "우리의 연수가 칠십이요 강건하면 팔십이라도 그 연수의 자랑은 수고와 슬픔뿐이요 신속히 가니 우리가 날아가나이다(시 90:10)".

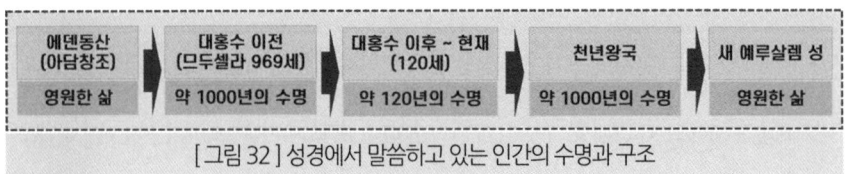

[그림 32] 성경에서 말씀하고 있는 인간의 수명과 구조

　그렇다면 위와 같이 '70이레'가 7000년[94]의 기한이라고 하고, 성경에서 기록한 것과 같이 '천년왕국'이 존재할 것이라고 한다면, 앞으로 있을 '8이레'와 '천년왕국'의 기간을 예측 또는 추정할 수도 있을 것이다. 물론 이러한 연도를 예측한다는 것 자체가 쉬운 문제도 아니고, 설사 예측한다고 하여도 그것이 정확하다고 볼 수도 없으며 또한, 이런 예측으로 오해를 불러올 수도 있기에 매우 조심스러운 것도 사실이다.

　그럼에도 불구하고 우리가 살아가는 시대가 점점 주님 오실 시간이 다가오고 있다는 것을 많은 그리스도인이 실감하고 있는 상황에서 미리 경각심을 가지고 하나님 앞에서 거룩한 삶을 살아가는데 자극이 필요한 시기이기도 하다. 또한, 세상 사람들은 주님이 곧 오실 것을 생각하지도 않고 있고, 일부 그리스도인들은 그것을 머리로만 인식하고 있을 뿐 마음으로까지 품지는 못하고 있는 것도 사실이다. 이런 측면에서 그리스도인들의 신앙생활에 도움이 되었으면 하는 바람으로 조심스럽게 예측하고자 한다. 이 예측은 가설로 만들어졌음을 알려드리며 이 글(지금 이후부터 기록하고 있는 글)을 읽는 분들에게 다시 한번 주의하시기를 당부하고자 한다.

---

94) 7000년 : '7'의 의미는 완전한 수를 뜻하며, 성경적으로는 예수 그리스도를 상징하는 것으로 그 비유로 성막(성소) 안에 있는 등잔대(출 25:31-40; 37:17-24)와 하늘 보좌 앞에 계신 일곱 영(계 1:12; 4:5)으로 말씀하고 있다. 그리고 '70'의 의미로는 남유다가 멸망하여 바벨론에 포로로 잡혀가서 다시 돌아오는 기간까지라고 예레미야를 통해 말씀하셨고(렘 25:11), 다니엘이 요시야김 제3년(B.C. 606년, 단 1:1) 바벨론으로 끌려온 이후에 부르심을 받아 고레스 3년(B.C. 536년, 단 10:1)까지 70년간 사역을 하였으며, 예루살렘 성전은 B.C. 586년(왕하 25:8-9; 대하 36:11,19,21)에 무너져서 다시 건축되기까지 70년이 지난 뒤 B.C. 516년(스 6:15)에 완공되었다. 이같이 숫자 '7'과 '70'은 숫자 '7000'과 연관 깊어 '하루를 천년같이'(벧후 3:8)', 그리고 이삭이 백배의 소득을 얻은 것(창 26:12; 마 13:8,23; 막 4:8,20)과 같은 의미와도 관련 있다.

우리 인류 역사가 약 6천 년 정도라고 설명하였는데, 아담 창조 이후[95]부터 2021년까지의 기간을 계산하면 A.D. 6025년이 되고, 7000년이 되기까지는 앞으로 975년이 남은 셈이다. 한 가지 놀라운 사실은 예수님께서는 아담 창조 후 4001년 만에 이 땅에 오셨는데 그것은 이스라엘 백성이 광야에서 40년을 보내고 41년째 여호수아를 통해 가나안으로 입성한 것과 같이 온 인류의 구원과 천국으로 이끌기 위하여, 그리고 얼굴과 얼굴을 대면하여 볼 수 있도록 4천 년 동안 기다리셨다가 4001년 만에 성육신하셔서 우리와 함께 사시며 천국 길을 여셨다(PART 1. 참조).

그렇다면 앞으로 남은 기간은 975년(2021년 기준)이며 이 기간 안에 '8이레'의 기간과 '천년'의 기간이 존재할 것으로 가정할 수 있다. 그렇다면 '8이레'의 기간은 언제 발생할 것이냐 즉 다시 말하면 예루살렘 제3성전이 언제 짓도록 명령이 내릴 것이냐에 있다. 이 시기를 추정하기 위해서는 위에서 설명하고 있는 '공백기(1)'를 참조할 필요가 있다(5.2.3. 참조).

'52이레'와 '62이레' 사이에 공백 기간이 존재하였다. 이 기간을 살펴보면 '133년' 동안 공백기가 있었으며 이 기간을 이레(7)로 나누면 소수점 없이 나눠지게 되어 '19이레'가 된다는 것을 알 수 있다. 그리고 가브리엘이 알려주고 있는 70이레의 기간을 위에서 살펴본 바와 같이 각 '이레'들마다 소수점이 발생하지 않고 정확히 계산된다는 특징을 가지고 있다는 것 또한 알 수 있었다. 따라서 이러한 점에 착안하여 '공백기(2)의 기간(예수님 십자가 사건 이후부터 제3성전 건축령까지, A.D 31년 ~ 제3성전 건축령까지)'을 계산할 수 있을 것이다.

'공백기(2)'의 기간을 추정하기 위한 전제 조건으로, 위에서 보인 133년(133

---

[95] 아담 창조 이후(A.M.) : 라틴어 Anno Mundi의 약자로 "in the year of the world(세계 연도 이후)", "to the creation of the world(세상 창조이후)"의 뜻을 가지고 있다. 이를 쉬운 표현으로 하자면 '아담 창조 이후'로 볼 수 있다. 참고로 B.C.는 Before Christ의 약자로 '예수' 이전의 시대를 뜻하며, A.D.는 라틴어 Anno Domini의 약자로 '주님의 시대'의 뜻을 가지고 있다.

년÷7년=19이레)의 기간을 고려하여 '7(년)과 19(이레)'로 나눴을 경우 소수점이 발생하지 않아야 한다는 것이므로, 이 조건으로는 133년마다 이 조건과 일치하게 될 뿐, 다른 연도의 경우에는 소수점이 나타나므로 불일치하게 된다. 따라서 십자가 사건 이후부터 현재까지 133년마다 곧 공백 기간이 끝날 수 있었지만, 현재에 이르기까지 실현되지 않았다. 이러한 계산법으로 다가오는 2026년이면 공백 기간이 끝나고, 2027년에 제3성전 건축령이 발표될 수 있다는 가정이 설 수 있다. 그리고 2027년에 이루어지지 않는다면 그다음 133년이 지난 2160년도에 건축령이 발표된다는 가정이 생긴다.

[표 35] 공백기 주기

A.D.	A.M.	7(년)	19(이레)	133(년)	A.D.	A.M.	7(년)	19(이레)	133(년)
31	A.D. 31년부터 공백기간을 계산한다.				1494	5498	209.000	77.000	11.000
164	4168	19.000	7.000	1.000	1627	5631	228.000	84.000	12.000
297	4301	38.000	14.000	2.000	1760	5764	247.000	91.000	13.000
430	4434	57.000	21.000	3.000	1893	5897	266.000	98.000	14.000
563	4567	76.000	28.000	4.000	2020	6024	284.142	104.684	14.954
696	4700	95.000	35.000	5.000	2021	6025	284.285	104.736	14.962
829	4833	114.000	42.000	6.000	2026	6030	285.000	105.000	15.000
962	4966	133.000	49.000	7.000	2027	6031	285.142	105.052	15.007
1095	5099	152.000	56.000	8.000	2084	6088	293.285	108.052	15.436
1228	5232	171.000	63.000	9.000	2159	6163	304.000	112.000	16.000
1361	5365	190.000	70.000	10.000	2292	6296	323.000	119.000	17.000

※ 62이레 기간(B.C. 40년 ~ A.D. 30년) 이후부터 공백 기간을 계산한다.

만약 제3성전 건축령이 2027년도(A.D. 6031년)에 발표된다면, 이때로부터 '8이레'가 시작될 것이고 이 기간은 2083년도에 끝나게 될 것이며, 2084년도(A.D. 6088년)에 진노의 7대접으로 심판이 이루어질 것이다. 그 진노의 심판 이후부터(2084년도, A.D. 6088년) 용이 무저갱에 잡혀서 천년왕국이 시작될 것으로 예상한다.

그리고 7000년의 기한과 천년왕국을 생각한다면, 2027년도에 제3성전 건축령이 발표될 수 있다고 본다. 왜냐하면 이때가 아니라면, 133년이 더 지나서 이루어지게 되는데, 그러면 점점 천년왕국에서의 천 년의 기간이 줄어들기 때문이다. 따라서 2027년도를 기준으로 마지막 있을 8이레 기간과 심판의 기간을 거친 뒤 천년왕국의 시작은 2084(A.M. 6088)년부터 시작할 것으로 생각하며 이때로부터 7천 년까지 남은 기간은 912년이기에 여기서 133년을 빼면 뺄수록 천 년의 기간과 멀어진다. 또한, 저자가 2027년에 건축령이 일어나고, 천년왕국이 2084년에 시작한다고 추정하는 또 하나의 이유는 '천년왕국'의 기간이 아담의 아들 '셋'의 수명과 관련된 912년의 기간일 것으로 보고 있기 때문이고 이에 대한 보충 설명은 아래와 같다.

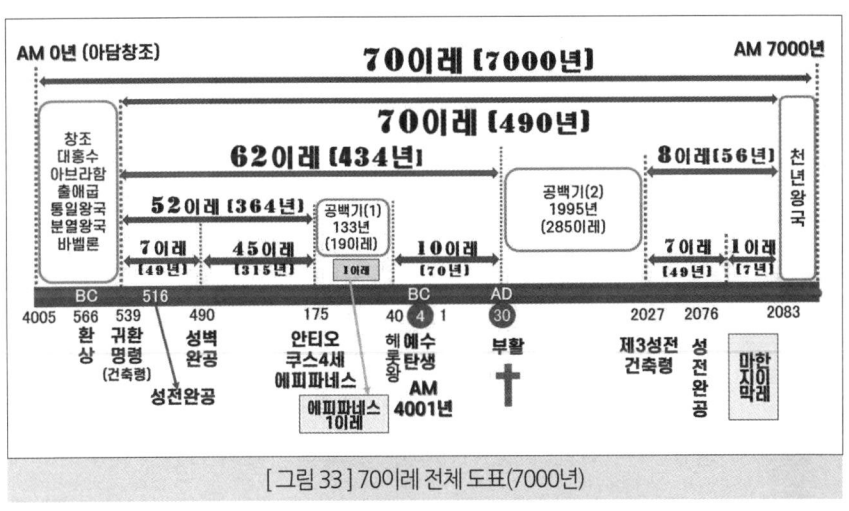

[그림 33] 70이레 전체 도표(7000년)

천년왕국은 용이 무저갱에 갇히므로 더는 사람을 유혹하거나 시험하는 일들이 없기에 하나님의 백성들은 형통한 삶이 이루어지며 그리스도와 함께 왕 노릇 하며 살게 될 것이다(계 20:4; 1:6). 천년왕국은 2084(A.D. 6088)년부터 시작되기 때문에 천년왕국의 기간은 7000년의 기한을 한계를 두고 생각할 때 남은 기간은 천년이 채 못남은 912년이 남는다. 따라서 이 기간이 천년왕국의 기간으로 본다. 그리고 912년의 기간은 '셋'의 수명과 일치하고 있는 것이 특이하다.

잠시 창세기 대홍수 이전으로 돌아가서 살펴보면, 당시 있었던 사람은 약 천년에 가까운 삶을 살았던 것으로 볼 수 있고, 대홍수 이후에는 수명이 급격히 줄어들었다. 이는 대홍수 이전에는 천 년간의 삶을 살았다는 것으로 보아 천년왕국의 예표로 볼 수 있을 것이다. 따라서 아담의 후손들의 수명을 살펴보면, 그중에 므두셀라가 969세까지 가장 오래 살았고, 아담은 930세, 셋은 912년, 에노스는 905세, 게난은 910세, 야렛은 962세까지 살았고 다른 인물은 성경을 참조하길 바란다.

아담 후손 중 '셋'의 수명(912년)이 마지막 8이레 이후의 남은 기간(912년)과 일치하고 있다. 이를 근거로 저자가 셋의 수명으로 기준으로 정하고자 했던 또 하나의 배경은 '셋'에 대하여 아래와 같이 기록하고 있기 때문이다.

- "셋도 아들을 낳고 그의 이름을 에노스라 하였으며 그 때에 사람들이 비로소 여호와의 이름을 불렀더라(창 4:26)".

대홍수 이전 인물 중에 셋' 이외에 아담(930세), 에노스(905세), 게난(910세), 야렛(962세) 등등 여러 인물이 있지만, '셋'이 첫째 아담의 아들이면서 '셋'에 이르러서야 여호와의 이름을 찾으며 그의 이름을 불렀기에 하나님은 그를 기념하여 천년왕국의 기간을 정하시지 않으셨을까 한다.

결론을 맺자면, '70이레 기한'의 목적이 "네 백성과 거룩한 성"을 위한 것이라고 말씀하셨다. 이것은 곧 하나님의 백성이 새 예루살렘 성에서 새로운 출발을 하기 위하여 아담을 창조한 이후부터 천년왕국까지 이 땅에서의 총 인류 역사가 7000년의 기간으로 마무리 지을 것이고, 그 이듬해(7001년)부터는 새로 시작되는 곧 영원한 삶으로 이어나갈 것이라고 말씀하고 있는 듯하다. 그래서 7000년의 기한 속에 우리 인간의 역사가 마무리 지을 것이라는 가정을 세웠던 것이며 이 가정 속에 8이레의 기간과 천년왕국의 기간을 계산하게 되었다. 따라서 앞으로 우리 인류 역사의 시간이 얼마 남지 않을 것이라고 가정할 수 있기에 우리의 삶 속에 여호와를 찾고 의지하고 그 거룩하신 이름 앞에 나아가야만 할 것이다.

마지막으로 다시 한번 당부드리는 것은, 추가 변론으로 제시한 내용은 70이레의 기한이 7000년일 것이라는 가정하에 설명한 것일 뿐, 이러한 가정과 추측이 반드시 이루어지리라 생각하지는 않는다. 다만 과거의 발생하였던 것을 토대로 추측하였을 뿐이다. 이러한 내용과 관련하여 일부 이단 종교에서 늘 그래왔던 것처럼 "몇 년 몇 월 몇 시"에 주님께서 재림하신다고 사회와 그리스도인들을 혼동케 하였던 사례로 사용되지 않기를 바랄 뿐이다. 성경은 아무도 그때와 그 기한을 알지 못한다고 말씀하고 있다(마 24:36; 막 13:32). 따라서 저자가 이렇게 추측하고자 한 것은 그리스도인들에 대한 경각심과 아울러 주님은 곧 오실 것이기에 모든 사람은 두렵고 떨리는 마음으로 예수 그리스도 앞에 나아가서 그분을 찾으며 그분의 이름을 불러서 구원을 얻어 천국에서 영원한 삶을 누리라고 말해주고 싶은 것뿐이다(행 2:21; 롬 10:13; 계 21:4; 22:3).

- "그러나 그날과 그때는 아무도 모르나니 하늘의 천사들도, 아들도 모르고 오직 아버지만 아시느니라(마 24:36; 막 13:32)".

[부록 5] 예루살렘 성전 파괴부터 성벽 완공까지의 성경 요약

p191. [표 29] 70이레의 전통적인 해석
p197. [표 30] 다니엘서(9:25)와 느헤미야서 비교
p198. [표 31] 70이레 주제별 구분
p199. [표 32] 70이레와 다른 본문(다니엘서 8장과 9장) 비교
p201. [표 33] 기름 부음을 받은 자에 대한 성경 비교
p211. [표 34] 70이레와 역사적 연대 비교
p218. [표 35] 공백기 주기

p203. [그림 26] 첫 7이레 도표
p205. [그림 27] '52이레'와 '공백기(1)'의 도표
p208. [그림 28] 62이레 도표
p208. [그림 29] 첫 62이레 중 10이레 도표
p210. [그림 30] 공백기(2)와 8이레 도표
p212. [그림 31] 70이레 전체 도표
p216. [그림 32] 성경에서 말씀하고 있는 인간의 수명과 구조
p219. [그림 33] 70이레 전체 도표(7000년)

참고 문헌.

「톰슨Ⅱ 주석성경」, 기독지혜사, 1988.

주제어, KEYWORD.

다니엘, 다니엘 9장 24절, 70이레, 천년왕국, 중건령, 건축령, 광장과 거리, 곤란한 동안, 기름 부음 받은 자, 메시아, 예수.

Daniel, Daniel Chapter 9 Vers 24, 70weeks, Seventy weeks, Kingdom of a thousand years, Commandment restore and build Jerusalem, Comandment Jerusalem, wall and steet, trouble time, Messiah, Jesus.

색인표

p35. [표 1] 출애굽부터 분열왕국 시대까지의 연대기
p58. [표 2] 역사적인 자료와 성경 기록이 일치한다고 생각하는 견해
p60. [표 3] B.C. 539년, 아스티아게스의 나이를 62세라고 가정할 때
p67. [표 4] 여호야긴 왕이 사로잡혀간 시점과 풀려난 시점
p69. [표 5] 검증 조건
p73. [표 6] 벨사살 왕과 아하수에로 왕의 잔치 공통점
p96. [표 7] 에스더서에 기록된 왕
p105. [표 8] 새롭게 정리한 연대기와 주요 내용
p120. [표 9] 남유다 포로기 이후 연대별 주요 사건(현재 학설)
p125. [표 10] 남유다 포로기 이후 연대별 주요 사건(현재 학설)
p127. [표 11] 에스라와 관련된 시대별 주요 내용(현재 학설)
p127. [표 12] 학설로 분류하고 있는 연대기 분류 문제점
p133. [표 13] 귀환자 명단 비교(느헤미야와 에스라서)
p136. [표 14] 학개서와 스가랴서 비교
p145. [표 15] 여호수아와 엘리아십 대제사장 시기
p148. [표 16] 느헤미야서에 기록된 제사장 명단(가나다순)
p149. [표 17] 느헤미야서에 기록된 제사장 명단(동일 이름 연결)
p153. [표 18] 성경에 기록된 주요 사건들(연도별 정리)
p155. [표 19] 메대(메디아)왕국 연대표
p155. [표 20] 바사(페르시아)제국 연대표
p162. [표 21] 다니엘서에 기록된 메대와 바사 왕들
p163. [표 22] 벨사살 왕 제3년 때의 주변 통치자 현황
p164. [표 23] 바사(페르시아)제국 연대표
p165. [표 24] 학개서와 스가랴서에 기록된 왕들
p166. [표 25] 에스라서와 느헤미야서에 기록된 왕들
p181. [표 26] 성경에 기록된 메대·바사 왕의 이름과 통치자 이름
p182. [표 27] 다니엘서의 기록 70년 표
p183. [표 28] 첫 일곱 이레(7이레)
p191. [표 29] 70이레의 전통적인 해석
p197. [표 30] 다니엘서(9:25)와 느헤미야서 비교
p198. [표 31] 70이레 주제별 구분
p199. [표 32] 70이레와 다른 본문(다니엘서 8장과 9장) 비교
p201. [표 33] 기름 부음을 받은 자에 대한 성경 비교
p211. [표 34] 70이레와 역사적 연대 비교
p218. [표 35] 공백기 주기

---

p32. [그림 1] 아브라함의 자손 가계도

p33. [그림 2] 아담부터 야곱세대까지의 연대기
p34. [그림 3] 400년과 430년의 기간 도표
p37. [그림 4] 역사적인 연대를 기준으로 계산한 연대기
p43. [그림 5] 마소라 본문과 사마리아 오경
p43. [그림 6] 사마리아 오경
p44. [그림 7] 야곱부터 요셉까지 가나안과 이방 지역 거주 기간
p47. [그림 8] 400년과 430년 계산 도표
p56. [그림 9] 나보니두스 실린더
p57. [그림 10] 나보니두스 연대기
p62. [그림 11] 아케메네스 왕조(키로파에디아, 주영사, 2018, p12).
p72. [그림 12] 벨사살 왕의 가계도
p74. [그림 13] 벨사살 죽음에 관한 유대인백과사전 자료
p82. [그림 14] 여덟째 왕이 일곱에 속한 왕(바벨론, 바다에서 올라온 짐승, 헬라).
p98. [그림 15] 벨사살 왕의 가계도
p99. [그림 16] 바빌로니아의 공중정원(위키피디아).
p104. [그림 17] 은매화(픽사베이).
p119. [그림 18] 소 선지서의 연대표(현재 학설) - 스가랴서: 1~8장까지의 연대(9장 이후의 연대는 제외)
p122. [그림 19] 스라야의 가계도
p152. [그림 20] 에스라와 엘리아십의 가계도 비교(느 12:22-26; 대상 6:14-15).
p153. [그림 21] 동시대의 인물로 봤을 때의 연대기
p156. [그림 22] 나보니두스 연대기(대영박물관 소장, 위키피디아)
p157. [그림 23] 아스티아게스 왕의 가계도
p158. [그림 24] 고레스 실린더(Cyrus Cylinder, 위키피디아, 대영박물관 소장)
p159. [그림 25] 베히스툰 비문(livius.org 출처)
p203. [그림 26] 첫 7이레 도표
p205. [그림 27] '52이레'와 '공백기(1)'의 도표
p208. [그림 28] 62이레 도표
p208. [그림 29] 첫 62이레 중 10이레 도표
p210. [그림 30] 공백기(2)와 8이레 도표
p212. [그림 31] 70이레 전체 도표
p216. [그림 32] 성경에서 말씀하고 있는 인간의 수명과 구조
p219. [그림 33] 70이레 전체 도표(7000년)

[부록 1] 성경 연대기
 1. 아담부터 노아까지의 족보 (A.M. 0년 ~ A.M. 2158년)
 2. 셈부터 요셉까지의 족보(A.M. 1056년 ~ A.M. 2308년)
 3. 아브라함 이후(A.M. 1948년 ~ A.M. 2561년)
 4. 가나안 입성 이후 [A.M. 2600년 ~ A.M. 4074년(A.D. 70년)]

[부록 2] 연대표(남유다, 북이스라엘, 바벨론제국, 바사제국, 메대왕국)
　표 1. 남유다 연대표
　표 2. 북이스라엘 연대표
　표 3. 남유다와 북이스라엘 연대표
　표 4. 바벨론제국 연대표
　표 5. 바사(페르시아)제국 연대표
　표 6. 메대(메디아)왕국 연대표
[부록 3] 다니엘 시대 연대기 계산
　표 1. 다니엘 시대 연대기 계산표
　표 2. 남유다 연대표
　표 3. 다니엘 연대표
[부록 4] 새롭게 정리한 연대기와 주요 내용
[부록 5] 예루살렘 성전 파괴부터 성벽 완공까지의 성경 요약
　표 1. 성막부터 제3성전까지 비교표

참고 문헌.

「구약주해 창세기」, 성등사, 이상근, 1997.
「구약의 연대기표」, 존 H. 왈턴 지음, 성광문화사, 1992.
「교양 있는 우리 아이를 위한 세계역사 이야기, 고대편」, 이론과실천, 2012.
「소리 지르는 돌들」, 남대극, 삼육대학교 출판부, 2008.
「신구약중간사」, 조병호, 통독원, 2014.
「역사」, 헤로도토스, 천병희 옮김, 숲, 2009.
「유대대백과사전(Jewish Encyclopedia)」.
「이란사」, 한국외국어대 학교출판부, 김정위 편저, 2001년.
「키로파에디아」, 키루스의 교육, 김영사, 2018.
「키루스의 교육」, 한길사, 크세노폰, 2005.
「포로기 및 회복기와 역사의 조화」, 유진 폴스틱, 성경과학연구소(가제본 출판), 2020. -「History, Harmony, The Exile & Returrn」, E. W. Faulstich.
「톰슨Ⅱ 주식싱경」 기독지혜사, 1988.
「A Survey of Israel's History」, Leon Wood, Grand Rapids, Mich., Zondervan Publ. Co., 1970, P.424; 김희보, 구약이스라엘사, 총신대출판부, 1985.

[부록 1] 성경 연대기 / 별지

    [표 1] 아담부터 노아까지의 족보 (A.M. 0년 ~ A.M. 2159년)
    [표 2] 셈부터 요셉까지의 족보 (A.M. 1056년 ~ A.M. 2309년)
    [표 3] 아브라함 이후 (A.M. 1949년 ~ A.M. 2562년)
    [표 4] 가나안 입성 이후 [A.M. 2600년 ~ A.M. 4074년(A.D. 70년)]

[부록 2] 연대표(남유다, 북이스라엘, 바벨론제국,
            바사제국, 메대왕국) / 본문 228 P

[부록 3] 다니엘 시대 연대기 계산 / 본문 233P

[부록 4] 새롭게 정리한 연대기와 주요 내용 / 본문 238P
        새롭게 정리한 연대기와 주요 내용(상세 내역) / 별지

[부록 5] 예루살렘 성전 파괴부터 성벽 완공까지의 성경 요약 / 본문 241P

[부록 2] 연대표(남유다, 북이스라엘, 바벨론제국, 바사제국, 메대왕국).

[표 1] 남유다 연대표

	남유다 왕	의미	기간(나이)			부인		평가
			재위	왕위	연도*	이름	출신	
0	솔로몬	평화롭다	40년	-		나아마	암몬(아몬?)	
1	르호보암	백성의 수가 많다	17년	41세	930-913	마아가	압살롬의 딸	악
2	아비야 (아비얌)	여호와는 내 아버지	3년	-	913-910	-	-	악
3	아사	치료하는 사람	41년	-	910-869	아수바	실히의 딸	선
4	여호사밧	여호와께서 심판하신다	25년	35세	872-847			선
5	여호람	여호와는 존귀하시다	8년	32세	850-842	아달랴	북이스라엘(아합과 이세벨의 딸)	악
6	아하시야	여호와께서 붙잡으셨다	1년	42세 (22?)	841	시비야	브엘세바	악
7	아달랴 (여왕)	여호와는 위대하시다	6년	-	841-835	-	-	극악
8	요아스	여호와는 도와주신다	40년	7세	835-796	여호앗단	예루살렘	선
9	아마샤	여호와의 능력	29년	25세	796-769	여골리아	예루살렘	선
10	웃시야 (아사랴)	여호와는 나의 힘 (여호와께서 도우셨다)	52년	16세	791-739	여루사	사독의 딸	선
11	요담	여호와는 정직(완전)하시다	16년	25세	750-734	-	-	선
12	아하스	여호와가 붙잡고 있다	16년	20세	735-719	아비	스가리야의 딸	악
13	히스기야	여호와는 강하시다	29년	25세	726-697	헵시바		선
14	므낫세	잊게 해주신다	55년	12세	697-642	므술레멧	욥바 하루스의 딸	악
15	아몬	신뢰할 수 있는 사람(충신)	2년	22세	642-640	여디다	보스가 출신의 아다야의 딸	악
16	요시야	여호와께서 지지하심	31년	8세	640-609	하무달	립나 예레미야의 딸	선
17	여호아하스 (살룸)	여호와가 고쳐주신다 (보응)	3개월	23세	609	-	-	악
18	여호야김 (엘리야김)	여호와가 일으키신다 (하나님께서 들어 세우셨다)	11년	25세	609-598	-	-	악
19	여호야긴 (고니야) (여고냐)	여호와가 성취하신다 (여호와는 견고케하신다) (여호와께서 세우신다)	3개월 10일	8세 (18세)	598	-	-	악
20	시드기야 (맛다니야)	여호와는 의롭다 (여호와는 선물)	11년	21세	597-586	-	-	악

* 괄호( ) 안에 이름은 왕의 또 다른 이름과 의미이다.
* 겹치는 연대는 섭정(혹은 공동통치)기간으로 볼 수 있음.
* 출처 : 「라이프성경사전」(생명의말씀사, 2006) 및 한국컴퓨터선교회 사전.

[표 2] 북이스라엘 연대표

왕조			왕조와 왕의 이름		즉위방법	기간		성품
	왕조		왕	아버지		재위	연도	
(1)	여로보암	1	여로보암 1세	느밧	선출(백성)	22년	930-910	악
		2	나답	여로보암	상속	2년	910-909	악
(2)	바아사	3	바아사	아히야	암살	24년	909-886	악
		4	엘라	바아사	상속	2년	886-885	술꾼
(3)	시므리	5	시므리	평민	암살	7일	885	살인자
(4)	오므리	6	오므리	평민	선출(군대)	12년	885-874	극악
		7	아합	오므리	상속	22년	874-853	극악
		8	아하시야	아합	상속	2년	853-852	악
		9	요람(여호람)	아합	상속	12년	852-841	악
(5)	예후	10	예후	여호사밧	암살	28년	841-814	악
		11	여호아하스	예후	상속	17년	814-798	악
		12	여호아스 (요아스)	여호아하스	상속	16년	798-782	악
		13	여로보암 2세	요아스	상속	41년	793-753	악
		14	스가랴	여로보암2세	상속	6개월	753-752	악
(6)	살룸	15	살룸	야베스	암살	1개월	752	악
(7)	므나헴	16	므나헴	가디	암살	10년	752-742	악
		17	브가히야	므나헴	상속	2년	742-740	악
(8)	베가	18	베가	르말랴	무력정변	20년	740-732	악
(9)	호세아	19	호세아	엘라	암살	9년	732-722	악

* 겹치는 연대는 섭정(혹은 공동통치)기간으로 볼 수 있음.
* 출처 : 「라이프성경사전」(생명의말씀사, 2006) 및 한국컴퓨터선교회 사전.

[표 3] 남유다와 북이스라엘 연대표

남유다				B.C	북이스라엘			
왕	재위	성품	선지자		왕	재위	성품	선지자
르호보암	17	악	스마야	930	여로보암 1세	22	악	아예후히야 무명예언자
아비야	3	악		913				
아사	41	선	아사랴 하나니	910	나답	2	악	
				909	바아사	24	악	
				886	엘라	2	술꾼	
				885	시므리	7일	살인자	
				885	오므리	12	극악	
				874	아합	22	극악	엘리야/미가야
여호사밧	25	선	예후	872	아하시야	2	악	엘리야/엘리사
요호람	8	악	엘리야	850	요람	12	악	엘리사
아하시야	1	악		841	예후	28	악	엘리사
아달랴	6	극악		841				
요아스	40	선	스가랴 요엘	835	여호아하스	17	악	엘리사
아마샤	29	선		796	요아스	16	악	엘리사
웃시야	52	선	이사야 미가	791	여로보암 2세	41	악	호세아 아모스 요나
				753	스가랴	6개월	악	
				752	살룸	1개월	악	
요담	16	선	이사야 미가	750	므나헴	10	악	
아하스	16	악	이사야 미가	735	브가히야	2	악	
				740	베가	20	악	오뎃
히스기야	29	선	이사야 미가	726	호세아	9	악	
				732-722				
므낫세	55	악	나훔	697				
아몬	2	악	나훔	642				
요시야	31	선	나훔 하박국 훌다 스바냐 예레미야	640				
여호아하스	3개월	악	예레미야	609				
여호야김	11	악	예레미야 우리야	608				
여호야긴	3개월	악	예레미야	598				
시드기야	11	악	예레미야	597-586				

* 분열왕국 이전(통일 이스라엘)에 활동했던 선지자들 : 사무엘(사사시대, 사울왕), 나단(다윗왕), 갓(다윗 왕), 아히야(솔로몬 왕).

* 남유다 멸망 후 포로귀환 이후 시대의 선지자들 : 학개, 스가랴, 말라기.

* 선지자는 당시 활동했던 선지자를 말함.
* 겹치는 연대는 섭정(혹은 공동통치)기간으로 볼 수 있음.
* 출처 : 「라이프성경사전」(생명의말씀사, 2006). & 「톰슨 II 주석성경」, 기독지혜사, 1988. & 한국컴퓨터선교회.

[표 4] 바벨론제국 연대표

순서	통치자		B.C.	비고
	아람어	성경 이름 (아카드어)		
1	나보폴랏사르 (Nabopolassar)	- (나부-압라-우추르)	625-605	
2	느부카드넷자르 (Nebuchadnezzar II)	느부갓네살 (나부-쿠두리-우추르)	605-562	남유다 1-4차 침략. 광인 7년.
2-1*	-	벨사살 (-)	569-566	느부갓네살 왕의 아들(단 5장, 5번). 벨사살 왕 제3년 잔치 중에 죽음.
3	아멜마르두크 (Amel-Marduk)	에윌므로닥 (아밀-마르두크)	561*-560	여호야긴 왕을 감옥에서 풀어줌.
4	네리글릿사르	- (네르갈-샤르-우추르)	560-556	
5	라바시마르두크 (Labashi-Marduk)	- (라바시-마르두크)	556	
6	나보니두스 (Nabonidus)	- (나부-나이드)	556-539	벨샤쟈르(벨사살)는 부친 나보니두스와 공동 섭정 정치.
7	벨샤자르 (Belshazzar)	- (벨-샤르-우추르)	550-539	벨샤쟈르는 바벨론의 마지막 왕으로 고레스에 의해 바벨론 멸망 함.

출처 : ①「톰슨II 주석성경」, 기독지혜사, 1988. p1132. ②「구약의 연대기표」, 성광문화사, 존 H. 왈턴 지음, 1992, p77. ③「신구약중간사」, 통독원, 조병호지음, 2014, p65. 위키피디아.

* 2-1 : 벨사살(저자에 의하여 추가 삽입된 내용 ;「하나님의 시간표」, 다니엘 제이, PART 2 참조).
* 느부갓네살은 43년간의 통치한 이후 죽었다.
* 느부갓네살 왕의 뒤를 이어 에윌므로닥이 왕위를 이었는데, 그는 느부갓네살 왕의 손자이다.
* 에윌므로닥은 나보폴랏사르 왕조의 마지막 왕이었다.
* 나보니두스(나부나이드)는 시리아 출생의 사람으로 여러 가지 설명할 수 없는 이유로 그는 바벨론을 떠나 아라비아에 거주하게 되었고, 그 기간 벨사살이 다스렸다.
* 561 : 연대기에 있어서 에윌므로닥의 재위 연도의 시작연도가 위 출처 자료에서는 562년으로 되어있지만, 여호야긴 왕이 사로잡힌 지 37년은 계산상으로 B.C. 561년이 된다. 여호야긴 왕은 BC. 598년에 사로잡혔고, 그가 사로잡힌 지 5년째에 에스겔을 선지자로 불렀는데 그때가 BC. 593년이다. 결국, 에윌므로닥이 즉위한 연도는 B.C. 561년이 되며, 그 연도에 여호야긴 왕이 풀려난 것으로 계산이 된다(부록 3. 참조).

[표 5] 바사(페르시아)제국 연대표

순서	통치자		B.C.	비고
	이름	성경 이름		
0	캄비세스 1세			캄비세스의 부인(만데인)은 메대왕국의 아스티아게스의 딸이다.
1	키루스 2세	고레스	559-530	1차 귀환(스 1-3장, 539년). (스룹바벨, 여호수아).
2	캄비세스 2세		530-522	
2-1	스메르디스		522	
3	다레이오스 1세*	다리오(에스라서) & 아닥사스다 (에스더서, 느헤미야서)	522-486	학개, 스가랴가 성전 재건 예언(520년). 성전 완공됨(516년). 2차 귀환(에스라, 515년, 스 7-10장). 3차귀환(느헤미야, 502년, 느 1-2장). * 헬라 원정(마라톤전투, 490년).
4	크세르크세스 1세		486-464	* 헬라 원정(살라미스해전, 480년).
5	아르다크세르크세스1세		464-423	
6	다레이오스 2세		423-404	
7	아르다크세르크세스 2세		404-359	
8	아르다크세르크세스 3세		359-338	
9	아르다크세르크세스 4세		338-335	
10	다레이오스 3세		335-330	알렉산드로스 대왕이 페르시아 제국을 정복시켰다.

* 다레이오스 1세 : 에스라서에서는 다리오 또는 아하수에로 또는 아닥사스다로 불리고 있으며, 느헤미야서에서는 아닥사스다로 불리고 있다(PART 4. 참조).
※ 출처 : ①「톰슨II 주석성경」, 기독지혜사, 1988. p1132. ②「구약의 연대기표」, 성광문화사, 존 H. 왈턴 지음, 1992, p77. ③「신구약중간사」, 통독원, 조병호지음, 2014, p65. 위키피디아.

[표 6] 메대(메디아)왕국 연대표.

순서	통치자		B.C.	비고
	이름	성경 이름		
1	데이오에스		728-675	
2	프라오르테스 (크샤트리타)		675-653	
3	스키타이의 마디우스		653-625	
4	키악사레스 1세 (우와크샤트라)	아하수에로	625-585	메대 사람 아하수에로. 바벨론과 연합하여 아시리아를 멸망시켰고(B.C. 612년), 그의 딸(아미티스)을 바벨론 느부갓네살 왕과 정략결혼 시켰다.
5	아스티아게스* (이쉬투메구)	아하수에로(에스더서) & 다리오(다니엘서)	585-550	아하수에로 왕(에 1:1). 왕후 와스디를 폐위시키고 에스더를 왕비로 맞이함. 메대 사람 아하수에로의 아들(단 9:1). 62세에 갈대아 나라를 얻음(단 5:31).

출처 : ①「톰슨II 주석성경」, 기독지혜사, 1988. p1132. ②「구약의 연대기표」, 성광문화사, 존 H. 왈턴 지음, 1992, p77. ③「신구약중간사」, 통독원, 조병호지음, 2014, p65. 위키피디아.
* 아스티아게스 : 에스더서에서는 아하수에로, 다니엘서에서는 다리오라고 불리었다(PART 3, 4. 참조).

[부록 3] 다니엘 시대 연대기 계산

바벨론 느부갓네살 왕은 여호야김 제3년 예루살렘 성을 에워싸며 1차 침략하였다. 그리하여 남유다의 왕족과 귀족이 볼모 수준으로 잡혀가게 되었으며 그 가운데 대표적으로 다니엘, 하나냐, 미사엘, 아사랴가 끌려갔다. 이때의 연도를 B.C. 605년으로 알고 있으나, 그 연대기를 퍼즐처럼 맞추는 과정을 통해 B.C. 606년으로 조정하게 되었다.

그 이유는 성경에 남유다의 연도와 느부갓네살 왕의 연도를 추정할 수 있는 말씀을 우선시하여 정리하다 보니 연도를 불가피하게 조정할 수밖에 없었고, 그 기준이 되는 것은 아래와 같다.

○ 성경에 남유다 왕의 연도와 바벨론 왕의 연도가 동시에 기록된 말씀이 있다.
- 예레미야가 23년 동안 사역을 하며, 이때의 연도를 여호야김 제4년이며 느부갓네살 왕 원년이라고 하였다(렘 25:1-3) ➜ 여호야김 제4년 = 느부갓네살 원년(그림 1 참조).
- 시드기야 왕 제10년은 느부갓네살 왕 제18년째 해이다(렘 32:1).

○ 선지자로 부른 예레미야와 에스겔의 부르신 연도를 참고하였다.
- 예레미야는 요시야 제13년에 부르심을 받았다(렘 1:2).
- 에스겔은 여호야긴 왕이 사로잡힌 지 5년째 해 부르심을 받았고(겔 1:1-2), 여호야긴 왕은 사로잡힌 지 37년 되는 해에 감옥에서 풀려났으며 이때는 에윌므로닥 왕이 즉위할 때이다(렘 52:31).

[연대기 정리 원칙]

연대기를 정리하는 데 있어서 아래와 같은 순서로 최종 정리하였다.

첫째, 분열왕국의 연대기를 준수하였다.(B.C. 930년 ~ B.C. 586년 / 총 344년의 기간)

○ 분열왕국(르호보암부터 시드기야까지)의 연대기 : B.C. 930년 ~ B.C. 586년

- 16대 요시야 왕은 예루살렘에서 31년간 다스렸다(왕하 22:1).
- 17대 여호아하스 왕은 예루살렘에서 3개월간 다스렸다(왕하 23:31).
- 18대 여호야김 왕은 예루살렘에서 11년 동안 다스렸다(왕하 23:36-37).
- 19대 여호야긴 왕은 예루살렘에서 3개월간 다스렸다(왕하 24:8).
- 20대 시드기야 왕은 예루살렘에서 11년간 다스렸다(왕하 24:18).

둘째, 남유다 왕과 바벨론 왕의 연대기를 동시에 기록한 말씀을 준수하였다.

- 예레미야는 23년 동안 사역을 하였다. 이때는 여호야김 제4년이며, 느부갓네살 왕 원년이다(렘 25:1-3) ➔ ①.
- 시드기야 왕 제10년은 느부갓네살 왕 제18년째 해이다(렘 32:1) ➔ ②.

셋째, 선지자로 부르신 연도를 준수하였다.

- 예레미야는 요시야 제13년에 부르심을 받았다(렘 1:2) ➔ ③.
- 느부갓네살 왕이 다스린 지 2년이 되는 해에 금 신상 꿈을 꿨다(단 2:1) ➔ ④.

넷째, 여호야긴 왕이 사로잡힌 시점과 풀려난 시점 그리고 에스겔을 부르신 시점에 대하여 아래와 같이 정하였다.

○ 여호야긴 왕이 자신과 어머니와 신복과 지도자 등이 느부갓네살 왕 앞에 나아가고 사로잡힌 시점을 느부갓네살 왕 제8년이라고 기록하고 있지만(왕하 24:12), 이 연도로 계산하면 위 ②번 사항(시드기야 왕 제10년 = 느부갓네살 왕 제18년)과 일치하지 않고 또한 그가 37년째 풀려난 연도가 에윌므로닥이 즉위한 연도를 계산 함에 있어서도 1년의 오차가 발생한다. 따라서 이 오차를 올바르게 잡기 위해서는 그가 진짜 사로잡힌 시점을 느부갓네살 왕 제7년째라고 하여야 하며, 다만 느부갓네살 왕 앞으로 나아간 것은 제8년째라고 하여야 한다. 이렇게 할 경우 여호야긴 왕이 왕위에 오른 연도도 B.C. 598년도와 일치할 수 있다.
- 여호야긴 왕은 느부갓네살 왕 제7년에 (느부갓네살 왕의 신하들에 의하여) 사로잡혔고, 제8년에는 느부갓네살 왕 앞으로 나아갔다(왕하 24:12) ➔ ⑤.
- 에스겔은 여호야긴 왕이 사로잡힌 지 5년째 해 부르심을 받았다(겔 1:1-2) ➔ ⑥.
- 바벨론 느부갓네살 왕의 재위 기간은 B.C. 605년 ~ 562년까지이다(43년간 재위함) ➔ ⑦.
- 여호야긴 왕은 사로잡힌 지 37년 되는 해에 감옥에서 풀려났다. 이때는 에윌므로닥 왕이 즉위할 때이다(렘 52:31) ➔ ⑧.

다섯째, 이외의 기록들은 위 연대기를 참고하여 성경에 있는 말씀들을 배치하고 정리하였다.

[표 1] 다니엘 시대 연대기 계산표

번호	연도(B.C.)	남유다왕	예레미야	에스겔	느부갓네살	성경 내용
	640	요시야 원년				• 요시야가 왕 위에 올랐다(대하 34:1).
③	627	요시야 제13년	부르심			• 예레미야를 선지자로 부르셨다(렘 1:2).
	609	요시야 제31년 여호아하스 3개월				• 갈그미스전투(1) 및 요시야가 죽다(대하 35:20-27). • 여호아하스가 애굽으로 끌려갔다(왕하 23:34).
	606	여호야김 제3년				• 예루살렘 성이 포위되었다(단 1:1). • 다니엘 등 왕족과 귀족 끌려감(단 1:3) → 1차 포로.
①	605	여호야김 제4년	23년		원년	• 갈그미스전투(2) (여호야김 제4년, 렘 46:2). • 예레미야의 23년간 사역과 여호야김 제4년을 느부갓네살 원년으로 하였다(렘 25:1-3).
④	603	여호야김 제6년			2년	• 느부갓네살이 다스린 지 2년 및 금 신상 꿈(단 2장).
⑤	598	여호야김 제11년			7년	• 3,023명 포로로 끌려감(렘 52:28) → 2차 포로. • 여호야긴 왕과 어머니와 신복 등이 느부갓네살 왕에게 나아간 뒤 잡혔다(왕하 24:12) → 2차 포로.
	597	여호야긴 3개월 시드기야 원년			8년	
⑥	593	시드기야 제4년		5년		
②	587	시드기야 제10년		18년		• 832명 포로로 끌려감(렘 52:29) → 3차 포로.
	586	시드기야 제11년		23년		• 745명 포로로 끌려감(렘 52:30) → 4차 포로.
⑦	562			36년	43년	
⑧	561			37년	에윌 므로닥	

[표 2] 남유다 연대표

남유다

	왕(통치자)	연도(B.C.)
1	르호보암	930-913
2	아비야(아비얌)	913-910
3	아사	910-869
4	여호사밧	872-847
5	여호람	850-842
6	아하시야	841
7	아달랴(여왕)	841-835
8	요아스	835-796
9	아마샤	796-769
10	웃시야(아사랴)	791-739
11	요담	750-734
12	아하스	735-719
13	히스기야	726-697
14	므낫세	697-642
15	아몬	642-640
16	요시야	640-609
17	여호아하스(살룸)	609
18	여호야김(엘리아김)	609-598
19	여호야긴(고니야) (여고냐)	598
20	시드기야(맛다니야)	597-586

[그림 1] 느부갓네살의 통치 원년

https://biblehub.com/text/jeremiah/25-1.htm

The word that came to Jeremiah concerning all the people of Judah in the fourth year of Jehoiakim the son of Josiah king of Judah, that was the first year of Nebuchadrezzar king of Babylon(Jer 25:1)

Treasury of Scripture Knowledge

the first. Nebuchadnezzar was associated with his father Nabopollasar two years before the death of the latter; and from this time the Jewish computation of Nebuchadnezzar's reign begins; that is, from the end of the third year of Jehoiakim; and therefore, according to them, the fourth year of Jehoiakim was the first year of Nebuchadnezzar. But the Babylonians date the commencement of his reign two years later, that is, on the death of his father; which computation is followed by Daniel, who wrote in Chaldee.

첫 번째. 느부갓네살은 그의 아버지 나보폴라살이 사망하기 2년 전 그의 아버지와 관련이 있는데, 이때부터 즉, 여호야김 제3년의 끝에서부터 느부갓네살의 통치가 유대식으로 계산된다. 그러므로, 그들에 따르면, 여호야김의 제4번째 해가 바로 느부갓네살의 첫 번째 해이다. 그러나 바벨론인들은 느부갓네살의 통치 시작 시점을 2년 늦게 본다. 이는 곧 느부갓네살 아버지가 사망한 시점이다. 갈대아 (나라)에서 기록한 다니엘 또한 이 계산법을 따른다.

[표 3] 다니엘 연대표

사건	BC	나이	왕[1]	주요 내용
출생	623	0		• 다니엘의 출생.[2]
1차 포로	606	17[3]		• 느부갓네살 왕이 남유다 1차 침략(여호야김 왕 제3년, 단 1:1-3). ✓ 왕족과 귀족이 바벨론 포로로 끌려가다(다니엘과 세 친구, **1차 포로**).
왕의 꿈(신상) 3년간 교육	605	18	원년	• 다니엘과 세 친구가 교육받다(1년 차, **단 1장**).
	604	19	1년	• 다니엘과 세친구 교육 2년 차.
	603	20	2년	• 다니엘과 세친구 교육 3년 차. ✓ 왕에게 평가받다(10배 뛰어나다, 단 1:20). • **느부갓네살 왕의 첫 번째 꿈**(금 신상, **단 2장**). ✓ 꿈을 해몽하다(다니엘은 총리, 친구는 지방 관료).
	602	21	3년	• 여호야김 왕의 배반(3년간 바벨론을 섬기다가 바벨론 왕을 배반하다, 왕하 24:1). ✓ 다니엘이 총리직에서 파직당했다(추정).[4]
다니엘서 공백기 (1차 공백, 21년)	601 ~581	22 ~42	4년 ~24년	• 다니엘의 공백 기간(30레, 21년, **1차 공백 기간**). • 바벨론 2차 침략(B.C. 598~597년, 렘 52:28; 왕하 24:12-13; 겔 40:1; 에 2:5-7). ✓ 여호야김, 여호야긴과 어머니, 왕의 신복, 대장장이, 용사 및 에스겔, 모르드개 등이 포로로 끌려가다(**2차 포로, 3,023명 또는 18천명**). ✓ 에스겔을 선지자로 부름(여호야긴 사로잡힌 지 5년, B.C. 593년, 겔 1:1-3). • 바벨론의 3차 침략(B.C. 588~586년, 렘 52:4,29; 왕하 25:8). ✓ 남유다 패망 및 **3차 포로**(B.C. 586년, 832명). • 바벨론의 4차 침략 및 4차 포로(B.C. 582년, 745명, 렘 52:30). ✓ 바룩이 이때 바룩서(외경)를 기록했다(바룩 1:2).
금 신상	580	43	25년	• 두라 평지에 금 신상 세우고, 유대인 참소(**단 3장**). ✓ 다니엘의 세친구 풀무불에 던져지다. ✓ 느부갓네살 왕이 여호와를 찬양하며 조서 공포.
다니엘서 공백기 (2차 공백, 7년)	579 ~572	44 ~51	26년 ~33년	• 다니엘의 공백 기간(1이레, 7년, **2차 공백 기간**).
왕의 두 번째 꿈(광인)	571	52	34년	• **느부갓네살 왕의 두 번째 꿈(광인)**과 다니엘의 해몽(**단 4장**).
왕이 광인이 되다. 첫 번째 환상(4짐승)	570	53	35년	• 느부갓네살 왕이 광인이 되고, 그의 아들 벨사살이 왕이 두 번째 통치자로 세워지다 ✓ 느부갓네살 광인 원년 = 벨사살 원년. • **다니엘의 환상(1)**(4짐승, 벨사살 왕 원년, **단 7장**).
다니엘서 공백기 (3차 공백, 2년)	569	54	36년	• 다니엘의 공백 기간(2년, **3차 공백 기간**). • 광인 1년 차 = 벨사살 왕 제1년.
	568	55	37년	• 광인 2년 차 = 벨사살 왕 제2년.

---

1) 왕 : 바벨론의 느부갓네살 왕을 말한다.
2) 다니엘의 출생 : 다니엘이 1차 포로로 끌려갔을 때의 나이를 17세로 추정하여 역산 함.
3) 17세 : 다니엘의 나이를 가리키며, 1차 포로로 끌려갔을 때의 나이를 17세로 추정하였다.
4) 다니엘이 총리직에서 파직당했다(추정) : 다니엘에 총리직에서 파직당했다고 추정하는 이유로는 아래와 같다. ①여호야김 왕의 배반 시점과 2차 남유다 침략이 있었다는 점, ②느부갓네살 왕의 두 번째 꿈(광인)을 다니엘이 해몽하러 왔을 때 '박수장' (단 4:9)이라고 불렀다는 점, ③벨사살 왕이 다니엘을 전혀 모르는 것처럼 부르고 있다는 점("네가 나의 부왕이 유다에서 사로잡아 온 유다 자손 중의 그 다니엘이냐, 단 5:13), ④다니엘이 벨사살 왕에게 느부갓네살 왕의 성품을 말할 때 "그는 임의로 죽이며 임의로 살리며 임의로 높이며 임의로 낮추었더니(단 5:20)"라고 하며 자신을 빗대어 총리로 임의로 높이고 임의로 낮추었다는 것을 이야기하듯 하고 있다. 그래서인지 두라 평지에 금 신상을 세웠을 때 다니엘이 언급되지 않았다. 즉 위와 같은 네 가지 이유로 다니엘이 총리직에서 파직당했을 것으로 추정한다.

부록 237

두 번째 환상
(숫양, 숫염소)
왕의 잔치 & 다리오
세 번째 환상(70이레)
	567	56	38년	• 광인 3년 차 = 벨사살 왕 제3년.
				• **다니엘의 환상(2)** (숫양과 숫염소, **단 8장**).
				• 벨사살 왕의 잔치(귀족 천 명, **단 5장**).
				  ✓ 다리오 왕이 갈대아 나라를 얻다(단 5:31).
				• 다니엘의 회개와 환상(3) (70이레, 단 9장).
				  ✓ 다리오가 나라를 얻은 첫째 해(통치 원년).

다니엘과 사자 굴	566	57	39년	• **다니엘이 사자 굴에 던져 짐(단 6장)**. • 광인 4년 차 = 다리오 왕 제1년.
다니엘서 공백기 *(4차 공백, 28년)*	565	58	40년	• 다니엘의 공백 기간(4이레, 28년, **4차 공백 기간**). • 광인 5년 차 = 다리오 왕 제2년.
	564	59	41년	• 광인 6년 차 = 다리오 왕 제3년.
	563	60	42년	• 광인 7년 차 & 회복 & 조서(단 4장 → 여호야긴 왕이 감옥에서 풀려나는 원인).
	562	61	43년	• 느부갓네살 왕의 죽음.

왕의 죽음
여호야긴 풀려남
메대 & 바벨론 멸망
	561	62	원년	• 에윌므로닥 왕의 즉위(B.C. 561년, 렘 52:31).
				  ✓ 여호야긴 왕이 감옥에 풀려남(사로잡힌 지 37년).
				  ✓ 느부갓네살 왕 제7년으로부터 제37년은 B.C. 561년이다(렘 52:31).

	560 ~537	63 ~86	-	• 키루스 2세에 의하여 메대왕국 멸망(B.C. 550년). • 키루세 2세에 의하여 바벨론제국 멸망(B.C. 539년). ✓ 키루스2세(고레스 왕)의 귀환 명령(1차 귀환, 스룹바벨, 여호수아, B.C. 539년).
네 번째 환상 (큰 전쟁, 남방과 북방 왕의 전쟁, 끝날).	536	87	-	• **다니엘의 환상(4)** (큰 전쟁, 남방과 북방 왕의 전쟁, 마지막 때, 고레스 왕 제3년, **단 10-12장**). • 1차 귀환자들이 성전 기초석을 쌓다(스 3:8).
죽음	535 ~530	88 ~93	- -	• 공백(B.C. 535-530년) 및 다니엘의 죽음(B.C. 530년, 추정).

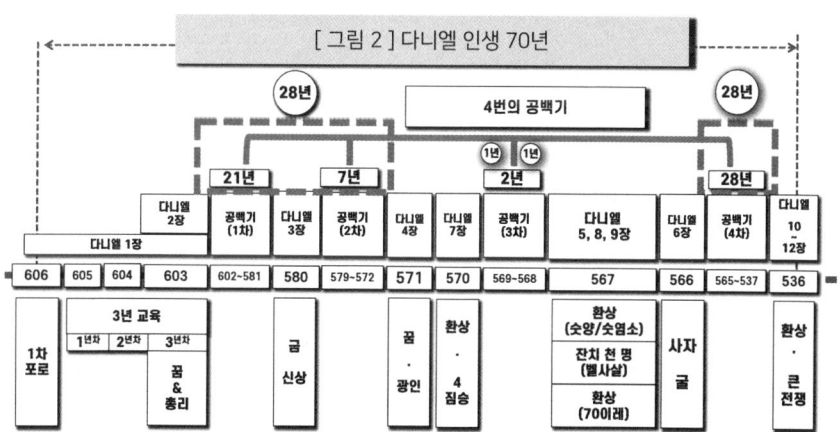

[그림 2] 다니엘 인생 70년

[부록 4] 새롭게 정리한 연대기와 주요 내용

BC	왕 (남유다/바벨론/메대/바사)	나이	주요 내용
629	(유)요시야제11년		• (추정) 메대 왕국 아스티아게스 출생.
625	(메)키악사레스1세 원년		
612	(유)요시야 제28년 (메)키악사레스1세 제13년		• 앗시리아 멸망(메대와 바벨론 동맹). ★참고 : 키악사레스 1세의 딸(아미티스)과 느부갓네살 정략결혼(참고 : 공중정원 건립 배경).
609	(유)요시야 제31년 (유)여호아하스 3개월 (유)여호야김 원년 (메)키악사레스1세 제16년		• 갈그미스 전투(1) : 애굽(승) VS 남유다(패) → 요시야 죽다(대하 35:23; 왕하 23:29). • 여호아하스 애굽으로 끌려가고, 여호야김이 왕위에 올랐다(대하 36:4; 왕하 23:34).
606	(유)여호야김 제3년 (벨)느부갓네살 원년 직전연도 (메)키악사레스1세 제19년		• 여호야김 제3년, 느부갓네살 예루살렘 성 포위(단 1:1-3). ✓ 왕족과 귀족들이 바벨론 포로로 끌려갔다(다니엘과 세 친구, 1차 포로). ✓ (추정) 다니엘 나이를 17세로 한다(요셉과 비교하여 추정). ✓ 성전 기구 중 일부가 바벨론으로 옮겨졌다(단 1:2).
605	(유)여호야김 제4년 (벨)느부갓네살 원년 (메)키악사레스1세 제20년		• 갈그미스 전투(2) : 바벨론(승) VS 애굽(패), (여호야김 제4년, 렘 46:2). • 여호야김 제4년 = 느부갓네살 원년(렘 25:1). • 예레미야 사역 23년째 해(렘 25:1-3). • 다니엘 공부 1년 차.
603	(유)여호야김 제6년 (벨)느부갓네살 제2년 (메)키악사레스1세 제22년	24	• 다니엘 공부 3년 차(단 1:4). • 느부갓네살 왕의 첫 꿈(금 신상, 단 2장) : 왕이 다스린 지 2년째 되는 해. • 다니엘이 총리가 되고, 세 친구는 지방 관료 되다(단 2장).
602	(유)여호야김 제7년 (벨)느부갓네살 제3년 (메)키악사레스1세 제23년	25	• 여호야김 왕이 바벨론을 배반하였다(왕하 24:1). ✓ 여호야김 왕이 3년간 바벨론 섬겼으나 그 이후(곧 4년 차 또는 다니엘이 총리가 된 이후)에 바벨론 왕을 배반하였다. ✓ 남유다 왕이 바뀌지 않은 것으로 보아 여호야김은 바벨론에 끌려가지 않았다. ★여호야김 왕의 배반으로 다니엘이 총리직에서 파직당했을 수도 있다(추정).
598	(유)여호야김 제11년 (유)여호야긴 3개월 (벨)느부갓네살 제7년 (메)키악사레스1세 제27년	31	• 2차 포로(3,023명, 렘 52:28). • 여호야김 왕 포로로 끌려갔다(대하 36:6). • 여호야긴 왕과 그의 어머니, 신복, 지도자, 대장장이, 용사 등 약 18,000명을 사로잡아 갔다(왕하 24:12-13) → 느부갓네살 제8년이라고 기록하고 있지만 연대기를 계산할 때 맞지 않아 조정함(7년에 진짜 사로잡히고 그 이듬해 느부갓네살 왕에게 나아 간 것이다). • 에스겔(겔 1:1; 33:21), 모르드개등(에 2:5-7).
597	(유)시드기야 원년 (벨)느부갓네살 제8년 (메)키악사레스1세 제28년	32	• 성전 보물과 금 그릇을 파괴하였다(왕하 24:13).
593	(유)시드기야 제4년 (벨)느부갓네살 제12년 (메)키악사레스1세 제32년	36	• 에스겔(30세)은 선지자로 부름 받음(여호야긴 왕이 사로잡힌 지 5년, 겔 1:1-2).
588	(유)시드기야 제9년 (벨)느부갓네살 제18년 (메)키악사레스1세 제38년	41	• 3차 침략(예루살렘 성 포위 시작, 토성 쌓다, 렘 52:4). ✓ 3년간 포위함(시드기야 제9년 ~ 제11년까지).

587	(유)시드기야 (벨)느부갓네살 (메)키악사레스1세	제10년 제18년 제38년	42	• 3차 포로 832명(렘 52:29).
586	(유)시드기야 (벨)느부갓네살 (메)키악사레스1세	제11년 제19년 제39년	43	• 3차 침략과 남유다 멸망. ✓ 성중에 기근 발생과 양식이 떨어졌다(렘 52:6). ✓ 성전과 왕궁과 성벽이 파괴되었다(렘 52:5-6,12-14).
585	(메)키악사레스1세 (메)아스티아게스	제40년 원년	44	• 아스티아게스가 메대 왕국의 왕위에 오르다.
582	(벨)느부갓네살 (메)아스티아게스	제23년 제3년	47	• 4차 침략(4차 포로, 745명, 렘 52:30). ✓ 바벨론 왕이 팔레스타인과 이집트 원정 중이었다(렘 52:20; 겔 29:1-6). ✓ 바룩은 이때 포로로 잡혀 와서 바룩서(외경)를 기록했다(바룩 1:2). • 메대 왕국 아하수에로의 180일간의 잔치(에 1장). ✓ 메대 아하수에로 왕은 와스디 왕후를 폐위시켰다(에 1장).
580	(벨)느부갓네살 (메)아스티아게스 (바)캄비세스1세	제25년 제5년 원년	49	• 금신상을 두라 평지에 세우고 낙성식을 열다(단 3장). ✓ 다니엘의 세 친구(사드락, 메삭, 아벳느고)가 풀무불에 던져졌다.
578	(벨)느부갓네살 (메)아스티아게스 (바)캄비세스1세	제27년 제7년 제2년	51	• 아하수에로 왕이 에스더를 왕후로 맞이했다(에 2:6).
573	(벨)느부갓네살 (메)아스티아게스 (바)캄비세스1세	제32년 제12년 제7년	56	• 부림절의 기원이 되는 사건이 발생했다(에 8-9장).
571	(벨)느부갓네살 (메)아스티아게스 (바)캄비세스1세	제34년 제14년 제9년	58	• 느부갓네살 왕의 두번 째 꿈(광인, 단 4장).
570	(벨)느부갓네살 (벨사살 왕 원년) (메)아스티아게스 (바)캄비세스1세	제35년 제15년 제10년	59	• 느부갓네살 왕 광인 되다(단 4장). • 벨사살 왕이 왕위에 오르다(벨사살 왕 원년). ✓ **다니엘 환상(1)** (4짐승, 벨사살 왕 원년, 단 7장).
568	(벨)느부갓네살 (벨사살 왕 제3년) (메)아스티아게스 (바)캄비세스1세	제78년 제17년 제12년	61	• 키루스 2세(고레스)는 외할아버지 나라(메대)에 있었다(「키로파에디아」 참고). ✓ 키루스 2세가 12세 때, 모친과 함께 외할아버지인 아스티아게스를 방문하였다. • 느부갓네살 광인 2년.
567	(벨)느부갓네살 (벨사살 왕 제2년) (메)아스티아게스 (바)캄비세스1세	제38년 제18년 제13년	62	• **다니엘 환상(2)** (숫양과 숫염소, 벨사살 왕 제3년, 단 8장). • 벨사살 왕의 잔치(제3년, 큰 잔치, 단 5장). ✓ 다리오 왕이 갈대아 나라를 얻었다(단 5:31). • 다니엘의 회개 및 **환상(3)** (70이레 예언, 단 9장). ✓ 다리오가 세움을 받은 첫해 = 통치 원년. • 광인 3년 차 = 벨사살 왕 제3년 = 다리오 통치 원년.
566	(벨)느부갓네살 (벨사살왕 제3년 & 죽음) (메)아스티아게스 (바)캄비세스1세	제39년 제19년 제14년	63	• 다니엘이 사자 굴에 들어가다(단 6장). • 느부갓네살 광인 4년 차 = 다리오 왕 제1년.

563	(벨)느부갓네살 (메)아스티아게스 (바)캄비세스1세	제42년 제22년 제17년	66	• 광인 7년 차 & 회복 & 조서 (단 4장 → 여호야긴 왕이 감옥에서 풀려나는 원인).
562	(벨)느부갓네살 (메)아스티아게스 (바)캄비세스1세	제43년 제23년 제18년	67	• 느부갓네살 왕의 죽음.
561	(벨)에윌므로닥 (메)아스티아게스 (바)캄비세스1세	원년 제24년 제19년	68	• 에윌므로닥 즉위년. • 여호야긴 왕이 사로잡힌 지 37년 만에 감옥에서 풀려났다(렘 52:31). ✓ 느부갓네살 왕 제7년으로부터 37년은 B.C. 561년이다(렘 52:31).
559	(벨)네리글릿사르 (메)아스티아게스 (바)키루스2세	제1년 제26년 원년	70 21	• 키루스 2세(고레스)가 바사 왕위에 올랐다.
550	(벨)나보니두스 (벨사살 원년, 섭정왕) (메)아스티아게스 (바)키루스2세	제6년 제35년 제9년	79 30	• 메대 왕국 멸망(키루스 2세에 의하여 멸망했다). • 벨사살 왕이 바벨론 왕위에 올랐다. 이때부터 그의 부친 나보니두스와 함께 섭정왕으로 있었다.
539	**(벨)나보니두스** **(벨사살 제11년, 섭정왕)** **(바)키루스2세** **(고레스왕 원년)**	**제17년** **제20년**	41	• 바벨론 멸망. • 고레스의 귀환 명령 (성전 재건 명령, 스 1:1-2). ✓ 1차 귀환(세스바살, 스룹바벨, 여호수아).
536	(바)키루스2세 (고레스 제3년)	제23년	44	• 다니엘의 환상(4) (큰 전쟁, 단 10-12장). ✓ 다니엘이 바사 왕국의 힛데겔(티그리스 강)에서 환상을 보았다(단 10:4). ✓ 3이레 슬퍼함 & 바사왕국의 군주가 21일 동안 막음. ✓ 남방 왕과 북방 왕 사이의 전쟁 (단 11장). ✓ 마지막 때의 예언 (단 12장). • 성전건축 시작(성전 기초석을 놓다, 스 3:8-11).

* (유) 남유다 / (메) 메대 / (바) 바사 / (벨) 바벨론
* 나이 : 아스티아게스와 키루스 2세 나이

** [부록 4] 새롭게 정리한 연대기와 주요 내용(상세 내역) - 별지

[부록 5] 예루살렘 성전 파괴부터 성벽 완공까지의 성경 요약

1. 남유다 멸망 및 예루살렘 성 파괴

○ 예루살렘 성전 파괴는 바벨론 느부갓네살 왕에 의해 남유다가 패망하면서 성전이 파괴되었다(바벨론 3차 침략, B.C. 586년, 렘 52:12-16). 그로부터 정확히 70년이 지난 뒤에 예루살렘 성이 재건되었다(B.C. 516년).

2. 예루살렘 성전 재건부터 성벽 완공까지

가) 바사 고레스 왕 원년에 예루살렘을 건축하라는 명령이 내려졌다.

○ 시기 : 고레스 왕 원년(B.C. 539년, 스 1:1-2; 렘 29:10).
- (근거) : 바사 왕 고레스[1]가 바벨론을 멸망시킨 뒤 포로로 잡혀 온 유대인들에게 고향으로 가서 성전을 건축할 것을 명령하였으며, 이때를 에스라서 1:1에서 "바사 왕 고레스 원년"이라고 하였다. 이때는 바벨론이 멸망한 시기와 같은 연도로서 B.C. 539년이며, 다니엘과 에스라는 고레스 왕의 통치기간 원년을 B.C. 539년으로 삼고 있다(단 10:1; 스 1:1).
- 고레스 왕의 명령에 따라 돌아온 귀환자들을 1차 귀환자들이라고 하며, 대표적으로 세스바살과 스룹바벨과 여호수아이다.

> **[성전 건축 명령 & 1차 귀환 명령, 스 1:1-2; 렘 29:10]**
> ○ **바사 왕 고레스 원년**에 여호와께서 예레미야의 입을 통하여 하신 말씀을 이루게 하시려고 바사 왕 고레스의 마음을 감동시키시매 그가 온 나라에 공포도 하고 조서도 내려 이르되 바사 왕 고레스는 말하노니 하늘의 하나님 여호와께서 세상 모든 나라를 내게 주셨고 나에게 명령하사 유다 **예루살렘에 성전을 건축하라(to build him an house at Jerusalem, which is in Judah)**하셨나니(에스라 1:1-2).
> ○ 여호와께서 이와 같이 말씀하시니라 **바벨론에서 칠십 년이 차면** 내가 너희를 돌보고 나의 선한 말을 너희에게 성취하여 너희를 이곳으로 돌아오게 하리라(렘 29:10).

---
[1] 바사 왕 고레스 : 페르시아의 키루스 2세를 말하며, "고레스(Cyrus)"는 B.C. 559~530년 바사(페르시아) 왕국의 왕으로 재위하였다. 그는 B.C. 550년 메디아 왕국(아스티아게스)을 무너뜨렸고, 이후 B.C 539년 바벨론(바빌로니아)을 정복하였다. 그의 재위 연도는 B.C. 559년이지만, 성경에서 (다니엘이) 기록한 고레스 원년은 바벨론이 멸망한 B.C. 539년으로 하고 있다.

나) 예루살렘 성전건축은 귀환자들이 예루살렘이 도착한 지 2년 뒤에 시작되었다.

○ 시기 : 고레스 왕 (스 3:8).
- (근거) : 성전건축(재건) 시작은 1차 귀환자들이 예루살렘에 도착하고 난 2년 뒤 둘째 달에 시작되었으며(스 3:8, 이때를 B.C. 537년으로 계산할 수 있을 것이다. 하지만 여기에 바벨론에서 예루살렘까지 이동시간[1]을 고려하면 실제 건축 시작은 B.C 536년일 수 있다. 따라서 이 책에서는 성전 재건 시점과 성전 기초석이 놓인 시점을 B.C. 536년으로 보고 있다.

[성전 건축 시작, 스 3:8]
예루살렘에 있는 하나님의 성전에 이른 지 이 년 둘째 달에 스알디엘의 아들 스룹바벨과 요사닥의 아들 예수아와 다른 형제 제사장들과 레위 사람들과 무릇 사로잡혔다가 예루살렘에 돌아온 자들이 **공사를 시작하고** 이십 세 이상의 레위 사람들을 세워 여호와의 성전공사를 감독하게 하매…… 건축자가 여호와의 성전의 기초를 놓을 때에 제사장들은 예복을 입고 나팔을 들고 아삽 자손 레위 사람들은 제금을 들고 서서 이스라엘 왕 다윗의 규례대로 여호와를 찬송하되((스 3:8,10).

다) 예루살렘 성전 건축은 건축 과정에 중단되었다(스 4:23-24).

○ 시기 : 고레스 왕 제?년 ~ 다리오 왕 제2년.
- (근거) : 에스라서(4:24)에서 "다리오 왕 제2년까지" 성전이 중단되었다고 하였다. 이때는 B.C. 520년이며, 다리오 왕의 통치 기간은 B.C. 521년 - B.C. 486년이다.
- (설명) 성전 건축 중단이 언제부터 중단되었는지 성경은 기록하고 있지 않다. 다만 방해자들이 고레스 왕이 시대부터 바사 왕 다리오가 즉위할 때까지 관리들에게 뇌물을 주며 그 계획을 막았다고 기록하고 있다(스 4:5).「톰슨II 주석성경」은 고레스 왕 제3년(단 10:1, B.C. 536년 ~ B.C. 521년)부터 중단되었다고 한다(「톰슨II 주석성경」 기독지혜사, 1988, p716 참조). 방해자들(사마리안들)은 아닥사스다 왕의 조서 초본을 가지고 성전 건축을 중단시켰으나(스 4:23), 디리오 왕 제이년 유월(B.C. 520년)에 여호와께서 학개와 스가랴 선지자들을 통해 스룹바벨에게 성전 재건을 권고하였으며(스 5:1; 학 1:1-5), 성전 재건역사는 다리오 왕 6년 아달월 삼일(B.C. 516년)에 끝이 났다(스 6:15).

---
1) 이동 시간 : 에스라가 바벨론에서 남유다로 귀환할 때 4개월이 소요되었다(스 7:9). 이를 바탕으로 1차 귀환자들이 대규모로 그리고 도보로 이동한 것을 감안하면 약 4개월 이상이 소요되었을 것으로 추정할 수 있다.

[성전 건축 중단, 스 4:23-24]
○ 아닥사스다 왕의 조서 초본이 르훔과 서기관 심새와 그의 동료 앞에서 낭독되매 그들이 예루살렘으로 급히 가서 유다 사람들을 보고 권력으로 억제하여 그 공사를 그치게 하니 이에 예루살렘에서 하나님의 성전 공사가 **바사 왕 다리오 제이년**까지 중단되니라 (스 4:23-24).

라) 중도에 멈춘 예루살렘 성전 건축이 재개되었다(학 1:1).
○ 시기 : "다리오 왕 제2년 여섯째 달 초하루(B.C. 520년, 학 1:1)."
  • (근거) : 학개서(1:1)에서 "다리오 왕 제2년" 여호와께서 선지자 학개를 통해 스룹바벨 총독과 여호수아 대제사장에게 성전을 건축하라고 명령하셨다. 이때는 B.C. 520년이며 다리오 왕의 통치 기간은 B.C. 521 ~ 486년이다. 여기서 특이한 점은 성전 건축 명령과 중지 명령은 바사 왕(고레스, 아닥사스다, 다리오)에 의해 이루어졌지만, 다시 건축이 시작하는 시점은 여호와의 명령에 의해 재개되었고, 그 이후 다리오 왕의 명령이 따라왔다는 것이다.
    ✓여호와가 여러 선지자들(학개, 스가랴)에게 성전을 건축하라고 말씀하셨다(학 1:1-8; 스 5:1; 4:1-24; 슥 1:1; 7:1; 8:9).

[성전 건축 재시작]
○ **다리오 왕 제이년** 여섯째 달 곧 그 달 초하루에 여호와의 말씀이 선지자 학개로 말미암아 스알디엘의 아들 유다 총독 스룹바벨과 여호사닥의 아들 대제사장 여호수아에게 임하니라 이르시되 만군의 여호와가 이같이 말하여 이르노라 이 백성이 말하기를 **여호와의 전을 건축할 시기(the time that the LORD's house should be built)** 가 이르지 아니하였다 하느니라…… 너희는 산에 올라가서 나무를 가져다가 **성전을 건축하라(and build the house)** 그리하면 내가 그것으로 말미암아 기뻐하고 또 영광을 얻으리라 여호와가 말하였느니라(학 1:1-8).
○ **선지자들 곧 선지자 학개와 잇도의 손자 스가랴** 이스라엘의 하나님의 이름으로 유다와 **예루살렘에 거주하는 유다 사람들에게 예언하였더니**(스 5:1).
○ 사로잡혔던 자들의 자손이 이스라엘의 하나님 **여호와의 성전을 건축한다 함 (builded the temple unto the LORD God of Israel)**을 유다와 베냐민의 대적이 듣고…… 이에 예루살렘에서 하나님의 성전 공사가 바사 왕 다리오 제이년까지 중단되니라(스 4:1-24).
○ **다리오 왕 제이년 여덟째 달**에 여호와의 말씀이 잇도의 손자 베레갸의 아들 선지자 스가랴에게 임하니라 이르시되(슥 1:1)

> ○ 1다리오 왕 제사년 아홉째 달 곧 기슬래월 사일에 여호와의 말씀이 스가랴에게 임하니라 …… 9만군의 여호와가 이같이 말하노라 만군의 여호와의 집 곧 성전을 건축하려고 그 지대를 쌓던 날에 있었던(which were in the day that the foundation of the house of the LORD of hosts was laid, that the temple might be built) 선지자들의 입의 말을 이 날에 듣는 너희는 손을 견고히 할지어다(슥 7:1; 8:9).

마) 성전 재건(건축)이 완공되었다(스 6:15).

○ 시기 : 다리오 왕 제6년 아달월 3일(B.C. 516년, 스 6:15; 「톰슨Ⅱ 주석성경」, 기독지혜사, 1988, p716 참조).
- (근거) : 유다 장로들이 선지자의 권면을 따라 성전건축하는 일에 참여하였고 이 일이 형통하여 하나님의 명령과 바사 왕들의 조서에 의해 성전건축을 끝냈다고 기록하고 있다(스 6:14-15).
- 성전 재건(건축) 완료 : 다리오 왕 제6년에 끝이 났다(스 6:15).

바) 성전 재건(건축)이후 2차 귀환 명령(스 7:8).

○ 시기 : 아닥사스다 왕 제7년(B.C. 515년, 스 7:8).
- (근거) : 에스라서(7:8)에서 "이 에스라가 올라왔으니 왕의 제칠년 다섯째 달"이라고 하였다. 이때를 B.C. 515년으로 보고 있으며 그 이유는 'PART 4'를 참조하십시오.
- 이때 귀환령은 예루살렘 '중건령'이 아니라 "봉헌물을 드리기 위한 명령"이었다. 에스라서(7:8-28)에서 아닥사스다 왕은 예루살렘에 올라갈 뜻이 있는 자는 에스라와 함께 올라가라고 하였으며, 이때 성전에 쓰일 그릇은 궁중 창고에서, 제사에 필요한 물품(은, 밀, 포도주 등등)은 유브라데강 건너편 창고에서 가지고 갈 것을 조서에 담았다. 따라서 이때 아닥사스다 왕이 내린 명령은 '중건령'이 아니라 성전 예물을 드리기 위한 명령이었고, 아닥사스다 왕은 '다리오 왕'과 같은 인물이다(PART 4 참조).
- 2차 귀환자의 대표적 인물은 에스라이다.

> **[2차 귀환 명령]**
> 이 에스라가 올라왔으니 **왕의 제칠년 다섯째 달**이라…… 여호와의 계명의 말씀과 이스라엘에게 주신 율례 학자요 학자 겸 제사장인 **에스라에게 아닥사스다 왕이 내린 조서의 초본은** 아래와 같으니라 모든 왕의 왕 아닥사스다는 하늘의 하나님의 율법에 완전한 학자 겸 제사장 에스라에게 조서를 내리노니 우리 나라에 있는 이스라엘 백성과 그들 제사장들과 레위 사람들 중에 **예루살렘으로 올라갈 뜻이 있는 자는 누구든지 너와 함께 갈지어다**(스 7:8-13).

사) 제3차 귀환 명령과 예루살렘 성벽 건축 (느 1:1; 2:5-9).

○ 시기 : 아닥사스다 왕 제20년 기슬르월(B.C. 502년, 느 1:1; 2:5-9).
- (근거) : 느헤미야서(1:1; 2:5-9)에서 "아닥사스다 왕 제20년"에 느헤미야는 예루살렘 성이 허물어지고 성문들은 불탔다는 소식을 들었다(느 1:1-4). 그 이후 느헤미야는 왕으로부터 예루살렘에 가는 것을 허락을 받고 귀환하였다. 이때를 B.C. 502년으로 보고 있으며 그 이유는 PART 4를 참조하십시오.
- 이때 느헤미야의 귀환 내용에 대해서 살펴보면, 그는 예루살렘을 성을 건축한 내용은 언급되지 않고 있고, 성벽을 완공하고 성문을 달았다는 내용을 기록하고 있는 것을 확인할 수 있다(느 6:15). 따라서 이때 귀환령은 '예루살렘 중건령(또는 건축령)'이 아니라 '성벽 건축령'이라고 보는 것이 타당하다.
- 3차 귀환자의 대표자는 느헤미야이다.
- 성벽건축 완공은 B.C. 490년으로 끝났다(PART 4 참조).

[3차 귀환 명령과 완공]

○ "하가랴의 아들 느헤미야의 말이라 **아닥사스다 왕 제이십년 기슬르월**에 내가 수산궁에 있는데 내 형제들 가운데 하나인 하나니가 두어 사람과 함께 유다에서 내게 이르렀기로 내가 그 사로잡힘을 면하고 남아 있는 유다와 예루살렘 사람들의 형편을 물은즉 그들이 내게 이르되 사로잡힘을 면하고 남아 있는 자들이 그 지방 거기에서 큰 환난을 당하고 능욕을 받으며 **예루살렘 성은 허물어지고 성문들은 불탔다 하는지라 내가 이 말을 듣고** 앉아서 울고 수일 동안 슬퍼하며 하늘의 하나님 앞에 금식하며 기도하여(느 1:1-4)".

○ "왕에게 아뢰되 왕이 만일 좋게 여기시고 종이 왕의 목전에서 은혜를 얻었사오면 나를 유다 땅 나의 조상들의 묘실이 있는 **성읍에 보내어 그 성을 건축하게 하옵소서 (unto the city of my fathers' sepulchres, that I may build it)** 하였는데 그 때에 왕후도 왕 곁에 앉아 있었더라 왕이 내게 이르시되 네가 몇 날에 다녀올 길이며 어느 때에 돌아오겠느냐 하고 왕이 나를 보내기를 좋게 여기시기로 내가 기한을 정하고 내가 또 왕에게 아뢰되 왕이 만일 좋게 여기시거든 강 서쪽 총독들에게 내리시는 조서를 내게 주사 그들이 나를 용납하여 유다에 들어가기까지 통과하게 하시고 왕의 삼림 감독 아삽에게 조서를 내리사 그가 성전에 속한 영문의 문과 성곽과 내가 들어갈 집을 위하여 들보로 쓸 재목을 내게 주게 하옵소서 하매 내 하나님의 선한 손이 나를 도우시므로 왕이 허락하고 군대 장관과 마병을 보내어 나와 함께 하게 하시기로 내가 강 서쪽에 있는 총독들에게 이르러 왕의 조서를 전하였더니(느 2:5-9)".

○ **성벽 역사(So the wall was finished)** 가 오십이 일 만인 엘룰월 이십오일에 끝나매 (느 6:15).

※ 제2성전 완공 이후의 일들(위키피디아 참조).
- B.C. 63년, 로마 장군 폼페이우스에 의해 스룹바벨 성전(제2성전) 파괴
- B.C. 40년, 헤롯이 유대의 분봉 왕으로 즉위
- B.C. 20년, 헤롯 왕은 유대인들의 환심을 얻기 위하여 성전 건축 시작
- A.D. 64년, 헤롯성전 완공
- A.D. 70년, 로마 티투스에 의하여 헤롯성전 파괴
  - ✓ 로마 황제 하드리아누스(Hadrianus, 117~138년)는 파괴된 성전 터에 로마식 신전 건축
  - ✓ A.D. 7세기경, '바위의 돔'(Dome of the rock)'으로 불리는 이슬람식 사원 건축이 되어 현재까지 이르게 됨

[표 1] 성막부터 제3성전까지 비교표

성전 (별칭)		성막(장막)	솔로몬성전 (제1성전)	스룹바벨성전 (제2성전)	헤롯성전 (-)	에스겔성전 (제3성전)
시기	시대	출애굽	통일왕조	포로귀환	로마식민	마지막 때
시기	연대	B.C. 1459년	B.C. 987년(시) B.C. 974년(완)	B.C. 536년(시) B.C. 516년(완)	B.C. 20년(시) A.D. 64년(완)[3]	마지막 때
시기	연대	홍해 건넌 후 2년 첫째 달 초하루 (출 40:17)	홍해 건넌 후 487년[4] (왕상 6:1,38)	다리오 왕 제6년[5] 아달월 3일 (스 6:15)	예수님 사역 당시 46년 (요 2:20)	마지막 때의 어느 날
시기	파괴	-	B.C. 586년	B.C. 63년	A.D. 70년	〃
지역		광야	예루살렘	예루살렘	예루살렘	예루살렘
여호와의 말씀		○ 내가 보이는 모양대로 지으라 (출 25:9; 26:30)	○ 솔로몬이 내 이름을 위하여 성전을 건축할지라(대상 22:10-11).	○ 이사야, 고레스 학개, 스가랴를 통해 성전 재건을 말씀하셨다(사 44:28; 대하 36:22-23; 학 1:1; 슥 4:9; 스 6:14)	× × (헤롯 왕이 유대인들의 환심을 얻기 위해 건축했다)	○ 에스겔에게 성전 모양과 크기를 알려줌 (겔 40-48장)
성전(성막) 크기		길이 100규빗 ×너비 50규빗 (1규빗=45.6cm) (45.6m .8m) (출 38:9-12)	길이 60규빗 ×너비 20규빗 ×높이 30규빗 (27.4×9.1×13.7) (왕상 6:2)	(길이 60규빗 추정) ×너비 60규빗 ×높이 60규빗 (27.4×27.4×27.4) (스 6:3)	?	길이 100c척 ×너비 100척 (1척 = 54.0cm) (54×54×54 m) (겔 41:13)
성소와 지성소		성소(정사각형) 10규빗×10규빗 지성소(직사각형) 20규빗×10규빗	성소(정사각형) 20×20×20규빗 지성소(직사각형) 40×20×20규빗	?	?	성소(정사각형) 20×20×20척 지성소(직사각형) 40×20×20척
성경		출애굽기	열왕기상	에스라, 학개, 스가랴	요한복음	에스겔

* 헤롯 성전 : 헤롯 왕이 유대인들의 환심을 얻기 위하여 성전을 지었다.
* 창세기에 나오는 '에덴동산'과 요한계시록의 '새 예루살렘 성'은 보이지 않는 성전을 의미한다.
* (시) : 성전공사가 시작한 시기를 의미, (완) 성선공사가 완공된 시기를 의미.

1) A.D. 66년(완) : B.C. 40년 헤롯이 유대의 분봉 왕으로 온 이후 유대인들의 환심을 얻기 위하여 B.C. 18년부터 성전건축을 시작하여 A.D. 64년에 완공되었다. A.D. 27년에는 유대인들이 예수님에게 표적을 보여달라고 할 때, 예수님은 그들에게 이 성전을 너희가 헐면 내가 (자신을 가리켜) 3일만에 다시 일으키겠다고 하였으나, 그들은 이 (헤롯) 성전이 46년 동안 지어졌는데 어떻게 3일 만에 다시 지을 수 있냐며 대화가 오갔었다(요 2:18-20).

2) 홍해 건넌 후 487년 : 솔로몬 성전공사 시작은 홍해 건넌 후 480년(= 솔로몬 왕이 이스라엘 왕이 된 지 4년 시브월 둘째 달, 왕상 6:1)에 시작하여 솔로몬 왕 제11년 시브월(여덟째 달)에 완공하였다(성전 공사기간 7년, 왕상 6:38). 참고로 기초석은 넷째 해 시브월에 쌓았다고 하는데 이는 곳 성전공사 시작한 그 달에 시작한 것을 의미한다(왕상 6:37).

3) 다리오 왕 제6년 : 스룹바벨 성전공사 시작은 1차 귀환자들이 예루살렘에 도착한 지 2년 둘째 달에 시작하였으나(스 3:8), 방해자들에 의하여 고레스 재임기간 중 어느 해부터 중단되었다가 다리오 왕 다리오 왕 제2년 여섯째 달 24일에 재개되었고(학 1:15), 완공은 다리오 왕 제6년 아달월 3일에 끝났다(스 6:15).

하나님의 시간표

1판 1쇄 인쇄 2021년 12월 14일
    1쇄 발행 2021년 12월 21일

지은이   다니엘 제이
펴낸이   장윤정
펴낸곳   도서출판 비이비(BEB)

주 소   58261 전남 나주, 송월14길, 5 102동 1901호
전 화   061-930-3391
등 록   제 2021-00012호(2021. 11. 1)
제작대행 세줄기획(02. 2265. 3749)
영업대행 두돌비(02. 964. 6993)

값 17,000 원

ISBN 979-11-976722-0-0   03230